Ullstein

Ilse Werner

So wird's nie wieder sein...

Ein Leben mit Pfiff

Unter Mitarbeit von Erich Schaake

Ullstein

ein Ullstein Buch
Nr. 35636
im Verlag Ullstein GmbH,
Frankfurt/M – Berlin

Ungekürzte Ausgabe
auf Grundlage der 2. Auflage

Umschlagentwurf:
Theodor Bayer-Eynck
Unter Verwendung einer Abbildung
von teutopress
Alle Rechte vorbehalten
© 1991 by Verlag Michael Jung, Kiel
Printed in Germany 1996
Druck und Verarbeitung:
Ebner Ulm
ISBN 3 548 35636 2

Mai 1996
Gedruckt auf alterungs-
beständigem Papier mit
chlorfrei gebleichtem Zellstoff

Die Deutsche Bibliothek –
CIP-Einheitsaufnahme

Werner, Ilse:
So wird's nie wieder sein . . . : ein Leben
mit Pfiff / Ilse Werner. Unter Mitarb.
von Erich Schaake. – Ungekürzte Ausg.
der 2. Aufl. – Frankfurt/M ; Berlin :
Ullstein, 1996
    (Ullstein-Buch ; Nr. 35636)
    ISBN 3-548-35636-2
NE: GT

Meinen Dank an Alexandra Cordes
und Michael Horbach,
die mich zu diesem Buch inspirierten.

Ein herzliches Dankeschön Bruno Balz,
der mir liebenswürdigerweise gestattete,
die Refrain-Anfangszeile
seines berühmten Liedes als Titel
meines Buches zu verwenden.

Erich Schaake habe ich für seinen Rat
und die Hilfe zu danken,
die er mir bei der Niederschrift
meiner Erinnerungen zuteil werden ließ.

Den ganzen Tag nischt wie Kummer
und Freude!
                             (Berliner Spruch)

INHALT

Vorrede
oder
eine Lektion Lebensmut

Warum sieht mich nur jeder Mann
so zärtlich und so lächelnd an,
als ob er ahnte, als ob er wüßte,
was doch noch keiner wissen kann:
Mein Herz hat heut Premiere,
das Stück heißt du und ich,
und wenn ich mich auch wehre,
mein Herz schlägt nur für dich . . .

Aus dem Ilse-Werner-Film »Wir machen Musik«, 1942

Ja, genau das war es: Jeden Mann überkam ein Gefühl der Zärtlichkeit, wenn er sie sah. Jeder Mann war verknallt in sie. Denn sie war nicht nur blutjung – 17 Jahre gerade in ihren ersten Filmen »Die unruhigen Mädchen«, »Frau Sixta«, »Bel ami«, »Fräulein« und »Drei Väter um Anna« –, sondern auch bildhübsch mit einem verführerischen Hauch von Sex, und sie wirkte so zart und lieb und sah so hilfsbedürftig aus, daß man sie sofort in den Arm nehmen wollte, um sie zu küssen und zu beschützen.

Sie war die Romy Schneider und Nastja Kinski unserer Eltern. Ob sie in dem Film »Fräulein« versonnen am Klavier saß und voller Sehnsucht nach Glück ein

Impromptu von Schubert spielte, ob sie mit dem fröhlichen Song »Sing ein Lied, wenn du mal traurig bist« ihre Wohnung auf Trab brachte, ob sie in »Bal Paré« beim Walzertanz mit Hannes Stelzer bis an die Decke eines riesigen Saales zu schweben schien oder ob sie in »Münchhausen« als unglückliche Prinzessin von Hans Albers in das Land der Liebe entführt wurde – immer war das Publikum von ihr fasziniert, begeistert. Ein Publikum, das es damals schwer hatte im Alltagsleben; denn es waren unruhige Zeiten. Als Ilse Werner anfing, beherrschten die Nazis das Deutsche Reich, der Krieg stand vor der Tür, und bald wurde sie zum Idol für Millionen deutscher Soldaten, der einzige Lichtblick in einer grausigen Finsternis.

Das alles hat man mir erzählt, bevor man mich zu Ilse Werner schickte, um sie zu interviewen. Das muß auch heute noch, nach über vierzigjährigem Berufsleben, eine tolle Frau und fabelhafte Künstlerin sein, dachte ich mir. Aber einige Kollegen warnten mich: Erwarte nicht zu viel, die Dame ist schwierig!

Was davon war Wahrheit, was davon Gerücht? Mit sehr gemischten Gefühlen machte ich mich auf den Weg zu der »Frau mit Pfiff« – denn außer spielen und singen konnte und kann sie auch phantastisch pfeifen, lauter und schöner als es der Vogel-Jakob vom Münchner Oktoberfest jemals vermochte; und der brauchte dazu ein Pfeiferl im Mund, während Ilse Werner schon als Teenager ohne jedes Hilfsmittel Pfeifkonzerte gab mit Mozarts »Kleiner Nachtmusik« und dem Zauberflötensolo der Königin der Nacht auf dem Programm – zum Entsetzen des Vaters; dabei sollte sich dieses Talent, was natürlich keiner ahnen konnte, später wunderbar auszahlen.

Es ist immer so eine Sache, wenn man zu Interviews

mit berühmten Leuten geht. Kann man das, was sie berühmt gemacht hat, überhaupt noch erkennen? Wird es möglich sein, ein bißchen »hinter die Kulissen« zu blikken? Werden sie dir ihr Herz und ihre Seele öffnen und ungezwungen ein bißchen aus der Schule plaudern? Oder bleiben sie verschlossen und verbergen sie ihr wahres Gesicht?

Ich hatte zwar ein paar Unterlagen bei mir mit den wichtigsten Daten von Ilse Werners Leben, aber das waren nur ganz äußerliche Fakten, die nichts von dem Menschen verrieten, der dazu gehörte. Geboren wurde sie am 11. Juli 1921 in Batavia, dem heutigen Djakarta. Ihre Mutter war Deutsche. Ihr Vater, Otto Still, war Holländer. Ein wohlhabender Plantagenbesitzer und Konsul. So verbrachte Ilse auf der indonesischen Sunda-Insel Java eine Kindheit im Luxus der Kolonialepoche. 1930 dann Übersiedlung nach Deutschland, mit 15 Schauspielunterricht am Wiener Max-Reinhardt-Seminar, 1938 erste Filmrolle und dann Aufstieg zum UFA-Star als Partnerin so bekannter Schauspielgrößen wie Hans Albers, Ferdinand Marian, Hans Söhnker, Gustav Knuth, Hans Moser, Theo Lingen, Paul Hubschmid, Brigitte Horney, Elisabeth Flickenschildt, Willi Forst und vielen anderen in insgesamt mehr als zwanzig Filmen. Den Zusammenbruch erlebte sie in Berlin, hatte zunächst Berufsverbot, war kurze Zeit in Amerika, kam vom Heimweh getrieben zurück und feierte neue Erfolge im Film, beim Theater und auf Schallplatten, in Rundfunk und Fernsehen.

Ihre große Zeit, ihre beruflich schönste Zeit war eine politisch verrückte Zeit. Können wir es uns heute noch vorstellen, was es bedeutet, wenn jedes Drehbuch erst durch eine sehr einseitige politische Zensur gehen muß, bevor man es realisieren kann? Wobei man auch bei

Drehgenehmigung noch nicht einmal sicher sein durfte, ob der fertige Film, in den so viel Hoffnung und Arbeitskraft investiert worden war, nachher auch öffentlich aufgeführt werden konnte. So wurde zum Beispiel das Verbot eines bereits fertiggestellten Films unter anderem wie folgt begründet: »... Hier hat man die am Film tätigen künstlerischen Kräfte (Darsteller, Musiker, usw.) mißbraucht, um geschmack-, niveau- und geistlose Verblödungsware herzustellen. Die Produktion hat die Hilfe des vom Reichsminister für Volksaufklärung und Propaganda eingesetzten Reichsfilmdramaturgen nur zensurmäßig in Anspruch genommen, hat geglaubt, bei der späteren Arbeit im Atelier sich über seine Wünsche, Anregungen und fördernden Ratschläge einfach hinwegsetzen zu können, und so eine Arbeit zustande gebracht, die zwar zu polizeilichen und zensurmäßigen Maßnahmen keinen Anlaß gab, aber die stärksten geschmacklichen Bedenken hervorrief, ja, ein schreiendes Ärgernis für den Geschmack eines jeden guten Volksgenossen darstellt. Der Film ist verboten, um dem Hersteller zu zeigen, daß die Regierung nicht gewillt ist, das Geschmacksniveau des deutschen Volkes von künstlerisch gewissenlosen Filmproduzenten gewaltsam herabdrücken zu lassen ...«

Geschmackszensur also auch für Unterhaltungsfilme; die Begriffe Politik, Kunst, Unterhaltung wurden für synonym erklärt. Wie kann sich ein Autor oder Regisseur oder Schauspieler in diesem breiigen Nebel zurechtfinden? Muß er nicht früher oder später über einen unbemerkten Fallstrick stolpern? Tatsächlich wissen wir ja von vielen Selbstmorden, Entlassungen, Emigrationen unter den Künstlern jener Zeit. Aber das interessierte mich nun: Wie kam man durch diese Zeit hindurch? Was war das für ein Leben? Was war das für eine Welt? Wie sah damals der Alltag eines Künstlers aus? Was dachte er, was bewirkte er?

Solche Gedanken gingen mir durch den Kopf, als ich zu Ilse Werner nach Köln in die Meister-Johann-Straße fuhr, wo sie in einem kleinen Gartenhaus wohnte.

Hier traf ich zum erstenmal mit der Schauspielerin zusammen, deren Leben typisch ist für eine ganze Generation – für jene Generation, die den großen Krieg durchzustehen hatte, die alles verlor und trotzdem die Kraft aufbringen mußte, wieder ganz von vorn anzufangen.

Ilse Werner gehört zu denen, die das fast Unglaubliche tatsächlich geschafft haben.

Ich bin wahnsinnig gespannt, als ich auf den Klingelknopf ihrer Wohnung drücke.

Die Tür öffnet sich. Ilse Werner steht vor mir.

Sie lächelt.

Ein Lächeln, das Menschen einfängt. Ich spüre sofort: Dieses Lächeln ist ein Teil ihres Geheimnisses. Es spiegelt ihr sympathisches Wesen auf eine unnachahmliche Art.

»Kommen Sie herein!«

Sie führt mich ins Wohnzimmer, ich lasse meinen Blick heimlich durch den Raum wandern. Möbel und Bilder zeugen von einem wirklich guten, ganz persönlichen Geschmack. An der Wand hängt ein Ölgemälde von ihr. Darauf wirkt sie sehr schick und elegant.

Ich vergleiche dieses Bild mit Ilse Werner, die vor mir sitzt, ungeschminkt, in einem bequemen Hauskleid. Natürlich, 40 Jahre Im-Rampenlicht-Stehen sind nicht spurlos an ihr vorübergegangen; wie sollten sie auch – und sie hat Probleme mit der Figur, wie viele Frauen in ihrem Alter –, aber trotzdem: Das gewisse Etwas ist geblieben.

»Kaffee?« fragt sie freundlich. Ich nicke, blicke ihr ins Gesicht und denke dabei an die alten Fotos von früher, die ich von ihr gesehen habe. Na klar, es hat nicht mehr die Glätte der Jugend. Da haben Glück und Leid, Ruhm und Enttäuschung in 60 Jahren ihren Stempel aufgedrückt. Aber die leicht schräggestellten ausdrucksvollen Augen haben nichts vom ursprünglichen Glanz verloren. Wirklich, ich kann es mir gut vorstellen, daß einst Millionen Männer von diesem Gesicht fasziniert waren und daß Bilder in jedem Soldatenspind hingen.

Mein erster allgemeiner Eindruck ist: Vor mir sitzt, Gott sei Dank, kein Star, sondern ein Mensch. Eine Frau, die sich natürlich und ehrlich gibt.

Noch tasten wir uns vorsichtig ab, beschnuppern uns sozusagen gegenseitig. Wir wissen ja noch nicht, ob wir überhaupt miteinander können. Schließlich sollen wir zusammen ein Buch machen. Sie soll mir von Erfolg und Mißerfolg, Triumph und Verzweiflung, Freude und Traurigkeit erzählen.

Nach und nach haben wir uns zusammengerauft und sind eine »berufliche Ehe« eingegangen. Dieser ersten Begegnung in Köln folgten viele persönliche Gespräche. Ilse Werner war inzwischen nach Bad Godesberg umgezogen, wo einst ihre Großeltern lebten.

In ihrem gemieteten Haus mit Blick auf den Drachenfels und das Siebengebirge zeigt sie mir ihr Fotoarchiv. Mappen mit unzähligen Bildern, die an ein bewegtes halbes Jahrhundert erinnern. Schnappschüsse vom Glück der Kindheit, Aufnahmen vom ersten Ruhm und der ersten Liebe, Fotos von Bombenangriffen, Hunger und Nachkriegskarriere, Bilder vom Theater, Film und Fernsehen. Eine schwarz-weiße Revue, die vom Auf und Ab ihres Lebens erzählt, das bunter und aufregender war als jeder Film.

Sie zeigte mir auch ihre Tagebücher, aber die brauchten wir kaum, denn Ilse Werner verfügt über ein exzellentes Gedächtnis. Sie redete frei von der Leber weg, unbekümmert, burschikos und lebensfroh wie ihre Schlager; mit einem Spritzer Berliner und Wiener Esprit.

Sie bestand darauf, daß ich eine Art Vorrede für das Buch über sie schreibe. Da es kaum möglich ist, mit ein paar trockenen ausgeklügelten Worten ein komplettes Porträt zu umreißen, habe ich dieses Interview mit ihr geführt:

»Ilse Werner, Sie feiern in diesem Jahr Ihren 60. Geburtstag. Wie fühlt man sich nach einem so bunten und aufregenden Leben, wie Sie es geführt haben?«

»Wenn ich nicht gerade in den Spiegel gucke, merke ich gar nichts von meinem Alter. Ich bin zufrieden, weil ich finde, daß ich mich erst jetzt freigeschwommen habe und endlich ganz bewußt lebe. Jetzt erst habe ich den Überblick, die Ruhe, die Distanz. Vielleicht ist es das, was man Reife nennt.«

»Wie haben Sie es geschafft, sich so lange in der Showbranche zu halten? Wie man ja weiß, gelingt das bloß wenigen Künstlern.«

»Es gibt, glaube ich, nur drei Möglichkeiten, um sich auf diesem Planeten Erde durch den Dschungel des Lebens schlagen zu können: betteln, stehlen oder etwas leisten. Heutzutage scheinen erschreckend viele Menschen davon auszugehen, daß man sie nicht etwa danach beurteilt, welche Leistung sie erbringen – sondern danach, wie sie sich in Szene setzen können. Das ist offenbar jetzt große Mode. Doch so was rächt sich eines Tages. Das schöne Aussehen verfliegt, die Angeberei, hinter der nichts steckt, wird erbarmungslos entlarvt. Wer nichts leistet, geht unter. Nur was man sich schwer erarbeitet hat, das bleibt. Zugegeben: In meinem Leben bin ich auch oft dem Glück begegnet. Andererseits ist vieles, was ich gewünscht und erhofft habe, danebengelungen. Es gab schlimme Zeiten, wenn eine Liebe kaputtging oder eine Ehe zerbrach – aber ich habe mich immer wieder aufgerappelt. So undiszipliniert und der Bequemlichkeit zugetan ich mich in meinem Privatleben verhalte, so diszipliniert übe ich meinen Beruf aus. Gewiß, früher, als ich jung war, ging alles leichter. Aber vor dem Altwerden kann sich nun mal kein Mensch drücken. Für freischaffende Künstler wie mich, die verdienen, ist das ein Problem. Es gibt Leute, die meinen: Die Werner steht da oben auf der Bühne und bekommt einen Haufen Geld, der fliegt alles ganz einfach zu ... Da kann ich nur antworten: Mir ist, vielleicht abgesehen von den allererersten Jahren, nie wirklich etwas zugeflogen.«

»Haben Sie ein Hobby?«

»Aber gewiß! Ich habe sogar ein sehr sympathisches Hobby: Ich koche wahnsinnig gern. Leidenschaftlich. Essen und trinken ist für mich ungeheuer wichtig. Das fängt schon mit dem Frühstück an. So hopp, hopp nach dem Aufstehen und dann weg – das gibt's bei mir nicht. Selbst wenn ich um drei oder vier in der Früh raus muß, mach ich mir einen Tee oder Kaffee, eine halbe Grapefruit, Ei und Toast, setz mich ins Bett und frühstücke. Ich habe so einen kleinen Beistelltisch am Bett, den decke ich am Abend vorher noch auf. Diese Ruhe vor dem Sturm des Tages brauch ich, das war schon immer so, auch in meiner frühesten Jugend. Und mittags koch ich richtig was, wenn ich daheim bin, esse am gedeckten Tisch, ebenso wie abends. Ich kau nicht 'ne Stulle stehend in der Küche; das kann höchstens ausnahmsweise gelegentlich passieren, ist aber nicht die

Regel. Meine besondere Spezialität sind Aufläufe und Eintöpfe. Pichelsteiner, Erbseneintopf, Linseneintopf, Bohneneintopf – mit viel Kräutern, das muß sein. Dann Huhn und Ente in allen Zubereitungsarten. Ente am liebsten mit Orangen und Waldorfsalat. Und mein Leben geb' ich für Gänseleberpastete. Auch indonesisch koch ich gern, das ist Erinnerung an meine Kinderzeit in Batavia-Djakarta. Eine Reistafel ganz für mich allein, das mach ich oft.«

»Mögen Sie Tiere? Haben Sie ein besonderes Verhältnis zum Beispiel zu Hunden oder Katzen?«

»Ich bin mit drei entzückenden schwarzweißen Spaniels nach Amerika geflogen in meine erste Ehe. Zwei hatte ich auf dem Schoß, und einer war im Flugzeug irgendwo bei meinen Füßen in einem Körbchen. Ich hatte viel Freude damit, aber eigentlich mag ich Katzen lieber als Hunde. Hunde sind mir zu aufgeregt, sie fordern so viel von einem. Bei Katzen gefällt mir die ausgeprägte Persönlichkeit, ihre Eigenwilligkeit. Natürlich muß man einkalkulieren, daß sie unberechenbar sind. Wir hatten mal einen kleinen orangefarbenen Kanarienvogel, ich nannte ihn Pinkie. Drei Jahre lang saß er in seinem Käfig und pfiff mit mir um die Wette. Und Muschi, unser Kätzchen, war immer dabei und schnurrte. Man hatte das Gefühl, daß sie sich genauso über Pinkie freute wie ich. Sie ist auch dem Käfig nie zu nahe gekommen und hat den Vogel niemals erschreckt. Es gibt also Katzen, dachte ich, die sich an Vögel gewöhnen und sie sogar mögen. Dann mußte ich weg nach Hamburg zu einer Fernsehserie. Als ich zurückkam, hatte meine liebe Muschi den kleinen Pinkie gefressen. Sie sehen, man kann sich wirklich auf nichts mehr verlassen.«

»Viele Jahre lang wurden Sie als schöne Frau von

den Männern angehimmelt. Waren Sie jemals in sich selbst verliebt?«

»Nein, ich bin nie in mich selbst verliebt gewesen und fand mich nie wundervoll. Im übrigen war ich keine schöne Frau. Ich war ein hübsches Mädchen, solange ich jung und schlank gewesen bin – dann bin ich eine Frau geworden, die, wie Millionen andere Frauen auch, keine Größe 40 mehr tragen kann. Es hat lange gedauert, ehe ich damit fertig wurde. Und was das ›Anhimmeln‹ betrifft – du lieber Gott, ich hatte in den ersten Jahren gar nicht viele Verehrer, Sie werden lachen. Einmal habe ich mich sogar ganz furchtbar bei einer älteren Kollegin beklagt, so als Siebzehnjährige. Trudchen, hab ich gesagt, du bist ja gewiß eine schicke Frau, aber immerhin schon 35 (das kam mir damals unendlich alt vor), wieso hast du dann so viel Erfolg bei den Männern? Da gab es nämlich ein paar Kollegen, die mir ganz gut gefielen, den einen fand ich niedlich, den anderen ach so nett – doch die hatten nur Augen für die Ältere. Und die hat mir geantwortet: Ilschen, du bist eben noch keine richtige Frau. Du bist ein mageres Ziegenkind, ein eckiges. Obwohl du im Film aussiehst, als hättest du den Charme gepachtet, bist du in Wirklichkeit eine ziemliche Zicke. Sie hatte recht. Ich konnte mich sozusagen nicht richtig präsentieren. Ich war als junges Mädchen ein Neutrum. Wenn Sie einen der männlichen Kollegen von damals nach mir fragen, dann werden Sie bestimmt hören: Ja, die Ilse, die war süß, wirklich! Aber ins Bett gegangen sind wir mit einer anderen.«

»Zweimal in Ihrem Leben waren Sie verheiratet. Woran sind die Ehen gescheitert?«

»Nicht nur mit der Ehe, sondern mit Männern ganz allgemein habe ich viel Pech gehabt. Es lag wohl daran, daß ich mehr verlangt habe, als sie zu geben bereit waren. Ich war unfähig zur Toleranz. Ich wollte den Menschen jedesmal ganz und ausschließlich für mich allein haben. Ich wollte an den Männern rumerziehen, und sie sollten sich nach mir richten. Das war falsch, ich sehe es heute ein.«

»Sie gehören zu der Generation, die am eigenen Leib die Hitlerzeit durchexerziert hat. Sie haben in der Nazizeit Ihren Berufsweg begonnen und diese schlimmen Jahre sozusagen glänzend und unangefochten überstanden, soweit man das weiß. Wie war das möglich? Wie konnte das gelingen?«

»Ich bin in jener Zeit keineswegs dem großen Glück begegnet, aber ich war trotzdem so eine Art Glückskind. Irgendeine positive Schicksalswelle hat mich immer wieder nach oben getragen. Ich hab' sogar heute noch die Fähigkeit, Unangenehmes von mir wegzuschieben, aber inzwischen doch mehr Erfahrung und Reife, um auch Hintergründe und Abgründe zu erkennen. Jetzt mache ich es mir schwer, ich muß ja auch um jede Sache kämpfen – aber damals ging alles geradezu unnatürlich leicht. Ich mußte mir nichts erarbeiten, so wie heute; ich verließ mich einfach auf meine Naturbegabung. Ich habe Liedchen gesungen, einfach so ... trallala, trallala ... sing ein Lied, wenn du mal traurig bist ..., das war, als ob ich Kaffee trinke und Kuchen esse. Ich wollte Karriere machen und tat, was man von mir verlangte – nicht mehr und nicht weniger. Wenn ich gerade nicht für Aufnahmen gebraucht wurde und mal 'nen Tag frei hatte, bin ich radgefahren oder hab' Freunde besucht.

Wer gezwungen ist, in einer Diktatur zu leben, der zieht sich in eine private Sphäre zurück. Er bemüht sich, die eigene Welt vor jedem Einbruch durch das Politische zu schützen. Das mag ein naives Unterfangen sein, aber man versucht es jedenfalls.

Im Krieg haben wir uns völlig abgekapselt; ich nehme an, daß es nicht nur mir so ging. Da versuchten doch die meisten Menschen, Scheuklappen anzulegen. Ich war tief unglücklich und auch wütend, als man mir gleich zu Kriegsanfang mein Auto beschlagnahmte; ich war und bin eine begeisterte Autofahrerin, während Fliegen für mich nicht in Frage kommt; vorm Fliegen hab' ich Angst – ich mache alles mit dem Auto, da bin ich allein und frei, das gibt mir ein Gefühl der Freiheit; ich hasse allen Zwang!«

»Damals, 1938/39, als die UFA auf Sie aufmerksam wurde und Ihnen einen Vertrag anbot, hätten Sie auch nach Amerika gehen können. Hollywood winkte ebenfalls mit einem Vertrag. Dann wäre Ihr Leben sicherlich ganz anders verlaufen, und man hätte Ihnen nach dem Krieg nicht vorwerfen können, Sie seien ein ›Nazi-Star‹ gewesen. Wie stehen Sie zu diesem Vorwurf?«

»Ich war selbstverständlich kein ›Nazi-Star‹ aus eigenem Willen. Aber wer die Hitlerzeit miterlebt hat, der weiß, daß jeder einzelne Deutsche in die riesige, allumfassende Propagandamaschinerie erbarmungslos hineingezogen und von ihr ›verwertet‹ wurde, ganz egal, ob er nun damit einverstanden war oder nicht. Bei mir lag die Sache so: Ich war bei den deutschen Landsern in Rußland, in Afrika, in Norwegen und überall dort, wo die Deutschen fremde Gebiete besetzt hatten, das Spindmädchen vom Dienst. Ein Symbol des Lebens und der Liebe für einsame Männer an der Front, die in jeder Minute dem Tod gegenüberstehen konnten. Nun stellen Sie sich vor, was das für ein zwanzigjähriges Mädchen bedeutet; dieses Gefühl, für unzählige unbekannte Männer ein Ideal zu sein, eine Musterfrau.

Sie erwarteten von mir, daß ich ihnen im Chaos des Krieges Hoffnung gab, einen Halt; daß ich ihre Sehnsucht nach Schönheit befriedigte. Ist es nicht verständlich, daß ich überfordert war? Ich wußte nicht, wie ich das alles verkraften sollte.«

»Haben Sie irgendwelche Privilegien gehabt?«

»Nein, überhaupt nicht. Ich hab' weder höhere Gagen bekommen noch Auszeichnungen noch bessere Lebensmittelkarten im Krieg, noch sonst was. Ich war in meiner anfänglichen Naivität und Ahnungslosigkeit nur ein attraktives Rädchen im politischen Getriebe.«

»Eine letzte Frage: Sind Sie mit Ihrem heutigen Leben zufrieden?«

»Ich bin froh, daß ich die Aufregungen und Abenteuer meiner Jugend hinter mir habe; daß sie eine teils schöne, teils wehmütige Erinnerung sind. Obwohl ich viele Freunde hatte und habe, bin ich traurig darüber, daß es so schwer ist, echte, wirkliche Gefährten des Lebens zu finden; mein Schicksalsmotto war immer: Ein Freund, ein guter Freund, das ist das schönste, was es gibt auf der Welt ... Und ich bin glücklich, daß ich jetzt, seit 1980, eine wunderbare neue Aufgabe bekommen habe, die mir Erfüllung bedeutet – nämlich, im Fernsehen bei Talkshows und in öffentlichen Veranstaltungen älteren Menschen Freude zu vermitteln. Etwas Wichtigeres kann es gar nicht geben in einer Zeit wie der unseren, wo kaum jemand die zwischenmenschlichen Beziehungen pflegt, wo keiner mit echter Anteilnahme an den anderen denkt. Es hat mich ganz schön geschockt, als ich zum erstenmal diese kleinen Autoaufkleber sah mit dem Text: *Seid nett zueinander*. Erschreckt es Sie nicht, daß irgend jemand es für nötig hielt, dazu aufzufordern? Nett zueinander zu sein, das ist doch eine Selbstverständlichkeit!«

Dies waren Ilse Werners letzte Worte in dem Interview und zugleich die Einleitung zu ihrem Buch. Dem Buch, das erzählt, wie sie wurde, was sie ist: Eine Frau mit Herz. Und mit Pfiff. Eine Künstlerin, die den Menschen ihrer Zeit viel geschenkt hat und noch heute schenkt. Danke schön, Ilse Werner!

Erich Schaake

I.

Eine Nachtigall leiht mir ihre Stimme

Jemand klopfte an meine Garderobe. Erst reagierte ich überhaupt nicht. Doch da draußen war jemand, der ließ nicht locker. Schließlich öffnete ich die Tür und guckte raus.

Es war der Komponist Werner Bochmann. Ein Jahrhundertkind. Im Mai 1900 wurde er geboren, in Meerane (in Sachsen). Wenn man heute auch nur annähernd die Titel seiner Musikstücke nennen wollte – es wäre zwecklos; man bekäme nicht alle zusammen. An Filmen mit seiner Musik fallen mir ein die Rühmann-Filme »Quax, der Bruchpilot«, »Sophienlund« (da führte Heinz Rühmann Regie) und »Die Feuerzangenbowle«; zu seinen Schlagern gehören »Mit Musik geht alles besser«, »Wer ist hier jung, wer hat hier Schwung«, »Gute Nacht, Mutter« und »Heimat, deine Sterne«; aber er hat auch Operetten geschrieben (»Wollen Sie meine Frau werden?«, »Glück unterwegs«) und eine Ballettmusik (»Max und Moritz«, Uraufführung 1938 am Deutschen Opernhaus in Berlin).

Dieser Werner Bochmann trat also damals – es war 1941 – in meine Garderobe, schaute sich interessiert um und sagte ganz erstaunt: »Na, so was. Ich bin draußen vorbeigekommen und hab' gehört, daß hier drin jemand musiziert. Es klang so merkwürdig, wie von einem Zwischending zwischen einer Pikkoloflöte und einer Okarina. Ich dachte schon, da hat jemand ein neues Musikinstrument erfunden, und das interessierte mich. Aber hier ist ja gar niemand. Und ein Radio spielt auch nicht. Ich muß mich wohl verhört haben.«

Da habe ich erst mal fürchterlich gelacht, daß mir die Tränen aus den Augen kamen. Bochmann sah mich völlig verwirrt an.

»Nein, nein!« rief ich dann. »Sie haben sich nicht verhört, aber das war kein neues Instrument. Ich hab' bloß vor mich hingepfiffen, so zum Spaß. Das mach ich oft.«

Er wollte es mir nicht glauben. »So was gibt's doch nicht. Darf ich mir das genauer anhören? Machen Sie's bitte noch mal!«

Ich tat ihm den Gefallen und pfiff eine Melodie, wie ich es privat zu Hause oder in meiner Garderobe häufig praktizierte – aber natürlich niemals vor Publikum.

Werner Bochman war hin und her gerissen. »Ihr Pfiff ist einmalig. Pfeifen kann man das schon nicht mehr nennen. Da müßte man ein ganz neues Wort für finden, Pfeif-Flöten oder so ähnlich. Sie sind eine menschliche Flöte. Wo haben Sie Musik studiert?«

»Überhaupt nicht. Ich kann nicht mal Noten lesen.«

»Aber Sie haben musikalisches Talent«, behauptete er. »Da müssen wir unbedingt was draus machen.«

Er meinte es tatsächlich ernst. Irgendwann setzten wir uns zusammen, und Bochmann übte mit mir zwei Titel ein: »Die kleine Stadt will schlafen gehn« und »Wenn du einmal ein Mädel magst«.

So kam ich zu meinen ersten Pfeifliedern, und es war der Anfang meiner Karriere als Schallplattenstar und »Frau mit Pfiff«.

Zu dieser Zeit drehte ich bei der terra-Filmgesellschaft, einer Schwesterfirma der UFA, den Film »Die schwedische Nachtigall« – dessen Musik Franz Grothe schrieb – mit den noch heute oft gespielten Liedern »Mein Schatz, der ist ein Postillon« und »Zauberlied der Nacht«. Ich verkörperte die berühmte schwedische Sängerin Jenny Lind, die der dänische Märchendichter Hans Christian Andersen zutiefst verehrte; er hat das in seiner Autobiographie »Märchen meines Lebens« ausführlich geschildert. Aber eine erfüllte Liebe ist nie daraus geworden, obwohl er von Jenny sagte: »Keine Bücher, keine Personen haben eine Zeitlang auf mich als Dichter besser und veredelnder eingewirkt als Jenny Lind.«

Es war eine wundervolle Rolle, die mich richtig glücklich machte. Den Hans Christian Andersen spielte Joachim Gottschalk; ein Künstler, den ich schon verehrt hatte, als ich noch in Frankfurt am Main zur Schule ging. Niemand von uns konnte in diesen Tagen ahnen, welches Schicksal Gottschalk bevorstand. Er hatte sich seine Karriere schwer erkämpfen müssen, war drei Jahre Matrose gewesen, um das Geld für den Schauspielunterricht aufzubringen, und führte dann eine glückliche Ehe mit seiner Frau Meta Wolff und seinem kleinen Sohn Michael. Ich war richtig geschockt, als eines Tages 1943 aus seinem Freundeskreis um Gustav Knuth und Brigitte Horney durchsickerte – nicht offiziell, vielmehr sagte es einer dem anderen hinter vorgehaltener Hand weiter –, daß Joachim Gottschalk mit seiner Frau und seinem Söhnchen freiwillig aus dem Leben geschieden war. Meta Wolff war Jüdin gewesen, und die Nazis hatten sie deportieren wollen. Zusammen mit anderen Kollegen versuchte auch ich zur Beerdigung zu gehen – doch Goebbels setzte genau an diesem Tag eine Besichtigung der UFA-Stadt Babelsberg an, und es wurde uns »mitgeteilt«, daß wir zugegen sein müßten, um den hohen Herrn zu empfangen. So konnte ich meinen Lieblingspartner nur im Geiste auf seinem letzten Weg begleiten. Erst viele Jahre später erfuhr ich, daß er in einem Abschiedsbrief geschrieben hatte: »Da es für meine Frau, mein Kind und mich kein gemeinsames Leben mehr geben kann, gehen wir gemeinsam in eine bessere Welt.«

Das war, wie gesagt, zwei Jahre nach den Dreharbeiten zu dem Film »Die schwedische Nachtigall«. Gottschalk ist ein sehr ernsthafter, besessener Schauspieler gewesen, der uns ansteckte mit seiner Intensität, seinem Ringen um die Rolle. Ich habe ihm künstlerisch und menschlich sehr viel zu verdanken.

In einem Punkt mußte ich bei diesem Film allerdings kapitulieren. Die unvergessene Sängerin Jenny Lind im Zentrum der Geschichte – da sollte es natürlich auch große Gesangsszenen geben. Keine Frage, daß dafür meine Naturstimme bei weitem nicht ausreichte. Deshalb holte sich Regisseur Peter Paul Brauer für die Lieder der berühmten schwedischen Nachtigall eine ebenfalls berühmte deutsche Nachtigall – Kammersängerin Erna Berger, die als Opernsoubrette der Staatsoper Dresden begonnen hatte und als Koloratursopranistin über die Städtische Oper Berlin zur Staatsoper Berlin kam. Außer in Berlin glänzte sie auf vielen Gastspielen an den namhaftesten Opernhäusern im In- und Ausland in ihren schönsten Rollen; als Königin der Nacht in der »Zauberflöte«, als Konstanze in »Entführung aus dem Serail«, als Sophie im »Rosenkavalier«, als Gilda in »Rigoletto« oder als Anna in »Intermezzo« von Richard Strauss.

Diese große Künstlerin »lieh« mir nun also ihre Stimme für Gesangsszenen im Film »Die schwedische

Nachtigall«, die im Playback-Verfahren hergestellt wurden. »Playback« nennt man bei Film, Rundfunk, und Fernsehen eine »Rückspiel«-Technik, bei der zu einer Gesamtszene gehörende Teilstücke (zum Beispiel Sprache und Musik oder Bild und Ton) getrennt aufgenommen und hinterher zusammengefügt werden. In meinem Fall ging das so vor sich, daß Kammersängerin Erna Berger erst einmal die Filmlieder auf eine Schallplatte sang, und zwar unter tonspezifisch idealen Aufnahmebedingungen in einem Schallplattenstudio. Erst dann wurden im Filmatelier die dazugehörigen Spielszenen gedreht, während gleichzeitig über einen Lautsprecher die Erna-Berger-Schallplatte zu hören war – und ich durch entsprechende Lippenbewegungen und Gesten so tun mußte, als sänge ich diese Lieder jetzt selber. Für den Kinozuschauer sah das dann später aus, als hätte Ilse Werner selbst gesungen.

Das hört sich leichter an, als es in der Praxis ist, weil es sogar ein guter Schauspieler nur schwer fertigbringt, einen Sänger derart genau nachzuahmen, daß der Betrachter hundertprozentig getäuscht wird. Es erfordert eine diffizile, einfühlsame Zusammenarbeit. Deshalb war ich bei den Plattenaufnahmen mit Erna Berger dabei. Damals wurde direkt auf Wachsplatte gesungen, noch nicht auf Tonband. Ich saß im Tonstudio unmittelbar daneben und habe Erna Bergers Darbietung regelrecht studiert.

Anschließend habe ich die Tonaufnahme mit nach Hause genommen, sie mir stundenlang angehört und dabei mitgesungen. Das klang zwar im Vergleich zu der märchenhaft schönen Nachtigallstimme der Erna Berger, als habe sich eine heisere Nebelkrähe im Wald verirrt – aber das Training hat so viel genutzt, daß mir später, als der Film fertig war, etwas ganz Tolles passierte.

Ich war so verblüffend synchron, daß Helmut Koch, der Produktionsleiter einer großen Schallplattenfirma, der damaligen Odeon – später leitete er den größten Chor in Ost-Berlin, war Professor und eine hochgeachtete Kapazität –, mich anrief: »Fräulein Werner, ich habe gestern einen Probestreifen von dem Film ›Die schwedische Nachtigall‹ gesehen. Sie haben ja eine phantastische Stimme. Wollen Sie nicht eine Schallplatte mit mir machen?«

Er war ziemlich enttäuscht, als ich ihm die Zusammenhänge erklärte. Kein neuer Stern am Schallplattenhimmel! Immerhin nahm das Gespräch dann eine für mich gute Wendung.

Helmut Koch meinte nämlich: »Na ja, wo ich Sie jetzt schon mal an der Strippe habe – wollen wir es nicht trotzdem miteinander versuchen? Vielleicht einen Schlager oder eine Sprechplatte, auf der Sie zum Beispiel Gedichte vortragen.«

Ich sagte nicht ja und nicht nein, sondern besprach mich am Abend erst einmal mit meinem Freund Werner Bochmann. Er war sofort Feuer und Flamme: »Das machen wir! Du singst meine kleinen Liedchen und pfeifst dazu.«

Kurz darauf trafen wir uns am Berliner Kurfürstendamm im Pianohaus Rehbock. Helmut Koch wartete dort schon mit einem jüngeren Mann, der Adolf Steimel hieß und nachher eine große Rolle in meinem Leben spielen sollte. Er war Komponist und Arrangeur und hat viele Schallplatten gemacht, zusammen mit Michael Jary und mit einem noch ganz unbekannten Künstler, der zur gleichen Zeit wie ich überhaupt erst anfing: Helmut Zacharias.

Werner Bochmann setzte sich an den Flügel, ich sang »Die kleine Stadt will schlafen gehen« und »Wenn du einmal ein Mädchen magst«, und Helmut Koch nickte anerkennend: »Ja, das ist interessant. Sie haben eine nette Stimme. Man kann daraus etwas machen. Aber irgendwas fehlt noch.«

Ich lachte ihn an und sagte: »Ich könnte nach dem Gesang den Refrain noch mal pfeifen.«

Helmut Koch winkte ab: »Nein, darauf verzichten wir besser. Das ist nicht gut. Ein Mädchen, das pfeift, unmöglich.«

Aber Werner Bochmann unterstützte mich: »Hören Sie sich das doch erst mal an. Ich würde sie ruhig pfeifen lassen.«

Schließlich gab Helmut Koch nach, und da habe ich losgelegt, daß die Wände wackelten. Während ich pfiff, konnte ich beobachten, wie sich seine Miene plötzlich aufhellte zu einem breiten Lächeln. Nach dem letzten Ton klatschte er begeistert in die Hände: »Das darf ja nicht wahr sein! In Ordnung – wir machen eine Platte, auf der Sie singen und pfeifen. Wir machen nur noch solche Pfeifplatten.«

Diese Episode habe ich deshalb an den Anfang meines Buches gestellt, weil sie mir erstens so kurios erscheint, und weil sie zweitens entscheidend war für mein weiteres Leben.

Kurios, denn man wollte zunächst nicht, daß ich pfeife – aber gerade das Pfeifen wurde zum Kennzeichen meines Erfolges und erleichterte ganz entscheidend meine Karriere.

Entscheidend, weil damals grundsätzlich die Weichen meines Lebens gestellt wurden; ich werde darüber noch ausführlich berichten.

Sicher ist: Mein Leben wäre ganz anders verlaufen, wenn ich auch weiterhin nur in der Badewanne gepfiffen hätte.

Also, die Aufnahme – bei der übrigens der junge Helmut Zacharias, damals noch in kurzen Hosen, im Hintergrund geigte – wurde gemacht und schlug beim Publikum ein. Sie wäre, wie man heute sagt, ein riesiger Hit geworden und hätte mich vielleicht zur Millionärin gemacht, würde es in jener Zeit der Rohstoffknappheit (es war ja Krieg) nicht ein Hindernis gegeben haben: Man mußte zwei alte Schallplatten abliefern, wenn man eine neue kaufen wollte. Und deshalb hielt sich der Verkauf leider in Grenzen.

II.

Das Paradies meiner Kindheit

Nun, da ich meine Lebensgeschichte erzähle, sitze ich im Wohnzimmer meines derzeitigen Domizils in Godesberg und schaue aus dem Fenster. Der Rhein glänzt wie flüssiges Silber. Auf der anderen Seite reckt sich die Drachenfelsruine wie ein ausgestreckter Daumen in den klaren Himmel.

Der Kreis meines Lebens hat sich geschlossen. Ich bin wieder in der Stadt, wo ich schon als Kind bei meinen Großeltern Ferien machte. Seitdem ist viel Wasser den Rhein hinuntergeflossen. Ein halbes Leben ist vergangen. Eine Fülle von Erfahrungen habe ich gesammelt. Erinnerungsfotos liegen vor mir auf dem Tisch; mehrere Pappkartons voll, abgewetzte Alben. Glücklicherweise konnte ich sie bis heute retten. Sie haben die Bombenangriffe auf Berlin, die Plünderungen meiner Wohnung bei der Besetzung, meine Auswanderung nach Amerika und sogar die zahlreichen Umzüge nach meiner Rückkehr fast vollständig überstanden. Viele Menschen haben mir im Laufe der Jahre Bilder zugeschickt, die ich nicht mehr besaß.

Jetzt sind sie mir eine gute Gedächtnisstütze. Ich schlage das erste Album auf. Auf Blatt 1 klebt ein Foto, das eine große weiße Villa zeigt. Darunter steht in der gestochenen deutlichen Handschrift meines Vaters

»Neues und jetziges Wohnhaus Kebon Sirih Park, 1923«.

Während ich das Foto betrachte, lasse ich mich von meinen Gedanken davontragen – in das Märchenland meiner Kindheit.

Ich bin wieder in der großen weißen Villa mit den Freitreppen, den Veranden und Balkonen. Ich höre wieder das Surren der Ventilatoren. Ich sehe den exotischen Garten mit den Palmen und Waringin-Bäumen. Ich rieche den Duft der Orchideen. Ich höre in der Ferne das ständige vieltönige Schlagen des Gongs und der Xylophone der Gamelan-Orchester. Und ich spüre wieder die Glut der Tropensonne und die Magie des Fernen Ostens mit seinen Riten, Festen, Göttern und Dämonen.

Dort nämlich liegt meine Wurzel: Ich bin am 11. Juli 1921 um halb drei mittags in Batavia, der früheren Hauptstadt von Niederländisch-Indien, im Zeichen des Krebs geboren und wurde als Ilse Charlotte Still ins Taufregister eingetragen.

Inzwischen stimmt keiner dieser Namen mehr: Aus Batavia wurde Djakarta, Niederländisch-Indien wurde in Indonesien umbenannt, und Ilse Charlotte Still heißt heute Ilse Werner.

Meine Herkunft mag viele Menschen erstaunen. Ilse Werner, die als der Prototyp des deutschen UFA-Stars der vierziger Jahre angesehen wurde, war also gar keine Deutsche, sondern Holländerin. Daß Zarah Leander und Kristina Söderbaum Schwedinnen und Marika Rökk Ungarin waren, hatte sich zwar überall herumgesprochen, aber Ilse Werner, die Vierte im Bunde der UFA-Lieblinge, hielt man allgemein für eine Deutsche.

Dabei fiel ich während des Krieges sogar unter die Gesetzgebung für »feindliche Ausländer«. Das »Idol der deutschen Soldaten« mußte sich jede Woche einmal auf dem zuständigen Polizeirevier melden.

Deutsche wurde ich erst lange nach dem Krieg durch meine zweite Heirat mit dem Komponisten Josef Niessen.

Ich betrachte das nächste Bild in dem Fotoalbum meiner Kindheit. Es zeigt einen kleinen, fast zierlichen Mann, etwa 1,65 m groß, mit gebräuntem Teint und etwas schräggestellten Augen: meinen Vater, Otto Emil Still. Vom Scheitel bis zur Sohle war er das Urbild eines Grandseigneurs, lebensfroh, kontaktfreudig und ungeheuer großzügig. Als Exportkaufmann war er nicht nur ein reicher, sondern auch ein sehr angesehener Mann in Batavia. Er besaß große Plantagen, Tee, Reis und vor allem Gummi. Da er nebenbei auch das Amt eines österreichischen Ehrenkonsuls versah, erlebte ich schon als Kind viele Galaempfänge – ein Vorgeschmack auf die unzähligen Empfänge, die ich später als Schauspielerin mitmachen mußte.

Die Ahnengalerie meiner Familie bildet eine Brücke zwischen Europa und Asien. Mein Vater stammt von chinesischen Vorfahren ab. Die Stills gehörten zu den ersten Kolonisten in Niederländisch-Indien. Mein Urgroßvater war Holländer und mit einer Chinesin verheiratet. Von diesem asiatischen Einfluß habe ich wahrscheinlich meinen Gesichtsschnitt und die Form der Augen geerbt.

Der Sohn meines Urgroßvaters heiratete eine Deutsche, eine Freifrau von Minnigerode, die mit Bismarck verwandt war. Mein Vater holte sich wieder eine Frau aus Deutschland, aus Offenbach am Main. Meine Mutter verkörperte die Wernerische Linie, und der Name Werner wurde mein Künstlername.

Später zogen die Wernerschen Großeltern nach Bad

Godesberg in die Habsburgerstraße 5, wo ich in allen meinen Schulferien war. Ich bin also mit der Stadt und der Umgebung vertraut. Das war nach 1930, als wir nach Deutschland kamen.

Meine Eltern führten eine sehr glückliche Ehe. Auf einem Europaurlaub war mein Vater nach Frankfurt gekommen und hatte dort meine Mutter auf einem Ball kennengelernt. Er war geschieden und lebte von seiner ersten Frau getrennt. Er verliebte sich in meine Mutter und überredete sie mit seinem ungeheuren Charme, 1919 mit nach Niederländisch-Indien zu kommen. Sie blieben 35 Jahre. Das Resultat ihrer Liebe waren meine sieben Jahre ältere Schwester Lilli, genannt Toeti, und ich.

Während des Krieges hat man mir oft nachgesagt, ich hätte einen Bruder gehabt. Dieses Gerücht hat sich bis heute gehalten. Häufig werde ich bei meinen Auftritten darauf angesprochen: »Wie geht es Ihrem Bruder? Lebt er noch? Ich war sein Kamerad«. Wenn ich dann sage: »Ich habe nie einen besessen«, sehen mich die Leute an, als hätte ich meinen Bruder umgebracht. Dabei hatte ich wirklich keinen. Vielleicht haben sich einige Soldaten im Krieg als mein Bruder ausgegeben, um angeblich »ihre Schwester Ilse« zu besuchen und einen Tag Urlaub mehr zu kriegen.

Ich hatte lediglich einen Stiefbruder und eine Stiefschwester aus der ersten Ehe meines Vaters, die jedoch beide während des Krieges in einem japanischen Kriegsgefangenenlager waren!

Aber blenden wir zurück nach Batavia: Ich hatte wirklich eine unbeschreiblich glückliche Kindheit. Als Tochter des angesehenen Konsuls Still wurde ich wie eine kleine Orchidee behandelt.

Mein Vater war zwar ein sehr liebenswürdiger Mann,

hatte allerdings nicht den Humor meiner Mutter, einer bildschönen Frau und wirklichen Dame. Glücklicherweise habe ich eine Portion ihres Humors mitbekommen; eine meiner guten Eigenschaften, die mir später über vieles hinweggeholfen hat.

Meine Schwester und ich wuchsen dreisprachig auf: Holländisch, Malaiisch und Englisch. Deutsch habe ich erst viel später gelernt.

Im Glanz und Überfluß der Kolonialzeit führten wir das Leben von kleinen Prinzessinnen. Viel Dienerschaft und unbeschreiblicher Luxus. Armut war für mich in meiner Kindheit ein Fremdwort. Niederländisch-Indien zählte ja zu den reichsten Kolonien der Welt. Damals ein Land wie Tausendundeine Nacht.

Unsere Villa lag inmitten eines prachtvollen tropischen Parks. Die Orchideen blühten dort wie hier die Gänseblümchen. Das Haus hatte 30 wundervoll eingerichtete Zimmer. Außerdem besaß mein Vater noch ein Landhaus, wo wir dann während der schwülen Regenzeit lebten.

Daß ich in dieser paradiesischen Umgebung mit ihrem unvorstellbaren Reichtum aufgewachsen bin, erklärt wohl meinen Hang zur Großzügigkeit, meine Zwanglosigkeit und mein Freiheitsgefühl. Es ist keine Arroganz, wenn ich behaupte, daß ich nicht in einer Wohnung eingesperrt sein kann. Deshalb lebe ich ja nun seit 10 Jahren meist in Häusern, auch wenn es nur kleine Gartenhäuser waren. Ich brauche einfach das Gefühl, daß ich vom Haus in einen Garten hinaustreten kann – wie früher als Kind.

Wir beschäftigten in Batavia sage und schreibe 35 Hausangestellte, darunter allein drei Gärtner und einen Chauffeur, der mich jeden Tag in die Schule fuhr; wir besaßen eines der ersten Autos. Ich hatte sogar meine eigene Betreuerin, eine Baboe, die sich von morgens bis abends ausschließlich um mich kümmerte.

Unsere Angestellten waren Eingeborene. Javaner! Wir liebten sie, und sie liebten uns, denn es ging ihnen gut. Meine Spielkameraden waren holländische und einheimische Kinder.

Natürlich hatte es auch nachteilige Folgen, daß ich am Anfang meines Lebens so reich beschenkt und verwöhnt wurde. Ich konnte keinen Zwang ertragen und war furchtbar unordentlich und schlampig. So gewöhnte ich mir an, sowohl meine Kleidungsstücke als auch mein Spielzeug einfach fallen zu lassen. Hinter mir ging ja die Baboe, die alles aufräumte.

Kein Wunder, daß mich später, als ich aus dieser heilen Welt gerissen wurde und mit privaten und beruflichen Schwierigkeiten fertig werden mußte, die Umstellung sehr hart ankam.

Heute bin ich zwar ordentlich, aber eins lasse ich immer noch stehen: meine Schuhe. Das hat meinen zweiten Mann, Josef Niessen, zur Weißglut gebracht. Er hat immer gesagt: »Mädel, nun räum doch deine Schuhe weg.« Aber ich konnte es mir einfach nicht angewöhnen.

Ja, so ein verwöhntes Mädchen war ich. Ein richtiger kleiner Teufel, der immer im Mittelpunkt stehen mußte. Wenn ich meinen Willen nicht durchsetzen konnte, wurde ich krank. Ich war wahnsinnig empfindsam und habe mich so reingesteigert, daß ich wirklich Fieber bekam, wenn irgend etwas schieflief. Oder ich fing an zu brüllen. Meinen armen Eltern bin ich schon als Baby derart auf den Wecker gefallen, daß sie mir im äußersten Winkel unseres Hauses eine »Brüllkammer« einrichteten; von dort hinten hörten sie mich nur noch ganz schwach.

Meine Mutter pflegte zu scherzen: »Ach Gott, wenn sie brüllt, dann lebt sie noch.« Einmal allerdings hörte sie mich plötzlich nicht mehr. Schreckensbleich liefen meine Eltern in die »Brüllkammer«. In meiner Wut hatte ich so in der Korbwiege gestrampelt, daß sie umgefallen war. Ich lag unter einem Berg von Kissen und wäre fast erstickt.

Klein Ilschen wollte eben von allen geliebt und beachtet werden. Und darum sind wahrscheinlich später meine beiden Ehen kaputtgegangen.

Ein anderes Problem meiner Kindheit, das mich mein ganzes Leben lang verfolgte und mir auch heute noch zu schaffen macht: meine Haare! In den ersten drei Monaten meines Erdendaseins tat sich auf meinem Kopf so gut wie nichts. Statt der Haare hatte ich kleine Federchen. Meine Eltern waren sicher unglücklich darüber, aber sie nahmen es mit Humor – sie nannten mich »Kareltje Kaalkop«. Das ist der holländische Spitzname für jemanden, der eine Glatze hat.

Das war natürlich Übertreibung, aber später bei der UFA hatten die Filmfriseusen und Maskenbildner ihre liebe Not mit mir. Wenn ich im Filmatelier stand, mußten meine Haare täglich frisch gewaschen und neu eingelegt werden, sonst hätte das Kinopublikum entsetzt aufgeschrien. Ich fand es albern, immer zum Friseur zu gehen – aber was tun? Damals waren die Perücken noch nicht so gut verarbeitet und schick wie heute, wo man sie einfach aufsetzen kann und kaum jemand bemerkt, daß man falsche Haare auf dem Kopf hat. Die Filmperücken waren bloß so Halbperücken, die in der Mitte des Kopfes angesetzt wurden; das Haar fiel dann schwer runter. So was etwa selber waschen – gar nicht dran zu denken. Jedesmal, wenn ich solche Perücken längere Zeit trug, bekam ich Kopfschmerzen.

Schließlich kam Rettung in höchster Not durch Grethe Kieaup. Diese Dame, der ich noch in meinen alten Tagen auf Knien danke, war Inhaberin eines Hutgeschäfts in der Budapester Straße in Berlin und löste mein Frisurproblem auf geniale Weise mit einem Schlag: Sie hat Turbane für mich gemacht. Und Kappen und Netze mit einer Schleife vorn. Damit konnte ich meine Haare verdecken.

Ich bestellte sofort Modelle in allen möglichen Farben, trug sie auch in dem Film »Wir machen Musik«. Und siehe da, die Leute fanden das schick und lieb und süß. Viele Mädchen und Frauen machten das nach und trugen Turbane, Kopftücher und Haarnetze à la Ilse Werner. Eh ich mich versah, hatte ich eine neue Mode kreiert.

Bei männlichen Schauspielkollegen ist es ja nicht so tragisch, wenn sie wenig oder keine Haare haben. Yul Brynner oder Fernseh-Krimiheld Kojak haben sogar ihre Vollglatzen zu Markenzeichen gemacht. Etwas schwieriger wird es allerdings bei Liebhaber-Typen und Draufgängern wie Hans Albers, der ja immer ein Toupet trug, um seine Halbglatze unsichtbar zu machen. Er war ziemlich eitel, der Hans Albers, das gehörte eben zu seiner ganzen Art. Und da passierte etwas Irrwitziges in Hannover, als wir nach einer Premiere Autogramme gaben. Die Menschen bedrängten uns sehr heftig, wir mußten uns richtig zur Wehr setzen, um überhaupt schreiben zu können. Unzählige Hände reckten sich uns entgegen – und plötzlich hatte irgend jemand die falschen Haare von Hans Albers in der Hand. Oh, das war schlimm! Mein lieber Kollege war furchtbar sauer und nicht mehr zu gebrauchen.

In Zukunft ist er bei solchen Aktionen nur noch mit Hut aufgetaucht. Und ich im schicken Turban!

40

III.

Von Göttern, Hexen und Dämonen

Die dunkle Laubmasse des Waringin-Baumes wirft lange Schatten gleich Phantomen auf den Boden. Ein großer, aus menschlichen Körpern bestehender Wurm windet sich um eine Fackel. Der Widerschein der Flammen züngelt über die nackten Oberkörper, Köpfe, Arme und Leiber wiegen sich rhythmisch wie in Trance. Die Männer scheinen sich zu verwandeln in eine Herde Affen; sie stoßen zischende Laute aus.

Plötzlich öffnet sich der magische Kreis. Ein Mann tritt heraus. Die runden untermalten Glotzaugen und die gespenstischen langen Fingernägel verleihen ihm etwas Dämonisches. Er trägt einen hochgetürmten Kopfschmuck, unter dem dunkle wirre Haare hervorquellen.

Vorsichtig kommt er näher, als überschreite er eine unsichtbare Grenze, um in eine andere Welt zu gelangen. Laute Gongschläge dröhnen. Der Mann duckt sich wie ein zum Angriff kauerndes Raubtier.

Ich sehe die langen Fingernägel und habe Angst. Mein Herz schlägt mir bis zum Hals. Jeden Moment kann mich der Dämon anspringen. In diesem Augenblick ertönt ein kräftiger Akkord des Gamelan-Orchesters. Langsam zieht sich der Dämon zurück.

Die Musik steigert sich in ein Kreszendo und bringt

41

mich in die Wirklichkeit zurück. Ich atme erleichtert auf. Ich bin nicht das Opfer eines Zauberkults, sondern nur Zuschauer bei einem Tanzspiel in Batavia.

Als Kind der Tropen bin ich in dieser magischen Welt der Musik, des Tanzes und des Dramas aufgewachsen, und sicher hat die exotische und farbenprächtige Szenerie dieser lebendigen Kultur einen starken Einfluß auf mich gehabt und den Wunsch in mir geweckt, Schauspielerin zu werden.

Da ich von Javanern aufgezogen wurde, war ich von frühester Kindheit mit ihren Riten und Festen vertraut. Das Theater ist ein Teil ihres Lebens. Geburtstage, Hochzeiten, Tempelfeste, Prozessionen – kurz alle weltlichen und religiösen Veranstaltungen sind Anlässe, Theater zu spielen.

Es gibt dort keine Schauspieler von Beruf. Theater spielt man im Dorf, um sich und seine Mitmenschen zu unterhalten und zu vergnügen. Die nachts so dämonisch auf der Bühne wirken, führen am Tage ein ganz normales Leben als Bauern, Fischer und Handwerker.

Die Musik und das Theater sind einfach ein Teil ihres Lebens. Jedes Dorf hat seinen Musikverein. Jeder Dorfplatz ist eine Bühne. Die Schauspielerei wird den Menschen mit in die Wiege gelegt. Diese Umgebung hat natürlich auf mich abgefärbt.

Unvergessen sind mir die Klänge der Gamelan-Orchester. Man braucht nur ihren Melodien zu folgen, und man kann sicher sein, daß man auf eine Theater- oder Tanzveranstaltung stößt.

Unvergessen ist mir auch das Gebärdenspiel der Finger und Hände, mit denen die Tänzer – wie fast überall in Asien – ihrem Auftritt unendlich viele Ausdrucksmöglichkeiten verleihen.

Unvergessen geblieben sind mir die zierlichen Tänzerinnen, die von Kopf bis Fuß in Goldbrokat funkelten und glitzerten.

Unvergessen ist mir das kontrollierte Spiel der Augen, das Vibrieren der Finger, die Harmonie ihrer Bewegungen, voller Sentimentalität und Melodramatik.

Unvergessen sind mir die Clowns mit ihren bunten Masken, die Schattenspieler, die Holzschnitzer und Maler.

Und unvergessen sind mir die zahlreichen Tempelfeste und Zeremonien. Zum Beispiel die Trauerzüge, die ich als Kind in Batavia oft sah. Da kamen die Leidtragenden laut schreiend und weinend die Straße entlang, schlugen sich an die Brust und zerrauften sich die Haare und die weißen Kleider. Weiß ist drüben die Farbe der Trauer.

Hoch über ihnen schwankte der mit Blumen und allerlei Flitter geschmückte Sarg auf den Schultern oft lachender und johlender Träger, die den Toten einsargen und zur Bestattung bringen mußten.

Diese Theatralik des Fernen Ostens hinterließ einen unauslöschlichen Eindruck und inspirierte meine eigenen schauspielerischen Neigungen.

Schon als kleine Göre habe ich immer gesagt: »Ich will Sängerin, Schauspielerin oder Prinzessin werden.«

»Sängerin können wir ja verstehen«, meinten meine Eltern. »Du kannst ja so schön brüllen. Aber Prinzessin?«

»Ja«, habe ich gesagt, »ich will in einem langen Kleid eine Freitreppe runtergehen mit Rosen im Arm.«

Das war für mich der Inbegriff einer Karriere. Und die – so glaubte ich damals – konnte man nur als Sängerin, Schauspielerin oder Prinzessin machen. Ich dachte, das sei was Besonderes.

So begann ich schon sehr früh, Theater zu spielen

und mich bei jeder passenden Gelegenheit zu verkleiden. Ich hatte immer die Sucht aufzufallen. Am liebsten habe ich mich als Braut verkleidet. Davon gibt es auch ein Foto. Da habe ich weiße Schuhe an wie eine Mickymaus und einen Schleier. Ich fand das herrlich. Meine armen Eltern wahrscheinlich weniger.

Eine ganz andere Begabung hatte meine Schwester Lilli. Sie war tänzerisch sehr talentiert und wollte gern nach Europa auf eine Ballettschule. Mein Vater hat es ihr verboten, und als ich viele Jahre später auf die Schauspielschule gehen durfte, hat »Toetie« mir das natürlich sehr übelgenommen. Sie war neidisch auf mich. Heute kann ich das verstehen, aber damals hat es unser Verhältnis zueinander nicht gerade verbessert. Ehrlich gesagt: Wir konnten uns nicht ausstehen! Heute sind wir ein Herz und eine Seele. Warum muß der Mensch erst älter werden, um zur Toleranz zu finden? Wir sind uns beide ziemlich ähnlich, nicht gerade im Aussehen, aber vor allem akustisch. Am Telefon kann man uns kaum auseinanderhalten. Diese Ähnlichkeit der Stimmen hat oft zu Verwechslungen geführt. So arbeitete meine Schwester im Krieg als Ansagerin beim Deutschlandsender in Berlin, und mein Schatten hat sie immer verfolgt. Fast täglich fragte jemand: »Sind Sie die Ilse Werner?«

Doch zurück nach Batavia zu Tanz, Schauspiel, Musik. Schon als kleines Mädchen hab' ich viel gesungen – und gepfiffen! Pfeifen war für mich eine ganz besondere Leidenschaft, obwohl mein Vater erklärte: »Mädchen, die pfeifen, und Hühner, die krähen, soll man beizeiten den Kragen rumdrehen«.

Zum Glück war mein Vater ein Mensch, der keiner Fliege etwas zuleide tun konnte und schon gar nicht seiner eigenen Tochter. Er hat mich kein einziges Mal geschlagen. Geschweige denn versucht, mir den Hals rumzudrehen.

Im Gegenteil: Meine Eltern unterstützten meine musikalischen Ambitionen. Ein bißchen ehrgeizig muß ich damals wohl doch gewesen sein, denn im Schulchor wollte ich als Fräulein Konsul Still die erste sein. Ich habe mich regelrecht überschrien. Die Folge war, daß ich einen Stimmbruch bekam wie ein Junge. Später auf der Schauspielschule habe ich gelernt, wie man sich musikalisch effektvoll äußern kann, ohne zu schreien.

Noch ein Wort zur Mystik und zum Aberglauben. Als Kind, das in den Tropen aufwuchs, bin ich auch davon sehr stark infiziert worden. Von meiner dunkelhäutigen Kinderfrau lernte ich, daß die Menschen nicht nur unter dem Schutz der Götter und Ahnen stünden – dann hätten sie gewiß das Paradies auf Erden –, sondern, daß es auch Mächte der Finsternis gibt. Die mondlosen Nächte sind ihre Zeit. Dann liegen die Dorfstraßen schwarz und verlassen da. In den Wäldern huschen und wispern unheimliche Schatten. Hexen und Dämonen treiben ihr Unwesen.

Ich hatte deshalb furchtbare Angst vor der Dunkelheit und konnte nur mit einem Nachtlicht schlafen. Die Geckos und Schlangen plumpsten manchmal auf mein Moskitonetz. Da konnte es einem Kind schon grausen. Bis zu meinem 14. Lebensjahr – da lebten wir längst in Deutschland – hatte ich immer ein Nachtlicht im Zimmer stehen.

Kurioserweise ist es heute umgekehrt: Ich kann nicht mehr bei Licht schlafen. Wenn ich auf einer Tournee in einem Hotel übernachte, ist meine erste Frage an den Manager: »Haben Sie eine Verdunklung im Zimmer?«

»Natürlich«, antwortet der meist. »Wir haben einen grünen Vorhang.«

»Nee«, sag ich. »Ich meine eine richtige Verdunklung.«

Und dann müssen Decken vors Fenster genagelt werden, und ich lasse mir eine Schlafbrille besorgen.

Meine »Baboe« hatte mir auch erklärt, daß in den Waringin-Bäumen mit ihren Riesenstämmen und Riesenwurzeln Geister säßen, gute und böse. »Wenn es dunkel wird, darfst du an den Bäumen nicht vorbeigehen«, warnte sie mich eindringlich. Und ich hab' das auch nie getan.

Diese Erlebnisse einer lang zurückliegenden Zeit sind tief verwurzelt in mir und haben mein ganzes Wesen mitgestaltet. Ich will nicht behaupten, daß ich das Zweite Gesicht habe oder den sechsten Sinn besitze. Aber mir sind in meinem späteren Leben immer wieder Dinge passiert, die meinen Aberglauben verstärkt haben.

Drei Episoden als Erklärung dafür:

1. Die Zahl 13 spielt eine große Rolle in meinem Leben. An jedem 13. im Monat brachte mir mein zweiter Mann Josef Niessen einen Strauß. Im Frühjahr Maiglöckchen, meine Lieblingsblumen. Im Sommer Rosen und Dahlien. Im Herbst Chrysanthemen und im Winter Orchideen. Wir hatten uns nämlich ein Jahr getrennt, um die Stärke unserer Gefühle füreinander zu prüfen! An einem 13. haben wir uns wiedergetroffen und daraufhin absichtlich an einem Freitag, den 13., geheiratet. Im 13. Jahr unserer Ehe – und diesmal war es von mir keine Absicht – wurden wir dann geschieden.

2. Abergläubisch bin ich auch im Hinblick auf Weihnachten und Silvester, weil es ausgerechnet um diese Zeit jedesmal zu Trennungen von lieben Menschen kam. Alles, was in meinem Leben schlimm und traurig war, passierte an diesen Tagen. Also ist Weihnachten

für mich ein schreckliches Fest. Wenn sich der Dezember nähert, werde ich nervös und kribbelig. Häufig bin ich vor Weihnachten geflohen und auf Tournee gegangen.

3. Als ich 20 Jahre alt war, bin ich in Berlin zu einem bekannten Wahrsager gegangen. Er hat mir mein Leben bis zum heutigen Tag vorausgesagt, und es war, wie sich dann erwies, eigentlich alles richtig. Er prophezeite mir auch, daß ich im Alter sehr aktiv sein würde und eine zweite Karriere mache. 25 Jahre später habe ich erneut eine Handleserin aufgesucht, die mir dasselbe gesagt hat. Vor allem riet sie mir: »Hören Sie nie auf, Musik zu machen. Das hält jung.«

Ich habe mich daran gehalten und nie aufgehört. Und 1980 war mein wohl arbeitsreichstes Jahr, in dem außerdem viele meiner Wünsche in Erfüllung gingen.

IV.

Mit einem Schlag bettelarm

In Batavia habe ich also die ersten zehn Jahre meiner Kindheit verbracht. Eine herrliche Zeit! Ich danke meinen Eltern dafür. Die Erinnerung daran kann mir niemand nehmen.

Eine Kostprobe vom Ernst des Lebens erhielt ich zum erstenmal, als ich gerade etwas über fünf Jahre alt war und mit meinen Eltern eine Überseereise nach Deutschland machte.

Der Anlaß: Meine ältere Schwester Lilli sollte in einem deutschen Internat auf ihre Rolle in der Gesellschaft vorbereitet werden. Da meine Eltern sie persönlich dort abliefern und andererseits »die Kleine«, also mich, nicht allein in Batavia lassen wollten, begab sich die ganze Familie Still mit einer Unmenge Überseekoffer aufs Schiff.

Damals waren Seereisen eine ziemlich abenteuerliche und strapaziöse Angelegenheit. Es war irrsinnig heiß an Bord, denn es gab keine Klimaanlage. Nachts lagen wir in den Deckstühlen. Wir dampften durchs Rote Meer, den Suezkanal und das Mittelmeer nach Genua.

Den ersten unauslöschlichen Eindruck von der neuen Welt erhielt ich, als wir mit der Eisenbahn über den Brenner fuhren. Meine Mutter weckte mich und schob den Verdunklungsvorhang hoch: »Guck mal, Kind.«

Eine funkelnde weiße Pracht lag auf den Bergen. »Was ist denn das?« fragte ich staunend. »Das ist Schnee«, sagte meine Mutter.

Ich sah den ersten Schnee meines Lebens, aber ich fand den Anblick gräßlich. Ich kann bis heute keinen Schnee sehen! Für mich ist er ein Leichentuch. Einfach bedrückend.

Aber der Schnee war nicht das einzige Bedrückende, was mir bei meinem ersten Aufenthalt in Europa widerfuhr. Meine Eltern wollten damals in Deutschland herumreisen und konnten mich unmöglich überall mit hinschleppen.

Sie gaben mich daher, nichts Böses ahnend, in einem renommierten Kinderheim »zur Aufbewahrung« ab. Wie sollten sie auch wissen, was sie mir damit antaten. Nichts gegen dieses Kinderheim. Es war durchaus ein empfehlenswertes Haus. Aber nicht für mich.

Meine Schwierigkeiten begannen damit, daß ich kaum deutsch sprach. Außerdem war ich ohne Zwang aufgewachsen und wirkte in dieser Umgebung wie ein tropischer Paradiesvogel, der sich verflogen hatte.

Besonders schlecht in Erinnerung habe ich die deutschen Erzieherinnen, die damals noch mit ganzer Autorität regierten. Sie wirkten auf mich wie eiskalte Hexen. Ich, die bis dahin immer von freundlichen, nachgiebigen javanischen Dienerinnen umgeben war, hörte nun plötzlich von morgens bis abends Befehle: »Du mußt jetzt essen! Du mußt dich waschen! Du mußt ins Bett! Du mußt dies und du mußt das!«

So wurden die Wochen im Kinderheim zu einer echten Qual, ich verstand die Welt nicht mehr und verfiel in eine abgrundtiefe Resignation. Eines Nachts wollte ich sogar Selbstmord begehen. Das ungewohnte, schwere Plumeau meines Bettes schien mir das geeignete Mittel zu sein. Ich stülpte es über den Kopf und dachte: So, jetzt ersticke ich. Recht geschieht meinen Eltern!

Zu meinem größten Erstaunen erwachte ich dennoch am nächsten Morgen wieder. Zwar etwas benommen, aber eigentlich ganz gut ausgeschlafen.

Daraufhin trat ich in den Hungerstreik. Nach vier Wochen hatte ich gesiegt. Meine Eltern holten mich ab. Eine klapperdürre, aber rundum glückliche Tochter sank in ihre Arme.

Wir kehrten kurz darauf nach Java, meinem geliebten Paradies, zurück. Aber schon bald sollte ich diesen Platz an der Sonne verlieren. Meine Eltern hatten nämlich beschlossen, unseren Wohnsitz in Batavia aufzugeben und nach Deutschland zu übersiedeln.

Meine Mutter hatte das tropische Klima nie sonderlich gut vertragen. Ihr zuliebe löste mein Vater unseren Hausstand auf, verkaufte seine Plantagen und übertrug die praktische Leitung seines Export- und Importgeschäftes an seinen Kompagnon. Später sollte sich herausstellen, daß dies der größte Fehler seines Lebens war.

1932 trafen wir in Frankfurt ein. Mein Vater mietete eine Wohnung in der Morgensternstraße. Wir waren ja wohlhabend und konnten es uns leisten. Die Geschäfte liefen gut. Meine Schwester war inzwischen im Mädchenpensionat in Bad Godesberg.

Ich besuchte die Schiller-Schule in Frankfurt-Sachsenhausen, eine Realschule für Mädchen, und mußte nun erst einmal richtig Deutsch lernen. Was nutzte es mir, daß ich mich für eine kleine Prinzessin hielt – in der Schule wurde ich wie jedes andere Kind behandelt, was natürlich richtig war.

Ich war ungeduldig und faul und daher keine gute Schülerin. Die größten Schwierigkeiten hatte ich mit

Mathematik. Wirklich gut war ich nur in Englisch und im Singen. Leider war Pfeifen kein Unterrichtsfach, sonst hätte ich wenigstens noch eine dritte Glanznote im Zeugnis gehabt.

Eines Tages gab es einen großen Knall, der unser ganzes Leben von Grund auf veränderte. Durch Manipulationen seines Kompagnons drohte das Geschäft meines Vaters pleite zu gehen.

Er fuhr noch einmal nach Java, um zu retten, was zu retten war. Aber es gab nichts zu retten. Er verlor sein gesamtes Vermögen. Wir waren mit einem Schlag bettelarm.

Meine Mutter war mir in dieser Zeit das größte Vorbild. Sie verkaufte ihren schönen Schmuck und nahm das Heft in die Hand. Ohne viel Aufhebens stellte sie sich vom Leben einer großen Dame auf die Rolle einer braven und sparsamen Hausfrau um.

In Batavia brauchte sie einst keinen Finger krumm zu machen; sie hatte 35 Hausangestellte gehabt, die ihr jede Arbeit abnahmen. Jetzt mußte sie alles selbst machen: kochen, waschen, putzen, als hätte sie nie etwas anderes gekannt.

Unsere elegante Wohnung in Sachsenhausen mußten wir aufgeben. Wir zogen in eine viel kleinere Wohnung. Es war recht bescheiden und eng. Und ich begriff nicht, daß plötzlich alles zu Ende sein sollte: der Luxus, der Reichtum, das Verwöhntwerden.

»Kind, ich kann dir dieses Jahr keine Söckchen mehr kaufen«, sagte meine Mutter.

»Aber Mami, die kosten doch nichts«, maulte ich ahnungslos.

Sie erwiderte lachend: »Du hast recht. Die stricke ich dir nämlich jetzt selber.«

Ja, trotz der finanziellen Sorgen hatte meine Mutter

das Lachen nicht verlernt. Ich staune noch heute, wie sie damals mit allen Problemen fertig geworden ist. Eine patente Frau war sie, meine Mutter, meine beste Freundin, meine schönste Erinnerung.

1933 wurde ich, 12 Jahre alt, in der Schule zum erstenmal mit Politik konfrontiert. Eine ältere Mitschülerin fragte: »Wer will freiwillig beim Bund Deutscher Mädchen mitmachen?«

Alle hoben die Hand. Ich glaube, keiner wußte so richtig, was das bedeutete. Die Mädels des BDM trugen schwarze Röcke und weiße Blusen. Außerdem hatten sie einen Schal, der durch einen braunen Knoten geschlungen war. Und eine Kletterweste mit einem aufgenähten Hakenkreuz.

Heimatabende und Wanderungen wurden versprochen – natürlich nach der Schule. Herrlich, dann konnten wir abends raus, und die Eltern durften nichts dagegen machen. Es gab Jubel und Begeisterung. Alle wollten mit.

Ich wurde also auch eingeschrieben. Aber nach drei Wochen kam für mich die große Enttäuschung: Ich durfte nicht mehr an den Abenden teilnehmen, weil ich keine Deutsche war.

In dieser Zeit, als die Politik der Nationalsozialisten Deutschland so erschreckend zu verändern begann, begegnete ich meiner ersten Jugendliebe.

Er hieß Albin und war der Bruder meiner Schulfreundin Lore. Auch unsere Eltern kannten sich. Albin entsprach genau dem Typ, der mir auch später immer gefiel: Er war schlank und blond.

Viele Jahre danach, als wir uns längst aus den Augen verloren hatten und Krieg herrschte, erfuhr ich, daß Albin einer der ersten gewesen war, der Soldat werden mußte und einer der ersten, die in Rußland fielen.

Unsere Zuneigung konnte sich damals nicht entfalten, denn Anfang 1934 packten meine Eltern wieder einmal ihre Siebensachen, um nach Österreich überzusiedeln (später zogen sie weiter nach Budapest). In Wien boten sich für meinen Vater bessere berufliche Chancen; er war ja noch immer österreichischer Ehrenkonsul und wollte seine Kontakte nutzen.

Meine ältere Schwester Lilli blieb in Deutschland; sie stand kurz vor ihrer Hochzeit mit Rainer von Hoeslin, dem Sohn des Wagner-Dirigenten Franz von Hoeslin.

Für mich war das Wien der dreißiger Jahre ein Paradies. Ich habe diese Stadt auf Anhieb geliebt, ihren Charme, ihre Menschen, ihren Dialekt, den Glanz einer großen Vergangenheit und die Vielfalt ihrer Kultur. Die Theater überschlugen sich mit Premieren, neue Regisseure tauchten auf, die Wiener Staatsoper und die Wiener Philharmoniker befanden sich auf einem Höhepunkt ihrer Entwicklung, die »Neue Musik« wurde diskutiert, Schönbergs Zwölftontechnik, Alban Berg, Anton Webern, die Opern von Ernst Křenek – kurz: Es war ein Wirbel, ein letztes Aufbäumen vor dem Untergang.

Denn wir saßen alle auf einem Pulverfaß. Im Untergrund tobte schon ein geheimer Bürgerkrieg zwischen Kommunisten, Antimarxisten, Nationalsozialisten. Bei einem Nazi-Putschversuch wurde 1934 Bundeskanzler Dollfuß ermordet. Sein Nachfolger Kurt Schuschnigg bemühte sich dann vier Jahre später vergeblich, durch eine Volksabstimmung »für ein freies und deutsches, unabhängiges und soziales, christliches und einiges Österreich« den Anschluß an Deutschland zu verhindern – er wurde nach dem Einmarsch Hitlers verhaftet und in ein Konzentrationslager gesteckt.

In so einer verrückten Zeit lebten wir, und ich hatte

nur einen einzigen heißen Wunsch: Schauspielerin zu werden. Zuerst mußte ich meinen Vater überreden. Meiner Schwester, die ja Tänzerin werden wollte, hatte er diesen Wunsch abgeschlagen. Wie würde er bei mir reagieren, wenn ich ihm erklärte, daß ich mich zur Schauspielerin berufen fühle?

Wider Erwarten hat er nicht getobt. Offenbar hatte ihn das theaterbesessene Wien angesteckt. »Du hast eine schöne Stimme, versuch es doch erst mal als Sängerin«, schlug er zu meiner Überraschung vor und ging mit mir zu einem Gesangsprofessor.

Ich mußte vorsingen. Das Urteil war nicht ermutigend; es reiche nicht für eine Gesangsausbildung, meinte der Professor, gab meinem Vater jedoch den Rat, zum Max-Reinhardt-Seminar zu gehen. »Ihre Tochter hat schauspielerisches Talent.«

Das Schöne an meinem Vater war, daß er an mich geglaubt hat.

Und das Allerschönste für mich war, daß er meinen späteren Erfolg noch miterleben konnte.

Jedenfalls durfte ich mich tatsächlich im Herbst 1936 zur Aufnahmeprüfung im weltberühmten Reinhardt-Seminar anmelden. Da war ich 15 Jahre alt.

Ein fünfzehnjähriges Mädchen, das vom Theater begeistert ist, und Max Reinhardt – wer kann heute ermessen, was dies bedeutete! Welcher jüngere Zeitgenosse kann überhaupt noch nachempfinden, was für eine ungeheuere Bedeutung damals das Theater ganz allgemein und Max Reinhardt speziell hatten?

Ich maße mir nicht an, zu all dem, was über Reinhardt und sein »Deutsches Theater« (er war ja tatsächlich Inhaber des Deutschen Theaters und der Kammerspiele in Berlin und besaß auch Anteile am Großen Schauspielhaus) im Laufe der Jahre in Artikeln, Büchern und Doktorarbeiten geschrieben wurde, etwas hinzufügen zu können. Doch man muß an dieser Stelle festhalten, daß es seinesgleichen in der Welt des Theaters nicht mehr gegeben hat. Nicht nur, daß sein Spürsinn bei der Entdeckung großer Schauspieler ans Wunderbare grenzte – er setzte sich auch von vornherein für den Nachwuchs ein. Schon als er noch selber Schauspieler gewesen war, gab er Unterricht. Später gründete er in Berlin die »Schauspielschule des Deutschen Theaters«, war Dozent für Ensemblespiel und Regie und studierte mit den Schauspielschülern Bühnenstücke für Aufführungen ein. Aus dieser Schule gingen Darsteller hervor, die heute jeder kennt, wie zum Beispiel Emil Jannings, Werner Krauß, Paul Hartmann, Max Pallenberg, Lothar Müthel, Friedrich Domin, O. E. Hasse, Camilla Spira, Mathias Wieman, Adolf Wohlbrück und so weiter und so weiter.

Analog dazu gründete Max Reinhardt in Wien-Schönbrunn eine Schauspiel- und Regieschule, das sogenannte Max-Reinhardt-Seminar. Es wurde am 25. Oktober 1928 eröffnet, bestand also schon acht Jahre, als ich zur Aufnahmeprüfung zugelassen wurde, und existiert heute noch – und auch heute noch zehren alle Schauspieler, die von dort kommen, ein wenig vom Ruhm und Glanz des großen Reinhardt.

Sogar in Amerika rief er ein »Max Reinhardt Workshop for Stage, Screen and Radio« ins Leben. Das Institut befand sich auf dem Sunset Boulevard in Hollywood in einem Gebäude der Rundfunkgesellschaft »Columbia Broadcasting System«; Praktiker des Theaters, Films und Rundfunks unterrichteten dort den Nachwuchs, natürlich war Reinhardt selbst einer der Lehrer. Sein Plan, den »Jedermann« in Harlem oder New Orleans mit Negern aufzuführen, zerschlug sich allerdings ebenso wie der Bau eines Theaters in Los Angeles.

Ein weltberühmter Künstler, der ein großes Herz für den Nachwuchs hatte – ich bin dankbar dafür, daß ich ihn kennenlernen durfte.

V.

Schicksalsstunde
in Schloß Schönbrunn

»Sagen Sie, liebes Kind, wollen Sie nun Schauspielerin oder Tänzerin werden?«

Die Stimme aus dem Dunkel des Zuschauerraums traf mich mitten im schönsten Bühnenmonolog und riß mich aus dem Rausch meines leidenschaftlichen Spiels. Ich stotterte: »Ja, eigentlich wollte ich Schauspielerin werden.«

»Na gut«, tönte es zurück. »Sie sind ja recht begabt, aber das Fuchteln mit den Händen müssen Sie sich abgewöhnen.«

Verdattert, den Tränen nahe, ging ich von der Bühne. Ich war überzeugt: Nun ist es aus. Du bist durchgefallen. Der Traum von der Karriere als Schauspielerin ist wie eine Seifenblase zerplatzt.

Diese Szene ist mir unvergeßlich. Schließlich war es die Schicksalsstunde meines Lebens, und mit meinen 15 Lenzen wollte ich das Theater im Sturm erobern.

In jenem Herbst 1936 war mein Vater mit mir zum Schloß Schönbrunn in Wien gefahren. In einem Flügel des Schlosses befand sich das Max-Reinhardt-Seminar. Hier sollte ich vor der gestrengen Prüfungskommission die Aufnahmeprüfung ablegen.

Zwei Rollen hatte ich auswendig gelernt, die mir als besonders geeignet erschienen.

Zuerst das geschwätzige, schadenfrohe Lieschen aus Goethes »Faust«: »Hast nichts von Bärbelchen gehört? Es stinkt! Sie füttert zwei, wenn sie nun ißt und trinkt.«

Und dann den Monolog aus Schillers »Jungfrau von Orleans«: »Lebt wohl ihr Berge, ihr geliebten Triften! Ihr traulich stillen Täler – lebet wohl!«

Die Prüfungskommission, das waren bekannte Schauspieler, Regisseure, Schriftsteller. Theaterdirektor Hofrat Ernst Lothar gehörte dazu, ferner der bekannte Kritiker Siegfried Geyer und die Burg-Schauspielerin Frieda Richard.

Mit den dramatischen Gebärden des Fernen Ostens, die ich mir in meiner javanischen Kindheit angewöhnt hatte, untermalte ich meinen ganzen Vortrag. Aber diese Gesten paßten nun wirklich nicht zur Rolle der Johanna von Orleans.

Gott sei Dank hatte ich trotzdem die Aufnahmeprüfung bestanden. Es war einer der schönsten Augenblicke meines Lebens.

Doch der Zwischenruf von Frieda Richard, die dann meine Schauspiellehrerin wurde, war mir ein Denkzettel für alle Zeiten. Von ihr und dem berühmten Regisseur Max Reinhardt, der als großer Magier des Theaters schon zu Lebzeiten Legende wurde, lernte ich, sparsam zu gestikulieren und dennoch viel auszudrücken.

Wie die meisten Anfänger wußte ich nie, was ich auf der Bühne, vor Publikum spielend, mit meinen Händen anfangen sollte. Max Reinhardt gewöhnte es mir dann später mit einem einfachen Trick ab. Er gab mir ein rotes Chiffontaschentuch und sagte:

»Nehmen Sie das Tuch in beide Hände, sehen Sie es beim Sprechen Ihres Textes ganz konzentriert an – dann werden Sie nicht mehr daran denken, wo Sie mit Ihren Händen hin sollen.«

So albern das klingt, so wirkungsvoll war es. Ich wurde so sparsam, so zurückhaltend mit meinen Gesten, daß zum Beispiel einige Kritiker später zum Ausdruck gebracht haben, meine alten Filme würden selbst in der heutigen Ära des »Understatement«, des »Unterspielens«, noch recht modern wirken.

Wir hatten am Reinhardt-Seminar ganz fabelhafte Lehrer; berühmte Schauspieler vom Burgtheater oder vom »Theater in der Josefstadt«. Sie nahmen uns »junges Gemüse« ganz gewaltig in die Mangel. Zu dem »jungen Gemüse« gehörten einige Schüler, die einmal sehr bekannt werden sollten: Paul Hubschmid, Winnie Markus, Robert Freytag, Maria Becker ...

Paul Hubschmid war ein typischer Schweizer, lang aufgeschossen, damals noch etwas mundfaul und gar nicht so attraktiv wie heute. Er trug immer eine kleine Baskenmütze und hielt uns Vorträge über Müsli. Aber er war ein sehr lieber Kollege. Mit Paul habe ich später den Film »Geheimnisvolle Tiefe« gedreht.

Maria Becker galt als unsere Starschülerin, denn sie war die Tochter von Maria Fein, einer sehr prominenten Schauspielerin, und hatte deren Talent geerbt. Schon etwas älter als wir, spielte sie in den Schüleraufführungen fast immer die Hauptrollen.

Und Winnie Markus – ach, das war ein schönes Mädchen! Halb Tschechin, halb Österreicherin, hatte sie wundervolles blondes Haar. Ich mit meinen fünf Haaren wurde ganz neidisch: »Wenn ich doch dein Haar hätt', Winnie!«

Meine Mitschüler nannten mich »Wichterl«, und das kam so: Weil ich in den Tropen geboren war und immer so fror, hatte mir meine Mutter für das Wintersemester einen gefütterten Mantel mit Kapuze genäht, damit mir in der ungewohnten Kälte nicht die Ohren abfielen, ich sah darin aus wie ein Heinzelmännchen – daher das »Wichterl«.

Dieser Spitzname hängt mir heute noch an. Wenn die Winnie auf mich zukommt und sagt: »Wie schön, Wichterl, daß ich dich wiederseh'«, gucken die Leute immer erstaunt und fragen, wer da gemeint sein könnte, denn klein wie ein Wichterl war ich ja nie.

Wir Reinhardt-Schüler paukten die Schauspielerei von der Pike auf. Der Unterricht dauerte von morgens bis abends. Wir wurden mit allem vertraut gemacht, was zu unserem Beruf gehört. Wir lernten sprechen, singen, gehen, tanzen, reiten und fechten, Maske machen und wie man Rollen studiert.

Und das war gut so. Denn wer sein Handwerk überhaupt nicht gelernt hat, kann als Schauspieler oder Schauspielerin wahrscheinlich nur ein paar Jahre durchhalten, nicht aber ein Leben lang. Ich wäre nie geworden, was ich bin, ohne dieses Rüstzeug. Mit einem Korken im Mund habe ich sprechen gelernt. Damals gab es auf der Bühne noch keine Mikrofone. Durch den Korken wurde man gezwungen, deutlich zu reden. Die Stimme wird aus dem Rachen nach vorne geholt.

Den Korken haben wir von Grund auf gehaßt. Wer läuft schon gern den ganzen Tag mit einem solchen Ding im Mund herum? Erst später sieht man ein, wozu so was gut ist. Diesem »Quälgeist« verdanke ich jedenfalls meine gute Aussprache.

»Romeo und Julia« von Shakespeare – das war die erste Schüleraufführung, bei der ich mitspielte. Als Anfängerin mimte ich natürlich nicht die Hauptrolle, die Julia, sondern einen Pagen, der nur einen einzigen Satz zu sprechen hatte; einen sehr bedeutungsvollen Satz, den ich mein Leben lang nicht vergessen werde. Er lautete: »Ich weiß es nicht, Herr.«

Trotzdem war ich stolz wie Oskar über meine erste Rolle. Ich trug ein Pagenkostüm und mußte mir die Waden der Strumpfhose mit Watte auspolstern, damit meine Streichholzbeine keine unerwünschten Lacher provozierten.

Zum Bühnendebüt waren selbstverständlich auch meine Eltern eingeladen, aber sie kamen leider zu spät. Als sie eintrafen, hatte ich meinen wichtigen Satz bereits gesprochen, mein großer Auftritt war beendet. Vergeblich warteten sie die ganze Vorstellung darauf, dieses denkwürdige Ereignis zu erleben.

Während meiner Lehrzeit in Wien ging ich sehr oft ins Theater, in die ehrwürdigen, traditionsreichen Musentempel dieser Stadt: das »Burgtheater«, das »Akademietheater«, das »Theater an der Wien«, das »Theater in der Josefstadt«.

Direktor des Burgtheaters war von 1932 bis 1938 Hermann Röbbeling, der aus Hamburg – wo er das Schauspielhaus und das Thalia-Theater geleitet hatte – die Schauspielerin Maria Eis mitbrachte; sie spielte unter anderem die Goneril in »König Lear«, die Elisabeth in Schillers »Maria Stuart« und Ferdinand Bruckners »Elisabeth von England«, die Medea in Grillparzers »Das goldene Vlies«, die Epiphania in Shaws »Die Millionärin«. Außer ihr waren Werner Krauß, Nora Gregor, Hilde Wagener, Paula Wessely und Ewald Balser Theaterstars im Wien dieser Zeit. Ein neuer Stern ging damals auf: Fred Liewehr. Röbbeling hatte ihn vom Reinhardt-Seminar sofort ins Burgtheater geholt und ließ ihn den Romeo spielen, den Egmont, den Marquis Posa und all die wunderbaren jugendlichen Helden des Welttheaters.

Neben den klassischen Theaterstücken gab es aber auch großartig inszenierte Unterhaltung wie »Die Mädchenjahre einer Königin« von Sil-Vara, das Lustspiel »Das Kamel geht durch das Nadelöhr« von František Langer oder das Kriminalstück »Weißer Flieder« von Siegfried Geyer.

Ausgesprochene Sensationserfolge wurden am Burgtheater zwei Inszenierungen des Kritikers und Schriftstellers Ernst Lothar: Grillparzers »Bruderzwist in Habsburg« und Friedrich Hebbels »Agnes Bernauer«. Max Reinhardt schaltete schnell und verpflichtete Lothar als Direktor des »Theaters in der Josefstadt«, aber das dauerte nicht lang – eine Epoche ging zu Ende. Am 5. Oktober 1937 wurde Franz Werfels »In einer Nacht« in der Josefstadt uraufgeführt; es war Max Reinhardts letzte Inszenierung in Europa. 1938 emigrierte auch Ernst Lothar nach Amerika. Und als die Nazis in Wien einmarschiert waren, mußte Burgtheater-Direktor Hermann Röbbeling innerhalb weniger Minuten aus seinem Büro verschwinden.

Wie gut, daß wir damals nicht ahnen konnten, was uns in den kommenden Jahren bevorstand. Ich jedenfalls ahnte nichts, ich sah keine drohenden Zeichen an der Wand. Mich interessierte nur, was auf der Bühne geschah. Nur das innere Erlebnis. Das Phänomen Theater. Ich schwebte in einem Luftballon der Illusionen durch Wien. Ich wollte nur sehen, hören und lernen, was zu meinen Träumen paßte, und selber eines Tages in solch schönen großen Rollen auf den Brettern stehen, die mir im vollkommensten Sinne des Wortes die Welt bedeuteten.

Mit fünfzehn, mit sechzehn, mit siebzehn hat man noch Träume. War ich mal ausnahmsweise nicht im Theater, dann fand man mich bestimmt im Kino. Meine Lieblingsschauspielerin war Greta Garbo, mein Lieblingsschauspieler Joachim Gottschalk.

Freude und Leid, Schmerz und Spaß liegen im Leben derart eng beieinander, daß man es manchmal kaum ertragen kann. So verbindet mich mit Gottschalk, von dessen grausamem Ende ich schon erzählte, auch eine amüsante Geschichte. Im Jahre 1934 hatte ich ihn zum erstenmal in Frankfurt gesehen, wo er den Melchtal in »Wilhelm Tell« spielte. Nach der Vorstellung postierte ich mich erwartungsvoll mit meinen Schulfreundinnen am Bühnenausgang, um ein begehrtes Autogramm von ihm zu erhaschen. Mit einem Zettel in der Hand, den ich einfach aus meinem Notizbuch gerissen hatte, wartete ich schließlich voller Ungeduld.

Dann kam Gottschalk. Er hatte einen Trenchcoat an und trug eine Baskenmütze. Er war kein bißchen eingebildet, sehr freundlich, ein richtiger Schatz. Ich bekam mein Autogramm.

Sechs Jahre später begegneten wir uns wieder. Wir spielten gemeinsam in dem Film »Die schwedische Nachtigall«. Und in einer Drehpause konnte ich es nicht lassen, ihn ein bißchen aufzuziehn:

»Stell dir vor, Joschi, ich habe ein Autogramm von dir.«

»Wieso?« fragte er erstaunt, denn er hatte mich ja gerade erst kennengelernt.

»Na ja, den kleinen Mädchen hast du ja immer sofort alle Wünsche erfüllt.«

Ich ließ ihn erst noch ein bißchen zappeln, bevor ich von Frankfurt erzählte.

Als dann die Premiere unseres gemeinsamen Films war, verschwand Joachim Gottschalk während der Feier plötzlich.

»Wo ist denn auf einmal der Joschi?« fragte ich die Kollegen.

Aber niemand hatte ihn gesehen. Ich war enttäuscht

darüber, daß er einfach weggegangen war, ohne sich wenigstens zu verabschieden.

Doch als ich kurz darauf zum Bühnenausgang ging, stand er plötzlich mit einem Zettel in der Hand vor mir und sagte: »Hallo! Jetzt mußt du mir ein Autogramm geben!«

VI.

Warum Max Reinhardt
mit mir spazierenging

Es war eine groteske Szene, die jedem Lustspiel zur
Ehre gereicht hätte. Aber sie stand nicht im Drehbuch,
und lustig fand ich das damals überhaupt nicht. Denn
bei meinem ersten hochoffiziellen Bühnenauftritt hätte
ich beinahe die Christiane Hörbiger auf dem Gewissen
gehabt.

Zeit des Geschehens: Sommer 1937. Ort der Handlung: die Salzburger Festspiele.

Da kamen die Stars des Welttheaters angerauscht,
von Wilhelm Furtwängler bis Marlene Dietrich. Als
frischgebackene Schauspielschülerin ebenfalls dabei
sein zu dürfen – das war das höchste!

Die Idee, Theaterfestspiele in Salzburg durchzufüh-
ren, gab es schon lange, aber erst Max Reinhardt, der
geborene Österreicher (1873 in Baden bei Wien), hat sie
verwirklicht. Nach anfänglichen Fehlschlägen – das liebe Geld! – inszenierte er 1920 zum erstenmal Hof-
mannsthals »Jedermann«, der ja noch immer alljährlich
ein wesentliches Ereignis der Salzburger Festspiele ist
(nur zwischen 1922 und 1925 und in der Nazizeit von
1938 bis 1944 fiel er aus). Andere Schauspiele sowie
Opern und Konzerte kamen hinzu, darunter auch – als
Herzstück der Festspiele gedacht – Goethes »Faust«.

Für mich war Max Reinhardt der bedeutende Künstler, der Meister, das Vorbild, der sogar im fernen Amerika bewundert und gefeiert wurde. Aber ich 16jähriges Dummerchen hatte noch nicht so wie heute erfaßt, welchen menschlichen, künstlerischen, politischen Enttäuschungen Reinhardt in dieser Zeit ausgesetzt war. Nach der »Machtergreifung« der Nazis hatte er Berlin mit dem geliebten »Deutschen Theater« und den »Kammerspielen« endgültig verlassen, sein Berliner Besitz war enteignet worden, Geldsorgen und Anfeindungen verfolgten ihn auch in Wien. Im Oktober 1937 emigrierte er nach Amerika, und 1938 wurde auch sein Besitz in Österreich, das Schloß Leopoldskron, enteignet.

In jenem Jahr 1937 war es also das letzte Mal, daß in Salzburg Goethes »Faust« in der von Reinhardt 1933 erarbeiteten Fassung aufgeführt wurde. Wir Schauspielschüler vom Max-Reinhardt-Seminar sollten dabei als Komparsen mitwirken, um ein Gefühl für die Bühne und das Publikum zu bekommen. Ich erhielt sogar eine »tragende« Rolle: In der Kirchenszene der »Faust«-Inszenierung mußte ich das ohnmächtige Gretchen auffangen.

Ewald Balser spielte den Faust, Werner Krauß den Mephisto, meine Lehrerin Frieda Richard die Hexe und Paula Wessely das Gretchen; sie wurde dann, weil sie ein Baby bekam, von Angela Salloker abgelöst. Die Regie führte Hofrat Ernst Lothar, Leiter des Wiener »Theaters in der Josefstadt« und ebenfalls einer unserer Lehrer am Reinhardt-Seminar.

Während der Festspiele waren wir in einem Kloster, im Johanneum, einquartiert. Wie »freizügig« es dort bei den Nonnen zuging, kann sich ja jeder vorstellen. Auch tagsüber bei den Proben waren wir unter ständiger Aufsicht. Man hatte uns ein paar ältere Damen als »Anstandswauwaus« zur Seite gegeben.

In Salzburg kassierte ich übrigens auch die erste Gage: Fünf österreichische Schillinge pro Abend.

Mit dem Gretchen gab es schon bei den Proben ein Mißgeschick. Paula Wessely erwartete, wie schon erwähnt, damals ihr erstes Kind, war im vierten Monat und schon etwas schwer. Auf alle Fälle zu schwer für eine halbe Portion wie mich. Aber ausgerechnet ich sollte sie bei dem Ohnmachtsanfall in der Kirchenszene auffangen. Als sie nun mit dem Seufzer »Nachbarin, Euer Fläschchen« nach hinten sank, vermochte ich sie nicht zu halten, wie es die Regie befahl. Vielmehr entglitt das Gretchen alias Paula Wessely meinen Händen und plumpste recht unsanft auf die Bretter. Man stelle sich diese Szene vor! Ich war vor Schreck wie gelähmt. Ich befürchtete die schrecklichsten Komplikationen. Mir wurde heiß und kalt. Wenn sie nun meinetwegen ihr Baby verlor?!

Ich habe ganz schön rumgestottert und mich immer und immer wieder entschuldigt. Zum Glück war nichts passiert. Die werdende Mutter rappelte sich wieder hoch und lächelte mir zu: »Ja, ja, Kind, es geht schon.«

Das Baby erblickte einige Monate später wohlbehalten das Licht der Welt, wuchs, blühte und gedieh zu einer begabten Schauspielerin: Als Christiane Hörbiger wurde es bekannt – sehr zur Freude ihrer Eltern Paula Wessely und Attila Hörbiger.

Der Salzburger Zwischenfall blieb freilich nicht ohne Folgen für mich. Max Reinhardt hatte der Probe zugesehen, er war aus Amerika nach Salzburg gekommen, und auch Hofrat Ernst Lothar saß im Zuschauerraum.

Mir zitterten die Knie. Max Reinhardt sah mich mit durchdringendem Blick an. Seine Zunge ließ er diabolisch in der linken Backe kreisen. Machte er das absichtlich?

Als ich dann auch noch ins Büro der Festspielleitung zitiert wurde, fiel mir das Herz in die Hose. Ich war überzeugt: Jetzt fliegst du von der Schule.

Als ich eintrat, blickte mich Ernst Lothar streng an.

Ich stammelte: »Entschuldigen Sie bitte, Herr Hofrat.«

Da verzog sich sein Gesicht zu einem Lächeln: »Beruhige dich, es ist ja nichts passiert.«

Mir fiel ein Stein vom Herzen. Offenbar war ich noch einmal mit einem blauen Auge davongekommen.

»Wie alt bist du?« fragte der Hofrat.

»Ich bin sechzehn.«

»Gut, dann nimm mal das«, sagte er und drückte mir ein Manuskript in die Hand. »Lies das bis morgen mittag durch, und dann kommst du bei mir vorbei.«

Ich war fassungslos. Was hatte das zu bedeuten?

Ich fuhr zur Unterkunft und las das Manuskript. Es war ein Stück mit dem Titel »Das Glück« von Denis Amiel, ein Mutter-Tochter-Problem. Ich habe es dann noch mehrmals durchgesehen, wußte aber nicht recht, was ich damit anfangen sollte.

Am Tag darauf schwang ich mich auf mein Fahrrad und radelte zu den Lothars hinaus. Sie wohnten in einem Vorort von Salzburg.

Der Hofrat empfing mich freundlich: »Komm rein. Setz dich und lies das mal.«

»Das Stück?«

»Ja, die Rolle der Huguette sollst du mir vorsprechen.«

Ich tat, wie mir geheißen. Und als ich fertig war, nickte der Hofrat und sagte: »Morgen stell ich dich dem Professor vor.«

»Dem Professor?«

»Ja, Max Reinhardt sucht ein junges Mädchen für

die Tochterrolle. Wir hatten zwar schon eine Darstellerin, aber die hat gerade jetzt ein Angebot für ihren ersten Film bekommen, und diese Chance wollten wir ihr nicht zerstören.«

Diese junge Darstellerin war keine andere als Hilde Krahl. Sie unterschrieb bei Willi Forst einen Filmvertrag für »Serenade«. Ihr habe ich also einen der größten Glücksfälle meines Lebens zu verdanken.

Am nächsten Morgen fuhr ich zu Max Reinhardt nach Schloß Leopoldskron in der Nähe von Salzburg, also in die Höhle des Löwen. Ein bißchen Angst hatte ich schon, aber es war dann halb so schlimm. Es wurde eine wunderbare Begegnung mit einer faszinierenden Persönlichkeit.

Ich mußte ihm und seiner Frau Helene Thimig vorsprechen. In der für ihn typischen Art ließ Max Reinhardt seine Zunge rollen, dann sagte er: »Ich glaube, wir haben unsere Huguette für das Stück gefunden. Ich riskiere es, Ihnen diese Rolle zu geben.«

Ich bin fast in Ohnmacht gefallen: »Wann, wo, Herr Professor?«

»Am 7. September ist Premiere im Theater in der Josefstadt. Meine Frau, Helene Thimig, spielt Ihre Mutter.«

Ich war überglücklich. Sechs Wochen lang habe ich in Leopoldskron mit Max Reinhardt und seiner Frau studiert und probiert. Reinhardt ließ nichts durchgehen. Jeden Satz mußte ich so lange wiederholen, bis er »saß«. In dieser Zeit habe ich mehr gelernt als je zuvor.

Es war harte, intensive Arbeit, aber es war befreiend, aufbauend; es war ein Gewinn. Vor allem konnte Max Reinhardt zuhören – das hielt er für wichtig, um das Wesen, die Individualität seiner Darsteller erfassen, nach außen zu holen, bewußt machen und in die Aufführung einbeziehen zu können. Man spürte es in jedem Augenblick, daß er einen Partner anerkannte, daß er das Beste herausholte. Reinhardt nahm einen an die Hand, damit man an seiner Seite das Geheimnis der eigenen Begabung entdecken konnte.

Eines Tages ging er in einer Pause mit mir spazieren und sagte: »Sie heißen Ilse Still. Das ist kein guter Künstlername. Stellen Sie sich vor, Sie haben Erfolg, und das Publikum ruft ›Still, Still‹. Wie ist denn eigentlich der Mädchenname Ihrer Mutter?«

»Werner.«

»Aha«, sagte er, weiter nichts. Am nächsten Tag war in der Wiener Presse zu lesen, Max Reinhardt habe eine neue Nachwuchsschauspielerin namens Ilse Werner entdeckt, und die Premiere des Stückes »Das Glück« wurde für den 7. September 1937 angekündigt. Mein Künstlername war geboren.

Aber die größte Bewährungsprobe stand mir noch bevor. Am 7. September war es soweit. Im »Theater in der Josefstadt«, das seit einem von Max Reinhardt veranlaßten Umbau als eines der schönsten Theater der Welt gilt, hatten wir Premiere. »Das Glück« brachte mir wirklich Glück und wurde ein Riesenerfolg für alle Mitwirkenden, ganz besonders für mich.

Ich, die ich ja gerade erst 16 Jahre zählte und noch grün hinter den Ohren war, hatte mit Glanz und Gloria das Bühnendebüt bestanden. Ich war in aller Munde. »Ein Name, den man sich merken muß«, schrieben die Zeitungen.

Mein stolzer Vater hat sämtliche Kritiken fein säuberlich ausgeschnitten und für mich aufgehoben. Eine möchte ich hier zitieren:

»Die junge Schauspielerin Ilse Werner hat als Tochter und Gegenspielerin der Helene Thimig ihre Feuer-

70

probe vor dem Wiener Publikum mit Auszeichnung bestanden. Ilse Werner ist noch nicht oft (oder noch gar nicht) auf einer Bühne erschienen. Man wird für solche Rollen nach ihr rufen. Ihre kühle Verve in der Gestik sind Bravour. Kurz – diese Anfängerin ist eine derjenigen, denen man die Anfängerschaft nicht glauben will. Ilse Werner, 16 Jahre alt, also noch jünger, als die Figur auf der Bühne sein soll, ein singulärer Fall. Die Debütantin hat, scheint es, den Theaterteufel im Leib.«

Übrigens habe ich Max Reinhardt gefragt, wieso er bei der Besetzung der Rolle gerade auf mich gekommen ist.

Da hat er gelacht: »Sie sind mir halt aufgefallen, als Sie Frau Wessely haben fallen lassen.«

VII.

Palatschinken von Hans Moser

Geza von Bolvary war einer der erfolgreichsten Filmregisseure der damaligen Zeit und kam im Herbst 1937 nach Wien.

Er plante einen neuen Film unter dem Titel »Die unruhigen Mädchen« und war auf der Suche nach einigen neuen, frischen Gesichtern. Zuerst besuchte er das Reinhardt-Seminar, wo er Elfriede Datzig aufspürte. Dann kam er zu uns ins »Theater in der Josefstadt«, wo ich gerade als jugendliche Hauptdarstellerin in »Das Glück« von Denis Amiel auf der Bühne stand.

An die Möglichkeit, eines Tages in Filmen zu spielen, dachte ich nicht einmal im Schlaf. Und doch hatte Bolvary, ohne daß ich es ahnte, bereits ein Filmauge auf mich geworfen.

Ich war richtig glücklich in Wien. Ich fühlte mich als Berühmtheit. Ich dachte, jeder Straßenpassant müsse mich kennen. Abends, nach dem Theater, traf man sich mit Kollegen und Mitschülerinnen vom Reinhardt-Seminar in den berühmten Kaffeehäusern, und beim »Schwoarzen« sprach man nur über sich selber und über die eigene Arbeit.

Schon zogen drohende politische Wolken herauf. Aber wir haben sie nicht gesehen. Wirklich nicht! Wir waren ahnungslos. Wir redeten über Rollen, Aufführungen und gute und schlechte Besetzungen. Viele der Kollegen, die ich dabei kennenlernte, wurden später sehr bekannt oder gar berühmt. Zum Beispiel Bernhard Wicki, der große Schauspieler und Regisseur. (»Kinder, Mütter und ein General«, »Die letzte Brücke«, »Das falsche Gewicht«). Leider habe ich nie mit ihm zusammengearbeitet.

Am meisten imponiert haben mir die älteren Kollegen; Rosa Valetti etwa, eine tolle Schauspielerin, die aus der Theatergeschichte nicht wegzudenken ist. In der ersten Verfilmung des »Blauen Engel« (mit Marlene Dietrich und Emil Jannings) spielte sie die Frau des Zauberkünstlers. Ihr Pekinesengesicht vergißt niemand, der es jemals sah.

Ich habe sie noch persönlich erlebt. Sie spielte eine der Hauptrollen in »Freut Euch des Lebens«, meinem zweiten Stück in der »Josefstadt«. Was habe ich nicht alles von ihr gelernt! Sie war damals schon sehr hinfällig, wurde krank und ist dann mitten in unserer Aufführungsserie gestorben. Ich durfte sie bis zuletzt im Krankenhaus besuchen.

Ich wollte von Filmregisseur Geza von Bolvary erzählen. Er kam in diesen Tagen also in das »Theater in der Josefstadt« und sah mich auf der Bühne. In jenen Tagen engagierten die Regisseure ihre Darsteller noch nicht auf der Straße oder in Bars. Sie reisten vielmehr von Theater zu Theater. Man spielte eben noch mit dem Gesicht und nicht mit dem Busen oder dem Po.

Bolvary war ein Gentleman vom Scheitel bis zur Sohle. Er kam nicht etwa in meine Garderobe und sagte: »Mein liebes Kind, ich bringe Sie zum Film. Was haben Sie heute abend vor?«

Nein, er sprach vielmehr mit meinem Vater und handelte mit ihm die Bedingungen für meine Filmarbeit aus. Mein Papa führte genau Buch über die Anfänge meiner Karriere: Für die Rolle in dem Film »Die unruhigen Mädchen« bekam ich 1000 Reichsmark und 1000 Schilling netto, also etwas mehr als 1500 Mark.

Von dieser »Supergage« habe ich mir ein kleines Koffergrammophon gekauft, zum Aufziehen, mit Stahlnadeln und 78er Platten. Ich spielte ununterbrochen die »Rhapsodie in Blue«.

Die Dreharbeiten für »Die unruhigen Mädchen« begannen im Winter 1937/38 in den Wiener Rosenhügelateliers. Meine Partner waren: Hans Holt, Käthe von Nagy, Lucie Englisch, Elfriede Datzig, Elfie Gerhart, Hans Olden, Theo Lingen und Hans Moser.

Den ewig grantelnden und nuschelnden Hans Moser habe ich noch so plastisch vor Augen, als liege das erste Treffen mit ihm nicht schon über 40 Jahre zurück. Seine Stimme, sein unvergeßliches »Schau«, das »Bitt' schön« und die Aufforderung »Nur net hudeln«, sein watschelnder Gang, sein präzis-tolpatschiges Sich-um-die-eigene-Achse-Drehen haben all die Jahre überstanden und ihn für mich unsterblich gemacht; und nicht nur für mich.

Privat war er unerhört bescheiden und sparsam, um nicht zu sagen geizig. Aber mich hat er – Bitt' schön – zum stummen Erstaunen der ganzen Belegschaft oft in die Rosenhügelkantine eingeladen.

»Geh' Schatzerl, du bist so mager«, sagte er immer. »Hast kein Hunger?«

»Nein.«

»Schau, du mußt mehr essen, damit an dir was dran kommt.«

Also ging er mit mir mittags in die Kantine und kaufte mir Palatschinken mit Aprikosenkonfitüre. Ich war ein so dünner Hering, daß Hans Moser offenbar den

Eindruck hatte, er müsse mich vor dem Hungertod retten.

Als wir uns 25 Jahre später in Hamburg bei gemeinsamen Fernsehaufnahmen wiedertrafen, rief er aus: »Servus, Schatzerl, hast an Hunger?« Als ich dies bejahte, drehte er sich zu einem Ober um und bestellte: »Einmal Palatschinken mit Aprikosenkonfitüre.« Er hatte es nicht vergessen.

Angefreundet habe ich mich in Wien auch mit unserem männlichen Hauptdarsteller Hans Holt. In den frühen fünfziger Jahren machten wir noch mal einen Film miteinander: »Königin einer Nacht.«

Während mein erster Film in Wien entstand, konnte ich nebenbei noch Theater spielen. Im Frühjahr 1938 probten wir an der »Josefstadt« das Stück »Die Reise«. Der Autor hieß Bernstein. Nicht Leonard Bernstein, wie der berühmte Komponist. Die Hauptrollen spielten Maria Bard, die Ehefrau von Werner Krauß, und Karl Paryla. Ich selbst mischte in einer etwas kleineren Rolle mit.

Eines Abends, als ich ins Theater kam, spürte ich gleich eine merkwürdige Stimmung. Zwei Kollegen, mit denen ich auch in anderen Stücken gespielt hatte, machten plötzlich ganz dienstliche und amtliche Gesichter.

»Mädel, bald bricht eine andere Zeit heran«, erklärten sie. »Dann ist es aus mit der Schlamperei. Der Führer wird uns heim ins Reich holen.«

Das war wenige Wochen vor dem Einmarsch der deutschen Truppen in Österreich. Ich war 17 und begriff nicht, was da vor sich ging. Ich kümmerte mich nicht um die sogenannten »Untergrund-Nazis«, von denen es viele in Österreich gab, und ich nahm als selbstverständlich an, daß umgekehrt auch diese sich nicht um mich kümmern würden. Ich ahnte nicht, wie sehr die Politik das Filmleben und damit auch mein eigenes Leben verändern würde.

So unglaublich das klingt: Ich hatte nicht verfolgt, daß seit der sogenannten »Machtergreifung« schon viele berühmte Regisseure, Komponisten und Schauspieler sich ins Ausland abgesetzt hatten: Fritz Lang, Werner Richard Heymann, Billy Wilder, Robert Liebmann, Conrad Veidt, Fritz Kortner, Peter Lorré und viele andere.

Hofrat Ernst Lothar nahm mich eines Abends nach der Vorstellung zur Seite und sagte: »Kind, wenn sie uns das Stück absetzen, fahren wir heute nacht über die Grenze. Willst du nicht mitkommen?«

Das war so, als wenn heute jemand reinkäme und sagte: »Die Türken stehen vor der Tür, haust du mit ab nach China?« Ich begriff nicht.

»Über die Grenze? Wo soll ich denn hin? Da müßten Sie meine Eltern fragen.«

Ja, genauso war das. Aber Ernst Lothar, der nach 1945 als amerikanischer Theateroffizier nach Wien zurückkam, um den kulturellen Wiederaufbau Wiens und Salzburgs anzukurbeln, hat mir das ein ganzes Leben lang übelgenommen.

VIII.

Ein Graf als Anstandswauwau

Wie das Leben so spielt: Genau zum gleichen Zeitpunkt, als die UFA mir einen Vertrag anbot, meldete sich bei meinem Vater auch ein Mr. Ricci, ein Vertreter der Hollywood-Firma Metro-Goldwyn-Mayer – Sie wissen schon: der brüllende Löwe am Anfang jedes Films.

Berlin oder Hollywood – das war die Frage. Mein Vater, der damals alle Verträge für mich abschloß, entschied sich für die UFA. War es richtig, war es falsch? Ich sollte die Antwort erst viel später in Hollywood finden.

Die UFA war auf mich aufmerksam geworden, nachdem man in Berlin eine Kopie der »Unruhigen Mädchen« gesehen hatte. Eines Tages kam ein Herr Dr. Wiltsch, der Repräsentant der UFA, und lud mich zu Probeaufnahmen nach Berlin ein.

Ein UFA-Vertrag! Mein Gott, davon träumte jede junge Nachwuchsschauspielerin. Ich sollte für die ersten drei Filme je 2000 Reichsmark bekommen.

Die UFA der dreißiger Jahre war eine Firma, der man nur nachweinen kann. Das gabs nur einmal, das kommt nicht wieder.

Wer zählt die Namen der Stars, die in der großen Zeit des deutschen Films für die UFA gedreht haben:

Hans Albers, Willy Birgel, Johannes Heesters, Paul Hörbiger, Brigitte Horney, Gustav Knuth, Joachim Gottschalk, Marika Rökk, Heinz Rühmann, Zarah Leander, Kristina Söderbaum, Grethe Weiser und viele, viele andere.

Es gibt wohl kaum einen Schauspieler oder Regisseur von damals, der nicht mit großer Freude und noch größerer Wehmut an den Glanz jener Tage zurückdenkt.

Das Angebot aus Hollywood war natürlich genauso interessant. Unter den Namen, die in jener Zeit von den vielen Kinos in Riesenlettern prangten, waren viele, die auch heute noch Faszination ausüben: Greta Garbo, Clark Gable, Fred Astaire, Gary Cooper, Marlene Dietrich, Charly Chaplin, Erroll Flynn. Wir sehen sie in ihren alten Filmen immer wieder im deutschen Fernsehen.

Die Amerikaner waren ständig auf der Suche nach jungen Talenten aus Europa. Sie hatten schließlich mit der Garbo, der Dietrich und der Bergman nur gute Erfahrungen gemacht. Auch Emil Jannings drehte zwischen 1927 und 1929 sieben Filme in Amerika.

Mr. Ricci von der Metro-Goldwyn-Mayer bot mir einen Siebenjahresvertrag an. Doch mein Vater lehnte ab: »Das ist so einer von den berühmt-berüchtigten Verträgen, wo man zwar wöchentlich sein Geld bekommt, aber nicht weiß, wird man auf Eis gelegt oder groß rausgebracht.«

Jedenfalls war meinem Vater die UFA in der Hand lieber als die Metro-Goldwyn-Mayer auf dem Dach. Man muß ja auch eins bedenken: Ich war zu jener Zeit gerade siebzehn Jahre alt, und meine Eltern wollten mich unter keinen Umständen aus ihrer Einflußsphäre entlassen. Ich war noch nicht volljährig und konnte nicht selbst entscheiden.

Die Probeaufnahmen für die UFA wurden gemacht, ich spielte eine Szene aus Hofmannsthal »Der Tor und der Tod« – das junge Mädchen. Sehr viel später hab' ich mir diesen Streifen, der mein Schicksal entschied, spaßeshalber mal angesehen. Ich war entsetzt. Ich hätte mich selbst nie engagiert. Da hopste ein dünnes, blasses Mädchen mit kleinen geringelten Löckchen herum und redete furchtbar theatralisch. Nein, ich fand mich unmöglich! Glücklicherweise waren die Herren der UFA anderer Meinung, ich bekam einen Jahresvertrag. In dem Film »Frau Sixta« sollte ich die jugendliche Hauptrolle spielen.

Noch bevor die Dreharbeiten begannen, reiste ich zum erstenmal nach Berlin, und zwar zur dortigen Premiere der »Unruhigen Mädchen«. Meine Mutter begleitete mich.

Wir fuhren mit dem Schlafwagen. Die erste Filmpremiere meines Lebens fand im »Atrium«, dem großen Aufführungskino in der Kaiserallee – heute Bundesallee –, statt. Das Berliner Publikum war eine Wucht. Als ich nach der Vorstellung auf die Straße hinaustrat, wurde ich von einer Sympathiewelle überrollt. Ich war in keiner Weise darauf vorbereitet gewesen. Ich kannte ja die Berliner noch nicht.

»Mensch, is' det Ilseken een nettes Mädel«, tönte es mir entgegen. »Ilseken, du bist dufte.«

Ich guckte die strahlenden Leute an und dachte: Meinen die etwa mich?

Die unverblümte, direkte Herzlichkeit der Berliner überwältigte mich. Ihr Jubel machte mich glücklich.

Bei der Premiere des Films »Die unruhigen Mädchen«, der von dem deutschen Verleih »Intergloria« herausgebracht wurde, lernte ich auch die Chefsekretärin dieser Firma kennen: Ilse Kubaschewski. Sie gründete nach dem Krieg die »Gloria-Film« und war in den fünfziger Jahren die »Zarin« des neuen deutschen Filmgeschäfts.

Mit Ilse und ihrem Mann, Hans Kubaschewski, seinerzeit Verleihchef der UFA, war ich dann viele Jahre lang befreundet. Aber die Freundschaft ging nicht so weit, daß sie mir später als »Gloria«-Chefin eine neue Filmchance gegeben hätte. So spielt eben das Leben.

Jedenfalls war ich damals begeistert von Berlin.

Auf der Rückfahrt nach Wien habe ich zu meiner Mutter gesagt: »Mami, ich möchte für immer in Berlin bleiben. Die Berliner sind Klasse.«

Ich hatte keine Ahnung, wie bald ich von Wien Abschied nehmen sollte. Als meine Mutter und ich am nächsten Tag im Ostbahnhof in Wien aus dem Zug stiegen, hatte die Stadt ihr Gesicht verändert: Es war der 12. März 1938, und es herrschte eine völlig neue politische Situation.

Hitlers Truppen hatten Österreich »heim ins Reich« geholt. In den Straßen Wiens ging es drunter und drüber. Hier Jubel und Trubel, da Willkür und brutale Gewalt. Ich sah zerstörte jüdische Geschäfte und sogenannte »gute Bürger«, die auf offener Straße Juden beschimpften und verprügelten. Es war entsetzlich.

Wenig später kam Dr. Joseph Goebbels zum erstenmal nach Wien. Als Reichsminister für Volksaufklärung und Propaganda war er auch sogenannter »Schirmherr« des deutschen Films, das heißt ein mit allen Vollmachten ausgestatteter Diktator der »Filmschaffenden«. Ich erhielt eine Einladung zu dem Empfang und mir wurde bedeutet, unter allen Umständen daran teilzunehmen.

»Als Ausländerin brauchen Sie eine Spezialgenehmigung, um in dem deutschen Film mitwirken zu können.

Darüber entscheidet letztlich Dr. Goebbels«, lautete die Begründung.

Ein Beauftragter der UFA stellte mich im Laufe des Abends dem Minister vor. Zu diesem Zeitpunkt wußte die Öffentlichkeit nicht, was sich hinter den Kulissen des deutschen Films abspielte. Auch ich ahnte nicht, welche umfassenden Vollmachten Goebbels von Hitler hatte, wie weit das ging und wie er die Künstler tyrannisieren konnte. Erst viel später sollte ich in einem ganz besonderen persönlichen Fall mit dieser Tatsache konfrontiert werden.

An jenem Abend war der Minister ausgesprochen liebenswürdig. Er sagte: »Ich habe von Ihnen gehört, Fräulein Werner. Sie sollen in ›Frau Sixta‹ spielen und brauchen eine Ausnahmegenehmigung. Was für eine Staatsangehörigkeit haben Sie denn?«

»Ich bin Holländerin.«

»Nun ja«, sagte Goebbels. »Fräulein Werner, wir wollen es mit Ihnen versuchen.«

Damit war das Gespräch beendet. Ich schluckte. Das klang ja sehr gnädig. Es blieb mir nicht erspart, bei anderer Gelegenheit einen ungnädigen Dr. Goebbels kennenzulernen.

Mein erster deutscher Film »Frau Sixta« wurde in den Münchner Bavaria-Ateliers gedreht. Die Titelrolle spielte Franziska Kinz. Ich war ihre Filmtochter. Gustav Fröhlich verkörperte den Mann, in den sich sowohl die Mutter als auch die Tochter zu verlieben hatten.

Der einzige Filmneuling außer mir war Heidemarie Hatheyer. Sie hatte vorher in ihrer ersten Bühnenrolle im »Theater an der Wien« in der Operette »Axel an der Himmelstür« eine Negerin dargestellt. Übrigens verhalf diese Operette einer in den Filmkreisen noch völlig unbekannten Sängerin zum Durchbruch: Zarah Leander.

Auch Heidemarie Hatheyer sollte bald in vorderster Reihe stehen. In dem Film »Die Geierwally«, den Hans Steinhoff im Kriegsjahr 1940 unter schwierigsten Bedingungen im Ötztal drehte, spielte sie die Titelrolle mit solch besessener Intensität und wilder Leidenschaft, daß es geradezu eine Sensation war und jedenfalls ein Riesenerfolg wurde.

Während wir in München »Frau Sixta« drehten, wohnte ich im »Regina-Palast-Hotel«, damals eins der feinsten Häuser am Platz. Meine Eltern hatten mich für diesen Film zum erstenmal allein in die Fremde fahren lassen. Allerdings stand ich unter der Kontrolle eines blaublütigen Aufpassers, des Grafen Schönfeld, den die UFA mit dieser Aufgabe betraut hatte.

Es wäre gar nicht nötig gewesen, denn ich war ein Spätzünder und hatte noch keine näheren Beziehungen zu den Herren der Schöpfung. Auch sonst lebte ich eher wie eine Klosterschülerin. Ich rauchte nicht und trank nicht. Es schmeckte mir einfach nicht. Inzwischen hat sich dies allerdings geändert. Damals hatte ich nur Interesse an meiner Arbeit und wollte lernen.

Meine Gage für diesen ersten Film (Prädikat: künstlerisch wertvoll) betrug, wie schon gesagt, 2000 Reichsmark.

Wenn ich heute manchmal gefragt werde: »Was haben Sie mit den Millionen gemacht, die Sie bei der UFA verdient haben?«, dann merke ich immer, wie überraschend meine Antwort wirkt: »Ich wurde von Goebbels, dem ›Schirmherrn des deutschen Films‹, als Nachwuchsdarstellerin eingestuft und konnte nur von den Supergagen träumen, die man heutzutage unseren Stars zahlt. Ich konnte mir weder eine Villa in Berlin-Grunewald noch einen Rolls-Royce kaufen, ja noch nicht einmal – und das bedauere ich als immergrüne

Autofahrerin und bei den heutigen Benzinpreisen am meisten – eine Beteiligung an einer Tankstelle.«

Trotzdem: Ich habe immer versucht, das Beste aus allem zu machen. Für den, der das Herz auf dem rechten Fleck hat und den Kopf oben behält, kann das Leben ja so schön sein!

IX.

Hitler verbot meinen schönsten Film

Mein nächster Film, den ich gleich anschließend an
»Frau Sixta« drehte, hieß »Das Leben kann so schön
sein«. Kurios war, daß der Titel auf mein bisheriges
Leben paßte. Wie ein Schmetterling war ich durch eine
sorglose Kindheit getaumelt und hatte mit 17 schon
alles erreicht, wovon eine junge Schauspielerin träumt:
Erfolg und Ruhm. Aber ausgerechnet dieser Film –
einer meiner schönsten und besten – endete mit einer
bitteren Enttäuschung: Er wurde verboten.

Warum?

»Das Leben kann so schön sein« entstand nach dem
Bühnenstück »Ultimo« von Jochen Huth und riskierte
einen Blick auf die wirklichen Lebensverhältnisse brei-
ter Bevölkerungsschichten.

Die Handlung erzählte von einem jungen, sehr armen Paar ohne eigene Wohnung. Die beiden wohnten
zur Untermiete bei einem älteren Ehepaar, das auch
schon mal bessere Tage gesehen hat.

Ich spielte die junge Ehefrau Nora, die trotz aller
äußeren Schwierigkeiten sehr positiv zum Leben steht.
Mein Partner Rudi Godden verkörperte den Mann
Hannes, der im Gegensatz dazu ständig unter Existenzangst leidet. Als sich eines Tages noch ein Baby ankün-
digt, dreht er völlig durch.

Im Rückblick erleidet der reumütig zerknirschte Hannes die tragische Verstrickung seines Schicksals. Abgespannt und teilnahmslos vernachlässigt er seine Frau, die ihn aus Liebe schont und versucht, allein mit allem fertig zu werden. Als sie ihm gerade gestehen will, daß sie ein Kind bekommt, quält er sie mit unbegründeter Eifersucht. Verzweifelt läuft sie weg und stürzt von der Treppe. Doch im Krankenhaus, nach der Frühgeburt, sieht Hannes seine Fehler ein und bittet sie um Verzeihung.

Der Film versuchte ehrlich und realistisch zu sein und war eine typische und ausgezeichnete Studie über das Berlin der frühen dreißiger Jahre.

Am 11. August 1938 war Drehbeginn. Gefilmt wurde im Froelich-Studio in Tempelhof und in Berlin und Umgebung. Regie führte Rolf Hansen. Meine Partner waren außer Rudi Godden noch Hedwig Bleibtreu, Gustav Waldau, Will Dohm und, in einer winzigen Rolle, ein junger unbekannter Schauspieler, der in den letzten Jahren jedem Krimi-Fan des deutschen Fernsehens als »Kommissar« ein Begriff geworden ist: Erik Ode.

Für meinen Partner Rudi Godden war die Aufgabe in unserem Film »Das Leben kann so schön sein« von besonderer Bedeutung. Er galt bis dahin nämlich als Star der »leichten Muse«, kam vom Kabarett, war ein Liebling der Berliner und feierte als quirliger Operettenbuffo im Metropol-Theater wahre Triumphe. Nun wollte und sollte er beweisen, daß er auch ganz anders konnte. Und er war großartig! Glänzend spielte er den peniblen, sparsamen, auf Existenzsicherung versessenen Hannes. Daß er Glanzlichter seiner leisen, eleganten Komik dazugab, machte seine Gestaltung um so überzeugender.

Wir waren uns sofort sympathisch. Rudi war ein Sonnenschein, nicht nur als Schauspieler, auch als Mensch. Immer vergnügt und lustig, immer sprudelnd und voller Ideen, machte er uns allen die Arbeit und die Alltagssorgen leicht.

Rudi war auch der erste, der mich darauf brachte, daß ich als Sängerin und Pfeiferin Talent hatte. In den Drehpausen spielte er häufig Klavier. Ich setzte mich dann neben ihn und sang und pfiff ein bißchen, was mir gerade einfiel.

Ende September war »Das Leben kann so schön sein« abgedreht. Wir waren alle sehr gespannt, wie der Film ankommen würde.

Dann sickerte plötzlich durch: Der Verleih habe kommerzielle Bedenken geäußert. Der Film sollte mit einer Aufführung in Wien getestet werden. Das Ergebnis war positiv, die Zuschauer waren begeistert. Trotzdem wurde »Das Leben kann so schön sein« einen Tag später verboten.

Von Hitler persönlich, so erfuhr Regisseur Rolf Hansen via Froelich-Film. Der Film war dem »Führer« auf dem Obersalzberg vorgeführt worden. Hitler reagierte mit einem Zornesausbruch.

Der Film paßte nicht in die politische Landschaft. Für einen Nationalsozialisten durfte es keine Wohnungsnot geben, keine Existenzangst und keine Zögerer vom Schlage eines Ehemannes, wie er von Rudi Godden gespielt wurde. Die Deutschen hatten gefälligst keine Sorgen zu haben, und ein Baby mußte allemal nur ein Grund zur überschäumenden Freude sein.

Hinter den Kulissen ging das Gerangel um den verbotenen Film allerdings weiter. Etwaige Änderungen und Nachaufnahmen wurden von Goebbels vorgeschlagen.

Sie wurden dann doch nicht gemacht, aber Regisseur

Hansen versuchte in fieberhafter Arbeit, den Film durch Schnitte zu retten. Umsonst. Am 5. Januar 1939 erteilte Goebbels in einer geheimen Konferenz der Presse die Anweisung: Der UFA-Film »Das Leben kann so schön sein« ist verboten worden. Er widerspricht bevölkerungspolitischen Grundsätzen des Nationalsozialismus und steht ihnen zum Teil direkt entgegen. Auch die Anzeigenchefs sollten darauf achten, daß Anzeigen in der Provinz nicht mehr erscheinen.

So ging das also vor sich, wenn Hitler oder Goebbels einen Film noch vor der Premiere verboten. Nach dem Krieg, im Jahre 1949, fanden Regisseur Rolf Hansen und der aus der Emigration zurückgekehrte Autor Jochen Huth unter den von den Alliierten beschlagnahmten Filmen ein Negativ ihres Films »Das Leben kann so schön sein«. Sie bemühten sich, die ursprüngliche Fassung wiederherzustellen. Die Uraufführung fand am 9. Februar 1950 in Hamburg statt, unter einem neuen Titel: »Eine Frau fürs Leben«.

Aber er wurde kein Erfolg.

Er kam 14 Jahre zu spät.

Leider konnte mein Partner Rudi Godden dieser Premiere nicht beiwohnen. Er starb, nur 32 Jahre alt, am 4. Januar 1941. Es war ein tragischer Abschluß einer glänzenden Karriere. Sein Tod hat uns alle zutiefst erschüttert.

Rudi, ohnehin gesundheitlich labil, spielte zu dieser Zeit täglich in drei Operettenvorstellungen des Berliner Metropol-Theaters. Eine Lungenentzündung, die er sich auf zugigen Bahnsteigen zugezogen hatte, war erst vor kurzem niedergekämpft. Das Weihnachtsprogramm 1941 stand er gerade noch durch – dann zwang ihn ein Rückfall ins Krankenhaus.

Dort verschlimmerte sich auf seinem Rücken eine

Geschwulst, die er als scheinbar harmlosen »Pickel« ab-
tat. Einen Assistenzarzt nahm Rudi nicht für voll. Das
sei doch Wichtigtuerei, meinte er. Er wollte auf jeden
Fall abwarten, was der Chefarzt des Krankenhauses
dazu sagte, doch der war während der Weihnachtsfeier-
tage verreist.

Bei dem sogenannten »Pickel« handelte es sich um
einen bösartigen Karbunkel, der Rudi Goddens ge-
schwächten Körper vergiftete. Rudis letzte Worte
waren: »Der Vorhang geht auf – mein Frauchen wird
mich vertreten!«

Sein »Frauchen« war seine geliebte Frau und Kollegin Gerty; ihre Weihnachtsgeschenke waren noch auf
dem Flügel der gemeinsamen Wohnung aufgebaut.

Zu seiner Beerdigung strömten so viele Menschen,
daß der verschneite Zwölf-Apostel-Friedhof wegen
Überfüllung geschlossen werden mußte. Es war ein ein-
drucksvoller Abschied für immer; ein letzter schöner
Beweis, wie beliebt Rudi Godden beim Publikum und
bei seinen Kollegen gewesen war.

Aber ich war doch sehr entsetzt, als gerade in den Minuten, wo ich mit Rudis Frau Gerty an dessen Grab
stand, jemand mir von hinten auf die Schulter klopfte
und ungeniert fragte: »Könn' Se mir nich 'n Autogramm geben?«

X.

Wie man mich mit Werner Mölders »verkuppelte«

München 1938. Empfang im »Haus der Deutschen Kunst«. Adolf Hitler war da. Ich stand mit anderen Gästen in einer langen Schlange am untersten Treppenabsatz des großen Gebäudes. So ein »Ereignis« hatte es in sich.

Eigentlich war ich nie eingeladen worden zu den großen Nazi-Empfängen; ich weiß nicht, warum; ich war wohl zu unwichtig, war »Nachwuchs«, oder weil ich Holländerin gewesen bin – jedenfalls war es so, daß ich gerade den Film »Drei Väter von Anna« drehte, unter der Regie von Carl Boese. Ein ungeheures Werk, ein bayerisches Lustspiel im Dorfmilieu. Meine Partner waren Beppo Brem – der in den letzten Jahren als Kommissar Wanninger im Fernsehen viel Erfolg hatte –, Theodor Danegger und Roma Bahn, eine wunderbare Schauspielerin; sie spielte in dem Film meine Mutter. Ja, und die Roma Bahn forderte mich auf, zu dem Hitler-Empfang mitzukommen. Ich wollte erst nicht, ich ging überhaupt nicht gern zu Empfängen und Festen. Auch wenn anläßlich meiner Filme irgendwelche offiziellen Treffen waren oder ein Filmball, bin ich jedesmal so schnell wie möglich wieder abgehauen.

Roma Bahn ließ aber nicht locker; so bin ich schließlich mitgestiefelt. Die ganze Prominenz war da: Ich weiß noch, ich hatte ein langes, buntes Abendkleid an, und einige Kollegen zwinkerten sich zu und redeten mir ein, ich müsse einen Hofknicks machen. Als wir nach langem Warten und auf dem umständlichen Weg über die große Treppe endlich in die Nähe des »Führers« kamen, schoben sie mich vor sich her.

Ich hatte zwar von Hitlers »durchdringendem Blick« gehört, der angeblich zahllose Frauen in Ohnmacht fallen ließ. Aber ich muß gestehen, von alledem spürte ich nichts. Der »Führer« machte auf mich einen völlig normalen Eindruck. Er war nur etwas wortkarg und ernst. Offenbar fiel es ihm schwer, zu lächeln und ein bißchen zu scherzen.

Als ich ihm nun vorgestellt wurde, gab er mir die Hand (ich machte natürlich keinen Hofknicks), sagte »Guten Abend, Fräulein Werner« – und damit war unsere Unterhaltung auch schon beendet!

Später gingen wir dann alle runter ins Restaurant. An unserem Tisch saß auch Leni Riefenstahl, die Regisseurin der beiden Filme von der Olympiade 1936, »Fest der Völker« hieß der erste Teil, »Fest der Schönheit« der zweite. Plötzlich stand die Riefenstahl auf und sagte: »Der Führer kommt!« Da machten alle Leute, die gerade rauchten, ihre Zigaretten aus. Gleich darauf erschienen auch zwei Uniformierte, die kontrollierten, daß in dem Raum nicht mehr geraucht wurde; denn das hätte Hitler gestört, er war ja Vegetarier, Abstinenzler und Nichtraucher. Als er kam, wurde geklatscht, er setzte sich mit Leni Riefenstahl und einigen anderen Leuten an einen schon vorbereiteten Tisch, aß ein Rührei und trank Mineralwasser.

Das war meine einzige Begegnung mit Adolf Hitler. Später hat man uns UFA-Stars gelegentlich vorgeworfen, wir seien bei den Nazigrößen ein und aus gegangen. Göring hab' ich überhaupt nicht gekannt. Auf Goebbels komme ich noch zu sprechen. Und nach dem Krieg ist mir was Verrücktes passiert mit amerikanischen Freunden, die mich 1945 von Berlin mitnahmen nach Berchtesgaden, weil meine Eltern zu dieser Zeit dort lebten. »Ihr dürft doch auf den Obersalzberg rauf«, hab' ich zu den Amerikanern gesagt, »ich möchte gern die Stelle mal sehen, wo Hitler residiert und seine Teestunden abgehalten hat.«

»Sie wollen sehen, wie es heute aussieht, nach der Zerstörung!« lächelte einer von denen.

»Nein, ich war noch nie da«, antwortete ich.

Das haben die mir nicht geglaubt. Ich konnte machen was ich wollte – die haben es nicht geglaubt!

Gerüchte sind wie Konserven, sie halten sich lange. Wer im Rampenlicht steht, muß wohl oder übel damit leben, Zielscheibe böser oder hinterhältiger Angriffe zu sein oder sonst irgendwie verleumdet zu werden.

So hält sich seit über 30 Jahren auch hartnäckig das Gerücht, ich sei mit dem erfolgreichsten Jagdflieger des Zweiten Weltkrieges, Werner Mölders (101 Abschüsse), verlobt, verheiratet oder zumindest liiert gewesen. Es ist nie geklärt worden, woher diese Nachrede kam.

Überlegt man jedoch, daß Mölders den Vornamen Werner hatte und ich Ilse Werner heiße, läßt sich von daher möglicherweise eine Kombination denken. Im übrigen war wohl auch der Wunsch eines damals in seiner romantischen Sehnsucht unbefriedigten Publikums mitverantwortlich. Ich kann jedenfalls versichern, daß ich Mölders in meinem Leben nie persönlich kennengelernt habe.

Sein Bruder Viktor, der heute als Architekt in Westfalen lebt, erzählte mir später eine hübsche Geschichte: Als Werner Mölders im Jahre 1940 einmal auf Heimaturlaub kam, sagte er zu seiner Mutter: »Laß uns ins Kino gehen. Da gibt es einen Film mit Ilse Werner. Ich soll doch angeblich mit ihr verheiratet sein. Nun will ich sie auch mal sehen.«

Werner Mölders stürzte am 22. 11. 1941 bei Breslau ab und bekam ein Staatsbegräbnis.

Am Tag seiner Beisetzung fuhr ich mit der Straßenbahn zum Friseur. Die Schaffnerin, die meine Fahrkarte knipste, stutzte einen Augenblick, als sie mich sah. Dann raunzte sie mich an, daß ich doch Schwarz tragen könnte, wenn ich zum Begräbnis führe.

»Zu welchem Begräbnis?« fragte ich perplex. Ich hatte wieder mal keine Ahnung, was außerhalb meiner Filmwelt passierte.

»Fahren Sie nicht zum Begräbnis von Oberst Mölders? Sie sind doch seine Frau!«

»Entschuldigen Sie«, sagte ich. »Ich habe Werner Mölders überhaupt nicht gekannt. Wenn ich seine Frau wäre, hätte man mich wohl nicht mit der Straßenbahn zum Staatsbegräbnis fahren lassen.«

Dies nur als ein Beispiel für die Gerüchteküche, in der zu jener Zeit besonders heftig gekocht wurde.

Zurück ins Jahr 1939: Ich war inzwischen von Wien nach Berlin umgezogen, und die UFA war mein neues Zuhause.

UFA – ein Zauberwort. UFA und deutscher Film, das gehörte zwischen 1918 und 1945 eng zusammen, obwohl es neben der UFA noch eine ganze Reihe anderer Filmfirmen gab. Zum Beispiel existierten 1929 insgesamt 83 Filmproduktionen, die 183 Filme drehten. Daß die UFA unter all den Gesellschaften herausragte, hatte zwei Gründe. Erstens war sie im Ersten Weltkrieg auf militärische (General Ludendorff) und staatliche Initiative hin von deutschnationalen Wirtschaftsmanagern wie Krupp-Direktor Hugenberg, Verlagsdirektor Ludwig Klitzsch und Deutsche-Bank-Direktor v. Stauß mit finanzieller Beteiligung der Reichsregierung gegründet und später (1927) von fast der gleichen Interessengruppe vor der Pleite und vor amerikanischem Einfluß »gerettet« worden. Und zweitens gerieten ihr durch künstlerisch hochbegabte Produzenten, Autoren und Regisseure zwischen 1920 und 1932 viele Filme, die Geschichte machten und internationale Bewunderung erregten, darunter »Das Testament des Dr. Caligari«, »Die Nibelungen«, »Der müde Tod«, »Metropolis«, »Der Kongreß tanzt« oder »Der blaue Engel«.

Dank dieser Voraussetzungen gelang ihr auch am besten der Übergang vom Stummfilm zum Tonfilm. Es liegt ja noch gar nicht so lange zurück. In der Spielzeit 1929/30 drehte die UFA 74 lange und kurze Filme – davon waren nur 30 Tonfilme; die restlichen 44 Filme waren noch stumm.

1933, mit der »Machtübernahme« durch die Nationalsozialisten, begann auch für den deutschen Film eine neue Epoche. Ausländische Künstler durften grundsätzlich nicht mehr beschäftigt werden; es sei denn, »daß künstlerische oder kulturelle Gründe dafür sprechen« – allerdings bedurfte es in solchen Ausnahmefällen immer »einer besonderen Genehmigung des Reichsministers für Volksaufklärung und Propaganda«.

Eine Zusammenfassung sämtlicher Filmfirmen und »Filmschaffenden« in der sogenannten »Reichsfilmkammer« und die Einrichtung einer »Prüfstelle für Filme« (sprich: Zensurbehörde) sorgte für eine rigorose Konzentration und politische Überwachung des in Zukunft »staatsmittelbaren Films«. Nach mehreren wirtschaftlichen und politischen »Bereinigungen« gab es schließlich außer der UFA nur noch drei weitere große

Firmen: in Berlin die Tobis (sie besaß alle wichtigen Tonfilmpatente in Deutschland) und die Terra-Filmkunst, in München-Geiselgasteig die Bavaria. Außerdem wurden noch einige kleine Firmen zugelassen, die jeweils Auftragsproduktionen erhielten, zum Beispiel Cine-Allianz, Carl Froelich-Film, Algefa usw. Nach dem »Anschluß« Österreichs kam noch die Wien-Film hinzu.

Wer als Schauspieler erst einmal einen Vertrag mit der UFA hatte, fühlte sich beruflich gesichert. Die Berliner »UFA-Stadt Babelsberg« mit 480 000 Quadratmeter Aufnahmegelände, zehn Tonfilmateliers, Synchronisationsgebäude und Mischatelier, Garderoben und Vorführräumen war nicht nur eine Arbeitsstätte, sondern ein Ort der Geborgenheit. Man konnte sich voll auf seine darstellerische Aufgabe konzentrieren.

Dies galt sowohl für die großen Stars als auch für den Nachwuchs. Je nach Alter wurde man eingestuft. Ich war Nachwuchs und bekam anfangs 2000 Mark Gage. Das erhöhte sich nach und nach. Für den Film »Wunschkonzert«, das war 1940, bekam ich 10 000 Mark, und ganz am Schluß war ich immerhin bei 40 000 Mark gelandet. Das steigerte sich also ganz selbstverständlich. Dabei wurde man nicht etwa von Film zu Film verpflichtet, sondern wir hatten Jahresverträge, die immer wieder erneuert wurden. Das waren praktisch lebenslange Verträge. Wir hätten unser ganzes Leben bei der UFA arbeiten können. Das wäre immer so weitergegangen.

Und, wie gesagt, man brauchte sich wirklich um nichts zu kümmern, weder um Rollen noch um Drehbücher, Publicity oder Steuerfragen. Die UFA erledigte alles. Den harten Konkurrenzkampf der Schauspieler habe ich erst nach dem Krieg kennengelernt, als die

UFA nicht mehr existierte. Damals brauchte ich nur zu spielen, sonst nichts. Das kam der Intensität der Arbeit zugute.

Für meinen Film »Bel ami« wurde ich von der UFA an die Tobis ausgeliehen. Von Theo Mackeben stammt die unvergeßliche Melodie: »Du hast Glück bei den Frau'n, bel ami. So viel Glück bei den Frau'n, bel ami! Bist nicht schön, doch charmant, bist nicht klug, doch sehr galant.«

Regie führte Willy Forst, der auch die Titelrolle spielte. Für drei weitere weibliche Rollen – seine Geliebten – hatte er bereits Olga Tschechowa, Hilde Hildebrand und Lizzi Waldmüller engagiert. Übrigens hatte Forst auch (mit Axel Eggebrecht) nach dem gleichnamigen Roman von Guy de Maupassant das Drehbuch geschrieben.

Meine hochgesteckten Erwartungen erhielten dann freilich am ersten Drehtag einen ziemlichen Dämpfer. Die große Hilde Hildebrand hat ihn mir verpaßt.

Als mich der Produktionswagen frühmorgens in meiner Berliner Pension am Kurfürstendamm abholte, sah ich, daß ich nicht der einzige Fahrgast war: Hilde Hildebrand saß bereits im Auto.

»Aha, Sie sind also auch eines von diesen Goebbelsschen Nachwuchsmädchen«, begrüßte sie mich. Ich war so perplex, daß ich sie nur stumm anschauen konnte.

Von nun an ging ich Hilde Hildebrand aus dem Weg. Ich hielt sie für ziemlich arrogant. Erst einige Jahre später lernten wir einander richtig kennen und stellten bei dieser Gelegenheit fest, daß unsere Vorurteile falsch gewesen waren.

Ich hatte inzwischen »Wir machen Musik« und »Münchhausen« gedreht. Nun stand ich für Helmut Käutners »Große Freiheit Nr. 7« vor der Kamera. Es war mitten im Krieg. Auch Hilde Hildebrand war mit von der Partie.

Am ersten Drehtag kam sie auf mich zu und sagte: »Ilse, ich habe Ihnen einmal sehr unrecht getan; es tut mir leid.« Das Eis war gebrochen, wir wurden gute Freunde. Diesmal lernte ich eine andere Hilde Hildebrand kennen: liebenswürdig, kameradschaftlich und hilfsbereit. Als die Lebensmittel immer knapper wurden, kochte sie Kohlrabi und Kartoffelmus für mich. In ihrem Berliner Garten hatte sie keine Rosen und Dahlien gepflanzt, sondern Kohl und Salat. Sie gab mir auch viele Tips für das praktische Leben. Ich bin ihr sehr dankbar dafür.

Noch ein Wort zu »Bel ami«-Regisseur Willy Forst: Er machte aus mir einen neuen Typ. Bisher hatte ich immer ganz brave, bürgerliche Mädchenrollen gespielt, mit strenger Frisur und runden, weißen Krägelchen auf den Kleidern.

»Mädchen, du hast doch einen wunderbaren Mund! Komm, zeig ihn«, rief er schon bei der ersten Kameraeinstellung. Dann ließ er sich vom Maskenbildner einen Lippenstift geben und machte sich selbst ans Werk. Nach seiner Typkorrektur war ich auf einmal eine sinnliche, junge Französin – jedenfalls im Film.

Willy Forst war ein Schauspieler-Regisseur, wie er einem nicht jeden Tag begegnet: brillant und witzig, subtil und souverän als Regisseur.

Als er noch nicht seine eigenen Drehbücher schrieb und Regie führte, machte den 26jährigen Schauspieler eine einzige kurze Szene in »Atlantic«, der Verfilmung der Titanic-Katastrophe, 1929 über Nacht bekannt. In dieser Szene saß er im Musiksalon des sinkenden Luxusdampfers am Flügel. Ein junger Luftikus im Smoking, der aber angesichts des Todes Haltung bewahrte.

Während sich an Bord des Schiffes wilde Panikszenen abspielten, sang er selbstvergessen das Wiener Lied: »Es wird ein Wein sein, und wir wer'n nimmer sein.«

Danach drehte er noch eine Reihe von Unterhaltungsfilmen wie »Zwei Herzen im Dreivierteltakt«, »Der blonde Traum«, »Ich kenn dich nicht und liebe dich«, »So endete eine Liebe« oder »Königswalzer«, bis er 1933 zur Regie überwechselte und mit sensationellen Erfolgen überraschte: »Mazurka« mit Pola Negri, »Maskerade« mit Paula Wessely und Adolf Wohlbrück, »Burgtheater« mit Werner Krauß, »Allotria« mit Renate Müller, »Serenade« mit Hilde Krahl. Sein Film »Bel ami« wurde für mich der erste wirklich große Filmerfolg.

Die Premiere ging im Berliner Gloria-Palast über die Bühne. Als wir uns nach dem offiziellen Teil der Veranstaltung noch zu einer Feier trafen, kam ein kleiner, leicht rundlicher, dunkelhaariger Herr mit lustigen Augen und einer Entennase an unseren Tisch. Er trug ein Skizzenbuch in der Hand, murmelte irgendwas, das ich in dem Trubel allerdings nicht verstand, und sagte: »Guten Abend, Fräulein Werner.«

Dann fing er an zu zeichnen. Das irritierte mich.

»Zeichnen Sie etwas für mich?«

»Ja, ich mache eine Karikatur von Ihnen.«

Ich fühlte mich sehr geschmeichelt. Gönnerhaft fragte ich: »Machen Sie das hauptberuflich?«

Daraufhin brachen die Kollegen an meinem Tisch in lautes Gelächter aus, was mich noch mehr verwirrte. Aber der unscheinbare Mann sagte nur: »Nein, eigentlich nicht. Gestatten Sie, daß ich mich Ihnen vorstelle! Mein Name ist Ernst Udet.«

Da fiel ich aus allen Wolken. Ernst Udet – der berühmte Kunstflieger und Fliegerheld des Ersten Weltkrieges. Früher war er ein tollkühner Pilot gewesen, der unter Brücken durchflog und ein Taschentuch mit einer Tragflächenspitze vom Boden aufhob.

»Und nun gehen wir alle zu Horcher!« rief Ernst Udet. Für mich war das Neuland, denn ich saß ja abends nach Drehschluß immer brav in meiner Pension »Continental« und ging ganz selten aus.

So lernte ich durch Ernst Udet das berühmte Lokal »Horcher« in Berlin kennen; es war später einer der Schauplätze in Carl Zuckmayers Drama »Des Teufels General«. Nach Kriegsende bekam ich sogar in einer Theateraufführung die Rolle des »Pützchens« in diesem Stück, das bekanntlich Leben und Tod von Ernst Udet schildert. So merkwürdig spielt manchmal das Schicksal mit uns.

Am 17. November 1941 nahm Udet sich das Leben. In seiner Berliner Wohnung schoß er sich eine Kugel in den Kopf, von den Nazis zum Selbstmord getrieben. Man durfte das damals in der Öffentlichkeit nicht einmal bedauern, wollte man nicht seine eigene Verhaftung riskieren.

Bei »Horcher« lernte ich durch Ernst Udet die junge Schauspielerin Hilde Schneider kennen; wir hatten spontan eine herzliche Sympathie füreinander, aus der dann eine lange Freundschaft wurde. Hilde wurde später die Frau von Heinz Hentschke, der die Operettentheater »Admiralspalast« und »Metropol-Theater« in Berlin leitete. Zusammen mit Günther Schwenn schrieb er das Libretto für die erfolgreiche Operette »Maske in Blau«, das von Fred Raymond vertont wurde, dem Komponisten der Schlager »Ich hab' mein Herz in Heidelberg verloren« und »In einer kleinen Konditorei«. Uraufführung der »Maske in Blau« war 1937. Und 1942 folgte dann noch (ebenfalls mit Günther Schwenn) das

Textbuch zu »Hochzeitsnacht im Paradies«; Musik: Friedrich Schröder.

Auch meine Eltern schlossen Hilde Schneider sofort in ihr Herz. Sie suchten schon lange einen Menschen, dem sie ihre Tochter anvertrauen konnten, denn meine Mutter mußte sich auch um meinen Vater in Wien kümmern und konnte unmöglich andauernd bei mir in Berlin sein. Nun baten sie Hilde, für mich eine kleine Wohnung zu suchen und ein bißchen auf mich aufzupassen.

Sie wurde so eine Art Ersatzmutti für mich. Ich nannte sie »Mucki«. Aber sie war ja selbst eine vielbeschäftigte Schauspielerin, drehte immer wieder Filme und mußte oft zu Außenaufnahmen von Berlin fort.

Genau zu diesem Zeitpunkt kam eine andere Freundin aus den Wiener Jahren nach Berlin: Mai Stürmer. Wir waren damals gemeinsam am »Theater in der Josefstadt« gewesen. Sie hatte sich inzwischen in Heinz Förster, einen deutschen Physiker, verliebt.

Mai zog mit mir zusammen. Wir mieteten uns in Zehlendorf, im Ithweg 14, ein kleines Häuschen. Sie umsorgte, umhegte und bekochte mich.

Anno 1939 machte ich auch meinen Führerschein. Ein Freund, Niels Gulden, brachte mir das Autofahren bei, heimlich auf der Berliner Avus. Nach der Fahrprüfung kaufte ich mir einen grauschwarzen Ford Eifel.

Ich war richtig versessen aufs Autofahren und bin es immer noch. Wenn ich heute am Steuer meines roten BMW 1600 durch die Gegend kutschiere, dann mit dem stolzen Bewußtsein, daß ich nunmehr schon seit 42 Jahren völlig unfallfrei fahre. Toi, toi, toi.

Meinen ersten Wagen, den Ford Eifel, bin ich allerdings gleich wieder losgeworden. Er wurde nach Kriegsausbruch von der Wehrmacht beschlagnahmt.

Ich war sehr traurig darüber und dachte: Na, mit diesem kleinen Auto werden sie den Krieg wohl kaum gewinnen.

Ich erinnere mich noch sehr genau an den 1. September 1939. Es war sehr heiß in Berlin. Ich drehte gerade den Film »Ihr erstes Erlebnis«, eine Jungmädchen- und Ehegeschichte im Künstlermilieu. Meine Partner waren Johannes Riemann, »Titi« Elisabeth Lennartz, die Ehefrau Gustav Knuths, sowie der junge Volker von Collande. Regie führte Josef von Baky.

An diesem Tag hatte ich früher Drehschluß. Als ich aus dem Atelier nach Hause kam, stand Mai am Herd und weinte.

»Was ist denn los?« fragte ich erschrocken.

»Ach Wichterl, es ist so schrecklich.«

»Ist was mit deinem Heinz passiert?«

»Wir haben Krieg!« schluchzte sie.

Als Achtzehnjährige begriff ich die Tragweite dieser Nachricht nur unvollkommen.

Aber Mai hatte Angst um Heinz Förster. »Er wird jetzt natürlich eingezogen und muß an die Front.«

Da habe ich zum ersten Mal die ganze Tragik verstanden. Heinz Förster hatte jedoch Glück. Er wurde vom Militär uk (unabkömmlich) gestellt. Nach dem Krieg wanderte er nach Amerika aus. Heute ist er ein bekannter Atomphysiker in den USA.

XI.

Der große Krach mit Dr. Goebbels

Für uns Filmleute machte sich der Krieg vorläufig kaum bemerkbar. Die meisten wurden uk gestellt. Goebbels wollte nun erst recht Filme drehen, um die Menschen bei guter Laune zu halten.

Trotzdem ging in den Ateliers die Angst um. Vor allem die männlichen Schauspieler mußten täglich um ihren Uk-Status zittern. Wer nicht nach der Pfeife des Propagandaministers tanzte, konnte jederzeit an die Front abkommandiert werden.

Ansonsten gab es für uns Künstler keine Privilegien. Wie gewöhnliche Sterbliche mußten wir mit der Straßenbahn oder Untergrundbahn zur UFA-Stadt Babelsberg fahren, wie jeder andere gewöhnliche Sterbliche mußten wir mit unseren Lebensmittelkarten auskommen. Sonderrationen gab es nicht. In diesem Punkt war Goebbels peinlich genau wie ein Buchhalter.

Daß mit dem »Schirmherrn« des deutschen Films nicht gut Kirschen essen war, hatte ich kurz vor Kriegsbeginn erfahren. Ich litt unter Kreislaufschwäche, war schon ein paarmal im Atelier zusammengeklappt und mußte in ärztliche Behandlung.

Gerade zu dieser Zeit hatte die UFA einen Produktionschef, der mir aus irgendwelchen Gründen nicht grün war und wohl dachte, ich hätte einfach nur Theater gemacht, um bestimmte Rollen schließlich nicht spielen zu müssen.

Jedenfalls kam eines Tages seine Sekretärin ins Atelier und erklärte, ich müsse nach Drehschluß im Propagandaministerium – wir nannten es damals »Promi« – bei Dr. Goebbels antanzen.

Da ich mir wirklich keiner Schuld bewußt war, dachte ich: Jetzt sollst du in seinen Harem kommen – denn in Berlin pfiffen es die Spatzen von den Dächern, daß sich der Herr Minister gern mit jungen, hübschen Mädchen umgab.

Aus diesem Grund habe ich meinen Freund Niels Gulden angerufen: »Niels, du mußt mir helfen. Ich bin zu Goebbels befohlen worden, und ich habe ein ganz schlechtes Gefühl! Bitte fahr mich mit meinem Auto hin und warte vor dem Ministerium, bis ich wieder rauskomme.«

Das war, wie sich zeigen sollte, das Idiotischste, was ich machen konnte.

Wir fuhren also zum Ministerium, ich stieg aus, der Adjutant des Ministers erwartete mich bereits, ich wurde in ein Zimmer geführt und mir war ziemlich mulmig zumute. Ich hatte mich extra nicht hübsch gemacht und nicht geschminkt.

Nach einer Weile öffnete sich die Tür. Das Ministerbüro war ein Riesenraum. Goebbels saß hinter einem großen Schreibtisch und blickte mich eisig an.

Aha, dachte ich, jedenfalls gibt es hier nicht Sekt und schummriges Licht. Also kein Harem. Ich atmete auf, zumal auch der Adjutant an der Besprechung teilnahm.

Goebbels stand auf und putzte mich runter: »Fräulein Werner, ich habe Ihnen seinerzeit die Erlaubnis gegeben, in Deutschland zu filmen. Sie wissen, Sie sind Ausländerin und haben eine Sondergenehmigung. Ich höre aber von der Produktion, daß Sie Schwierigkeiten machen. Wenn Sie so weitermachen, können Sie sehen, wo Sie Ihre Filme drehen.«

Ich habe ihn erstaunt angeguckt und gefragt: »Was denn für Schwierigkeiten?«

»Sie spielen dauernd krank.«

»Aber ich bin wirklich krank, Herr Dr. Goebbels. Ich habe eine Kreislaufschwäche.«

»In Ihrem Alter?«

»Ja, in meinem Alter. Ich kann nichts dafür. Ich bin in den Tropen geboren. Vielleicht rührt die Sache daher.«

Goebbels fuhr mich scharf an: »Außerdem sind wir nicht mit Ihnen zufrieden.«

In diesem Augenblick ging das »Fräulein Konsul Still« in mir durch. Solche Töne war ich nicht gewöhnt. Plötzlich hatte ich keine Angst mehr. Spontan stand ich auf: »Schön, dann kann ich ja gehen. Es gibt noch andere Länder, in denen ich filmen kann.«

Mein freches Mundwerk imponierte ihm offenbar. Etwas freundlicher sagte er: »Ich hoffe, daß ich demnächst bessere Urteile über Sie höre, und ich will Sie doch bitten, sich zusammenzunehmen.«

Er gab mir die Hand: »Im übrigen hätten Sie sich keinen Beschützer mitbringen brauchen.«

Er meinte Niels, der draußen im Auto wartete. So wurde man also kontrolliert. »Das ist ein Freund von mir, der mich hierher gefahren hat.«

Dann ging ich. Und es passierte nichts. Im Gegenteil: Am nächsten Tag brachte eine Berliner Zeitung ein großes Bild von mir, ein Titelfoto. Im Text war die Rede von einer »jungen, vielversprechenden Schauspielerin«. Auweia, dachte ich, da hab' ich ja noch mal Schwein gehabt.

Nun herrschte also Krieg. Berlin begann sein Gesicht zu verändern. Es gab zwar keine Bombenangriffe, aber Probealarme und Verdunklungsübungen waren an der Tagesordnung. Zackige sogenannte Blockwarte sorgten für »Zucht und Ordnung« in den Häusern und überwachten die Verteilung der Lebensmittelkarten.

Die Berliner behielten trotzdem ihren Humor und machten ihre Witze über den »deutschen Blick« (wenn man so über die rechte und die linke Schulter schaute, ob einer mithörte) und über die strammen Hauswarte.

Der Spott war verständlich, denn wenn ein Deutscher eine Binde um den Arm hat, hält er sich gleich für einen General, und alle haben vor ihm strammzustehen. Das ist offenbar eine Eigenschaft, die wir Deutschen bis heute behalten haben. Jeder Parkwächter und Ordnungshüter fühlt sich wie ein König, wenn er befehlen kann: »Hier nicht!«

Als meine Freundin Mai Stürmer ihren Heinz Förster heiratete, gab ich auch das Häuschen am Ithweg auf und bezog eine Villenetage im Grunewald, Gustav-Freytag-Straße 6–8.

Es war ein dreistöckiges Familienhaus in einer sehr schönen Lage. In der Souterrainwohnung lebten meine verheirateten Kollegen Viktor Staal und Hansi Knotek. Hansi Knotek war durch Filme wie »Die Heilige und ihr Narr« (1935), »Waldwinter« (1936) oder »Das Schweigen im Walde« (1937) schon sehr bekannt.

Über meine erste eigene Behausung war ich sehr stolz. Nun bekam ich auch eine Haushälterin. Sie hieß Toni, war ein Goldschatz und hat mich bis Kriegsende betreut. Für das Mittagessen hat sie immer einen Henkelmann vorbereitet, den ich mit ins Atelier nahm.

Die deutsche Traumfabrik lief auf vollen Touren.

Damals lernte ich auch den Komponisten Werner

Bochmann kennen, der dann, wie ich schon am Anfang schrieb, ein guter Freund wurde. Er war der unmilitärischste aller Soldaten, ein Anti-Soldat. Eines Tages erschien er in feldgrauer Uniform im Atelier, um einen Besuch zu machen. Bei seinem Anblick brachen alle in schallendes Gelächter aus.

Auch ich. Ich hatte den Ernst der Lage noch immer nicht kapiert. Der Krieg war noch zu jung. Ich hatte noch keinen Bombenangriff miterlebt. Ich hatte noch niemanden verloren. Ich war noch auf der Sonnenseite.

Aber das sollte sich bald ändern, als ich meinen ersten Kriegsfilm drehte: »Wunschkonzert«. Damals konnte ich nicht ahnen, wie einschneidend er in meine Karriere eingreifen würde.

XII.

»Wunschkonzert« – für Millionen Hoffnung in dunklen Tagen

Noch heute, nach über 40 Jahren, wirkt das Wort »Wunschkonzert« auf viele Menschen, die nur oberflächlich urteilen, wie ein rotes Tuch. Sogar im Radio und im Fernsehen wurde der Begriff lange Zeit hartnäckig vermieden. Schauspielern und Sängern, die seinerzeit dabei gewesen sind, haftet ihre Mitwirkung wie ein Kainsmal an.

Ich erzähle diese Geschichte, weil ich sie kenne, weil sie auch mich betrifft. Und weil ich der Meinung bin: Man soll nicht alle Gedanken und Gefühle jener Zeitgenossen, welche das Tausendjährige Reich durchstehen mußten, von vornherein und grundsätzlich als schlecht und verwerflich diffamieren. Wie immer im Leben, ist auch hier eine entsprechende Differenzierung erforderlich.

Wunschkonzerte waren öffentliche Veranstaltungen für verwundete oder auf Heimaturlaub befindliche Landser. Sie fanden im großen Sendesaal des Reichssenders Berlin an der Masurenallee statt. Durch das Programm führte Heinz Goedecke, der zwischen den einzelnen musikalischen oder sonstigen Darbietungen immer wieder Grüße und Botschaften aus der Heimat ins Feld oder von der Front in die Heimat verlas und so eine intensive Verbindung zwischen den Menschen daheim und den Soldaten draußen herstellte. In der Sendung traten alle bekannten Künstler auf.

Es lag auf der Hand, das »Wunschkonzert« zum Mittelpunkt eines Films zu machen. Der Film wurde 1940 gedreht. Carl Raddatz und ich waren das Liebespaar. Zusammen mit Ida Wüst, Hedwig Bleibtreu, Joachim Brennecke, Albert Florath, Elise Aulinger, Günther Lüders und anderen bestritten wir die Rahmenhandlung. Felix Lützkendorf hatte mit Regisseur Eduard von Borsody das Drehbuch geschrieben, die besten Kameramänner (Franz Weihmayr, Günther Anders) filmten, Werner Bochmann komponierte die Musik.

In diesem Film »Wunschkonzert« trat ich nicht als Sängerin, sondern ausschließlich als Schauspielerin auf. Meine »zweite« Karriere als Sängerin, als Schallplattenstar, als »Frau mit Pfiff« begann ja erst ein rundes Jahr später. In dem Film verkörperte ich ein junges Mädchen, das sich während der Olympiade 1936 in einen Fliegeroffizier verliebt, ihn jedoch aus den Augen verliert und erst im Krieg endlich wiederfindet – eben durch das »Wunschkonzert«.

Dieses Wunschkonzert im Film »Wunschkonzert« war der effektvolle Höhepunkt der Handlung; um es möglichst attraktiv zu machen, holte man einige der bekanntesten Künstler jener Zeit dazu: Marika Rökk, Heinz Rühmann, Paul Hörbiger, Hans Brausewetter, Joseph Sieber und das bayerische Original Weiß-Ferdl sowie den damals wohl beliebtesten deutschen Sänger – Wilhelm Strienz. Wenn er das Lied »Heimat, deine Sterne« sang, das fast jeden Abend auch im Radio kam, flossen viele Publikumstränen.

Ein ganz bestimmtes Wunschkonzert, es war ein Jahr nach dem Film, werde ich nie im Leben vergessen. Als ich die Bühne betrat, blickte ich auf ein Meer von Uniformen. Die verwundeten Soldaten und die Fronturlauber, die unten saßen, klatschten mir begeistert zu. Alle machten freudestrahlende Gesichter und meinten wohl: Jetzt kommt also die Kleene und sagt ein Gedicht auf oder hüpft da so rum. Und was passierte wirklich? Werner Bochmann gab den Einsatz für das Rundfunk-Tanzorchester. Ich fing an zu singen und zu pfeifen, zum allerersten Mal in der Öffentlichkeit. An diesem Nachmittag hob ich Bochmanns Komposition »Die kleine Stadt will schlafen geh'n« aus der Taufe, die ich kurz vorher auf Platte aufgenommen hatte.

Kaum war der letzte Ton verklungen, hab' ich gedacht, man zieht mir die Kopfhaut runter bis zu den Füßen. Ich stand da wie ein Sterntalerkind und glaubte schon, die Decke des großen Sendesaals stürzt herab – so tobten die Zuhörer vor Begeisterung. Die waren wohl so unglaublich verblüfft worden, daß sie sich abreagieren mußten. Das war für sie, als hätte die Duse plötzlich angefangen zu steppen. So was hatten sie von jemand, den sie bisher nur als einigermaßen niedliche Schauspielerin im Film kannten, auf keinen Fall erwartet; moderne rhythmische Musik und ein Mädchen, das pfiff wie ein Vogel im Wald – die Überraschung war jedenfalls gelungen.

Und ich – ich schwebte in einer Wolke aus Freude und Glück. Ich war unbeschreiblich selig. Solche herrliche Momente hab' ich im Leben nur ein paar gehabt... was heißt ein paar; man muß unendlich dankbar sein, daß einem das Schicksal so was überhaupt mal beschert. In jüngster Zeit passierte es wieder, bei einem Senioren-Nachmittag in Osnabrück: Ich war kaum auf der Bühne, erhob sich das Publikum spontan von den Sitzen und brachte mir stehend eine lange Ovation dar. Ich dachte, jetzt fall ich in Ohnmacht. So möchte ich einmal auf der Bühne stehen und sterben. Das muß ein wunderbarer Tod sein für einen Schauspieler. Vielleicht klingt das für manchen Leser jetzt komisch; aber so sind wir nun mal, wir verrückten Künstler.

Und ein solches Erlebnis war für mich ausgerechnet eines jener »Wunschkonzerte«, über die man heute nicht mehr sprechen möchte. Diese Auftritte im Krieg werden mir von Kritikern heute noch immer angekreidet. Ihr Vorwurf: Wir Stars hätten uns damals von den braunen Machthabern einwickeln lassen, und die Starparade des Großdeutschen Rundfunks sei eine Propagandasendung gewesen, um den Krieg mit Mitteln der Unterhaltung zu verlängern. Nach 1945 trug mir der Film »Wunschkonzert« das Prädikat einer »Durchhalte-Mieze« ein, was noch die freundlichste Bezeichnung war.

Ich käme mir albern vor, wollte ich in dieser Rückschau eine Heilige aus mir machen. Aber trotzdem war das alles doch ein bißchen anders.

Wahr ist: Wir waren Stars, die damals auftraten, die nicht protestierten, die nicht in den Untergrund gingen, nicht in den Widerstand, nicht in die Emigration, sondern die einfach weiterzuleben versuchten mitten in der Götterdämmerung, mitten in der riesigen Inszenierung vom Sieg und eigenen Untergang, von Bombennächten und Todesangst.

Wahr ist: Wie die meisten meiner Kollegen mußte ich eine Rolle spielen und habe darauf gehofft, daß der Krieg bald vorbei sein würde. Ich behaupte: Für die auftretenden Künstler und die Hörer war das »Wunschkonzert« damals keine »Durchhaltesendung«, sondern sie alle sahen darin eine Brücke der Sehnsucht nach den Mitmenschen; eine Möglichkeit der Verbindung!

Wahr ist: Fast jede Familie hatte einen Sohn, einen

Bruder, einen Vater, einen Mann oder einen Liebsten an der Front, bangte um ihn, wartete auf Nachricht. Und wenn dann die Sendung »Wunschkonzert« über den Äther kam, waren Millionen Volksempfänger eingeschaltet – vergleichbar einer heutigen Quizsendung mit Rudi Carell oder einer Show mit Peter Alexander; nur daß es damals um eine »Unterhaltung« ging, die man mit beklemmendem Herzklopfen verfolgte, denn dahinter standen Schicksale, stand der Krieg, stand der Tod.

Auf die Gefahr hin, daß ich wieder alte Vorurteile gegen mich wach werden lasse, muß ich ehrlich sagen: In jenen Kriegsjahren bin ich oft und gern im »Wunschkonzert« aufgetreten, habe gesungen, gepfiffen oder habe einfach nur ein paar Worte zum Publikum gesprochen – in der Überzeugung, damit all jenen zu helfen, die hilflos waren, die Angst hatten, die ihre Furcht und ihre Sorgen für ein paar Augenblicke verdrängen wollten.

Anders lag die Sache bei dem 1943 mit Unterstützung des Oberkommandos der Kriegsmarine von Günther Rittau inszenierten Film »U-Boote westwärts«, der mir ebenfalls oft »vorgeworfen« wird. Er berichtete vom Einsatz deutscher Unterseeboote gegen die englische Kriegsflotte. Ich kannte damals keine Einzelheiten, man hat mir auch nichts dazu gesagt oder erklärt. Es war die Zeit, in der die meisten der einigermaßen bekannten UFA-Darsteller für den großen UFA-Jubiläumsfilm »Münchhausen« eingesetzt wurden, der erst Anfang 1943 fertiggestellt und uraufgeführt werden konnte. Ich hatte in »Münchhausen« eine verhältnismäßig kleine Rolle und war nicht das ganze Jahr beschäftigt und so wurde denn angeordnet: Sie werden für einen Tag abgestellt zu den Dreharbeiten »U-Boote westwärts«; Sie sind die Braut des U-Boot-Kommandanten, die an ihren Mann denkt und für ihn da ist, wenn er kommt, und Sie singen ein Lied. – Na ja, dachte ich, du hast einen festen UFA-Vertrag; die wollen, daß ich ein Lied singe; mach ich's halt. Ganze 19 Jahre alt war ich 1940, das darf man dabei nicht vergessen. Aber das Schönste war: Ich habe das Lied dann gar nicht mal selber gesungen. Es lag fertig da, und mein Gesicht wurde nur im Bild gezeigt, während eine fremde Stimme sang: »Irgendwo in weiter Ferne fährt mein Liebster übers Meer . . .«

Anfangs fiel mir das »Lache, Bajazzo!«, dieses unerbittliche Motto unseres Berufes, noch leicht, aber im Verlauf des Krieges wurde es zu einer fast unerfüllbaren schrecklichen Forderung. Was ich damals sehen und erleben mußte, hat sich in meiner Erinnerung für immer eingebrannt.

Ich wurde eingesetzt, um in Lazaretten aufzutreten und zu singen. Direkt an die Front durften die damaligen »Stars« nicht, das hatte das Propagandaministerium verboten; nicht aus Sorge um die Menschen – sondern aus Sorge um die in der Produktion steckenden Filme. Aber wenn man's befohlen hätte, wäre mir nichts anderes übriggeblieben. Davon abgesehen, ist es genauso entsetzlich gewesen, in den Lazaretten vor zusammengeschossenen, halbzerfetzten Soldaten zu singen. Da mußte ich oft ganz schön schlucken, um angesichts dieses Elends noch ein wenig Hoffnung verbreiten zu können und um wenigstens ein kleines Lächeln hervorzuzaubern.

Da wurden junge Männer auf Bahren vor mich hingestellt, und sie baten mich nicht etwa um ein Autogramm, sondern nur darum, ihnen ein einziges Mal die Hand auf die Schulter zu legen.

Auch die Verehrerpost, die man damals erhielt, unterschied sich sehr wesentlich von der Fan-Post der Gegenwart. Es ging so weit, daß mir manchmal ganze Tornister oder auch Seesäcke samt Inhalt zugestellt wurden. Sie stammten von gefallenen Soldaten und Matrosen, die ihre Hinterlassenschaft ausgerechnet mir vermacht hatten. (Einige dieser Briefe finden Sie auf Seite 280.)

Obwohl wir uns nie im Leben persönlich begegnet waren, wählten sie mich als Adressaten für ihren letzten Gruß. Vielleicht weil sie keine Familie mehr hatten. Vielleicht aber auch, weil ich der Mensch war, den sie besonders verehrt haben. Ich kann nicht beschreiben, was ich empfand, wenn ich solche Beweise einer geradezu unfaßbaren Zuneigung erhielt.

Einen solchen Augenblick erlebte ich auch 1943 bei einem Auftritt im Frankfurter Konzerthaus. Es handelte sich um eine völlig normale Tournee und nicht etwa um ein Lazarettgastspiel. Der überwiegende Teil des Publikums waren Zivilisten.

Ich stand, zum Auftritt bereit, schon hinter der Bühne, als ich sah, daß plötzlich Kriegsversehrte in Rollstühlen hereingefahren und im Mittelgang aufgestellt wurden.

Da kam mein Einsatz. Die ersten Takte von »Mein Herz hat heut' Premiere«. Ich mußte hinaus auf die Bühne.

Die erste Zeile des Liedes lautete so: »Warum sieht mich nur jeder Mann so zärtlich und so lächelnd an ...«

Ich begann gerade zu singen, als mein Blick auf die Kriegsversehrten fiel. Und da dachte ich, mein Herz bleibt stehen – vor mir saßen zwanzig Blinde!

Mit Mühe und Not kriegte ich das Lied noch zu

Ende, dann ging ich von der Bühne ab, ich konnte die Tränen nicht zurückhalten. Aber ich mußte ja noch einmal hinaus. Ich war der Star des Abends, das Programm mußte weitergehen.

Blinde haben ein sehr feines Gefühl, ein besonderes Gespür. Die jungen Männer, die im Krieg ihr Augenlicht verloren hatten, ahnten offenbar, wie schwer mir diesmal das Singen und Pfeifen fiel. Einer von ihnen ließ sich nach der Vorstellung zu mir führen und sagte: »Vorhin, auf der Bühne . . . ich habe gespürt, daß Ihnen die Tränen kamen, unseretwegen. Aber wir haben Sie ja schon vorher einmal gesehen; wir wissen, wie Sie aussehen, auch wenn wir jetzt blind sind. Für uns ist es schön, Sie heute zu hören. Und darum . . . machen Sie sich bitte keine Gedanken um uns!«

Ja, wahr ist, ich habe das »Lache, Bajazzo« bis zum bitteren Ende durchgehalten. Manche Leute wollen mich deswegen heute noch fertigmachen. Mit welcher Berechtigung? Worin sind sie besser, außer daß sie den Vorteil haben, damals nicht in der gleichen Situation gewesen zu sein?

Das Schlimmste, was ich in dieser Hinsicht erlebte, widerfuhr mir in der Talkshow »3 nach 9« von Radio Bremen. Die Interviewer waren Karl-Heinz Wocker, Marianne Koch, meine frühere Kollegin, und Wolfgang Menge.

Als Wolfgang Menge fragte, ob ich bereit sei, mich einem Interview zu stellen, ahnte ich, daß man mich nicht mit Glacéhandschuhen anfassen würde.

»Kinder, laßt die Politik aus dem Spiel«, bat ich.

»Aber wir dürfen Sie doch fragen, was Sie früher gemacht haben«, sagte Wolfgang Menge.

»Ja, natürlich«, antwortete ich und hatte damit meine Verurteilung unterschrieben.

In der Sendung kam ich mir vor wie eine »Angeklagte« im »Kreuzverhör«. Wolfgang Menge spielte den »Staatsanwalt« und kreiste mich mit seinen Fragen ein.

»Klar, ich habe im Krieg Filme gemacht. Klar, ich habe vor Soldaten gesungen. Aber warum wird das hier ins schiefe Licht gestellt?«

Während der »Talk-Treibjagd« mußte ich an General Johannes Steinhoff denken, den ich vor der Sendung in der Kantine kennengelernt hatte. Er war ebenfalls als Gast geladen.

»Werden Sie das Lied ›Die kleine Stadt will schlafen geh'n‹ singen?« fragte er.

»Nein, Herr Steinhoff, ich werde gar nicht singen.«

»Schade«, meinte er. »Dieses Lied hat eine besondere Bedeutung für mich. Ich werde es nie vergessen.«

Dann erzählte er mir eine Episode aus dem Krieg, als er, damals ein junger Leutnant, in Rußland war: »Wir lagen zu sechs Mann in einem Unterstand, hatten einen alten Plattenspieler zum Aufziehen und eine Schellackplatte. Am Rande der Platte war ein Stück herausgebrochen. Aber jeden Abend vor dem Einschlafen spielten wir die Platte. Das war nicht so einfach, weil die Nadel hinter dem Loch aufgesetzt werden mußte und es dunkel war in dem Unterstand. Wir hatten nur eine Kerze. Die Platte hieß: ›Die kleine Stadt will schlafen geh'n‹, gesungen von Ilse Werner.«

Danke schön, Johannes Steinhoff. Danke auch den Fernsehzuschauern. Nach der Sendung kamen über hundert Anrufe. Einstimmiger Kommentar: »Warum wird Ilse Werner so angegriffen?«

Für meinen späteren Beruf als Talkmasterin habe ich daraus gelernt. Man sollte seinem Interviewpartner gegenüber immer fair bleiben und nicht versuchen, ihn auf Kosten des Publikums fertigzumachen.

114

XIII.

Flucht in die Schweiz –
der Liebe wegen

Kann denn Liebe Sünde sein?

Natürlich nicht. Aber Liebe ist ein Problem, das
einem ganz schön zu schaffen macht. Jedenfalls war es
bei mir so. Als junges Mädchen habe ich einiges in der
Liebe anbrennen lassen. Ich hatte lange Zeit Angst vor
Männern. Sogar vor dem Küssen. Später hat sich das
Gott sei Dank gegeben; ich habe einige Liebesbezie-
hungen gehabt, stürmische, tiefe, schreckliche, schöne;
und der Sex, die Leidenschaft war mir ebenso wichtig
wie die Zärtlichkeit – aber seltsamerweise ist bei jeder
Liebe und auch in meinen Ehen immer ein Rest Einsamkeit geblieben. Ein bißchen Leere, ein bißchen
Leerlauf. Vielleicht bin ich für dauerhafte Bindungen
nicht geeignet. Oder es liegt daran, daß ich kein Baby
bekam, obwohl ich es zweimal sehr ernsthaft versucht
habe. Einmal hätte es vielleicht geklappt mit einem
Kind, aber da war der Mann verheiratet, und ich mußte
verzichten. Das war im Krieg, als ich einen Film drehte,
an dem wir sehr lange arbeiteten. Mir wurde auf einmal
pausenlos schlecht. Ich ging zu einem befreundeten
Arzt und ließ einen »Froschtest« machen. Ergebnis: positiv. Ich habe schwer mit mir gekämpft, aber ich wollte
keine Ehe zerstören. Andererseits war Abtreibung im
Tausendjährigen Reich ein schweres Verbrechen; man

konnte so etwas, wenn überhaupt, nur im geheimen machen.

Nach zwei Wochen verzweifelter Überlegungen ging ich zu dem Arzt, er war Direktor einer Klinik, und er versprach mir zu helfen. Für die Filmkollegen hatte ich eine Grippe – in Wirklichkeit bekam ich mehrere Spritzen, um die Sache in Gang zu bringen, und bin dann stundenlang durch die Klinik gewandert, gehopst, gesprungen, damit die Frucht abging. Dann kamen die Wehen, ich hatte schlimme Schmerzen; aber jetzt konnte »offiziell« operiert werden, ohne daß ein ganz Hundertprozentiger wegen Schwangerschaftsunterbrechung die Kriminalpolizei holte. Namen kann ich hier nicht nennen; das Geheimnis, wer mir damals geholfen hat, werde ich mit ins Grab nehmen. Ich bin dann wieder bei den Dreharbeiten erschienen, und alle haben gesagt: »Schön, daß du wieder gesund bist!«

Zum allererstenmal in einen Kollegen, einen Filmpartner, verknallt war ich nicht früher als bei meinem neunten Film. Der Film hieß »Wunschkonzert«, der Kollege Carl Raddatz. Er war am Mannheimer Hoftheater gewesen, hatte an den Theatern von Aachen, Darmstadt, Worms, Bremen und Berlin gespielt, bevor er ab 1937 auch zu filmen begann und bekannt wurde als Partner von Brigitte Horney in »Verklungene Melodie« (1938). Etwa zur Zeit von »Wunschkonzert« spielte er noch mal mit Brigitte Horney in »Befreite Hände«, einem Film um das Schicksal eines künstlerisch begabten Mädchens. Die meisten Filmbesucher der Kriegszeit werden sich an seine späteren Filme »Immensee« und »Opfergang« erinnern, von Regisseur Veit Harlan nach Novellen Theodor Storms und Rudolf G. Bindings mit Kristina Söderbaum in den weiblichen Hauptrollen verfilmt. Nach 1945 hatte Carl Raddatz großen Erfolg in den Filmen »Unter den Brücken«, »In jenen Tagen« und »Das Mädchen Rosemarie«.

Ein hochbegabter Schauspieler und sensibler Mensch, dabei ein Kerl von einem Mann. Er sprach privat Mannheimer Dialekt, und da ich von meiner Mutter ja auch das Hessische kannte, haben wir gebabbelt und gebabbelt, und Carli hat mit mir Händchen gehalten. Manchmal hat er mir auch was auf der Ziehharmonika vorgespielt. Ich fing an zu träumen: Ach ja, das wär was mit uns beiden. Es war ein schönes Gefühl des Verliebtseins. Aber es ging nicht darüber hinaus, es ging nicht weiter. Ich hatte wohl immer noch viel zu große Hemmungen.

Meine Scheu verlor ich erst bei der ersten »ganz großen Liebe«, und die fiel weder auf einen Schauspieler noch auf einen Deutschen. Der junge Mann hieß René Larrave und stammte aus Guatemala. Ich hatte den Film »Wunschkonzert« schon hinter mir und spielte bei Direktor Hans Wölffer in der Berliner »Komödie am Kurfürstendamm« endlich wieder einmal Theater.

Eines Abends rief Niels Gulden an: »Wenn du Lust hast, komm doch noch nach der Vorstellung auf einen Sprung bei uns vorbei. Wir haben Freunde hier.«

Niels, dessen Frau und ich waren seit langem befreundet. Er war Holländer und gehörte zum technischen Stab der UFA. Die Guldens wohnten in der Sächsischen Straße 74. Das war nur ein Katzensprung von der »Komödie am Kurfürstendamm« entfernt.

Als ich bei ihnen eintraf, wurde mir ein junger Mann vorgestellt, der mir bisher nicht begegnet war: René Larrave.

Wir blickten uns in die Augen, und es funkte. Bei ihm und bei mir. Wir verliebten uns mit Haut und Haaren ineinander.

René war ein blendend aussehender Mann, der in Berlin Architektur studierte. Sein Vater amtierte als guatemaltekischer Konsul in Hamburg.

Während sich in den folgenden Wochen die außenpolitische Situation immer mehr zuspitzte, schwebte ich wie im siebten Himmel. Ich sah nur René. Er war plötzlich für mich wichtiger als meine Arbeit und meine Karriere. Hand in Hand spazierten wir durch den Grunewald. Zum erstenmal wurde ich in schicke Bars ausgeführt. Zum erstenmal bekam ich rote Rosen von einem Mann, den ich liebte.

Singend, tanzend und lachend lebten wir in den Tag hinein. Das »Fräulein Filmstar«, das bis dahin seine Tage eher im Stil einer Klosterschülerin gefristet hatte, blühte auf. René hatte die Festung Ilse Werner im Sturm erobert.

Wir wollten so schnell wie möglich heiraten. Ich war sogar bereit, die Schauspielerei an den Nagel zu hängen um in Zukunft nur noch Hausfrau und Mutter zu sein. Ich wollte viele Kinder von René haben. Ich fühlte mich als neuer Mensch.

Wieder einmal kannte meine Naivität keine Grenzen. Ich bildete mir tatsächlich ein, mein Leben gehöre mir. Ich hatte noch immer nicht begriffen, was es bedeutete, kein Fräulein Unbekannt zu sein, sondern das UFA-Aushängeschild Ilse Werner. Wie konnte ich mir nur einbilden, man könnte mich, das öffentliche Eigentum, einfach so ziehen lassen.

Ich hatte die Illusion, bei mir sei alles anders; ich würde es mit meinem Glück schon schaffen. Am 11. Dezember 1941 waren René und ich zu einem gemeinsamen Urlaub in Garmisch. Es ist der Tag gewesen, an dem Hitler nun auch noch den USA den Krieg erklärte. Die Nachricht traf mich wie ein Keulenschlag. Plötzlich waren wir ganz persönlich betroffen. Der Krieg, der Millionen Liebende auseinanderriß, sollte auch René und mich trennen.

»Ich muß sofort nach Guatemala zurück«, sagte René. »Aber ich fahre nicht ohne dich. Du mußt sofort meine Frau werden. Dann verlassen wir gemeinsam Deutschland.«

Doch für eine Heirat brauchte ich die Einwilligung meiner Eltern, denn ich war ja gerade erst 20 Jahre alt.

Ich weiß nicht, wie oft ich in jenen Tagen mit meinen Eltern, die Wien verlassen hatten und zu der Zeit in Budapest lebten, telefoniert und sie händeringend gebeten habe, mich mit René ziehen zu lassen. Vergebens. Sie blieben hart.

»Du hast einen UFA-Vertrag«, sagten sie. »Du kannst nicht einfach aufgeben und mit einem jungen Mann losziehen, den wir noch nicht einmal kennen.«

Lange, sehr lange habe ich das meinen Eltern nicht verziehen. Ich wußte ja nicht, daß leitende Herren der UFA, denen meine Liaison mit einem Ausländer natürlich nicht verborgen geblieben war, sich mit meinem Vater in Verbindung gesetzt und ihn dringend ersucht hatten, mich auf keinen Fall gehen zu lassen. Meine Eltern waren also einseitig beeinflußt und außerdem begreiflicherweise in echter Sorge um mich. Später habe ich das eingesehen. Doch damals war ich verzweifelt.

Ein Wettlauf mit der Zeit begann. René verschob seine Abreise bis zum letztmöglichen Termin. Als kein weiterer Aufschub mehr möglich war, bat ich die UFA um drei Tage Urlaub, damit ich René wenigstens noch nach Zürich begleiten konnte. Von dort aus wollte er mit dem Flugzeug via Lissabon und dann nach dem spanischen Hafen Bilbao auf sein Schiff Richtung Mittelamerika.

Die UFA machte zunächst Schwierigkeiten. Denn in Kürze sollten die Dreharbeiten meines nächsten Films »Hochzeit auf Bärenhof« mit Heinrich George, Paul Wegener und Ernst von Klipstein beginnen.

Außerdem war es ja möglich, daß ich von der neutralen Schweiz aus zu fliehen versuchte.

Und ich hatte auch tatsächlich die Absicht, mich via Schweiz mit René abzusetzen. Als mir die UFA nach langem Tauziehen schließlich die drei Tage Urlaub bewilligte und mir sogar ein Drei-Tage-Visum für die Schweiz beschaffte, war ich fest entschlossen, nicht mehr nach Berlin zurückzukehren. Was lag mir an Ruhm und Karriere, wenn ich den Menschen, den ich liebte, nicht mehr sehen konnte!

In Zürich ging ich sofort aufs holländische Konsulat, erklärte mich zur Emigrantin und bat darum, mir Papiere zur Ausreise nach Spanien zu verschaffen. Aber meine eigenen Landsleute machten mir Schwierigkeiten und dachten nicht daran, mir bei meinem Fluchtplan behilflich zu sein. Auch bei der Schweizer Fremdenpolizei, die ich anschließend aufsuchte, stieß ich auf kein Verständnis.

Zehn Tage lang rannten René und ich in Zürich von einer Behörde zur anderen. Ich war in Deutschland schon längst überfällig. Mein Visum war schon seit Tagen abgelaufen. Am Morgen des elften Tages erschienen zwei Vertreter der UFA im Hotel »Eden au lac«, wo René und ich wohnten. Sie waren aus Berlin gekommen, um mich zurückzuholen.

»Wenn Sie Ihren Vertrag brechen, kann das böse Folgen für Sie und Ihre Familie haben«, sagten sie.

Ich protestierte: »Soll das eine Drohung sein?«

»Davon ist doch überhaupt keine Rede, Fräulein Werner. Aber bedenken Sie, daß Sie nach Ablauf des

Visums praktisch staaten- und rechtlos sind. Wir hoffen, Sie sind so einsichtig und kommen zurück. Wir versprechen Ihnen, dann bei einer legalen Ausreise aus Deutschland behilflich zu sein.«

Aus Angst um meine Eltern willigte ich ein.

Noch einmal ging ich mit René über die elegante Züricher Bahnhofsstraße. Er wollte mir zum Abschied Parfüm und Schokolade kaufen.

»Nein«, sagte ich, »schenk mir zum Abschied . . .«

»Aber das ist doch kein Abschied«, unterbrach René. »Wir sehen uns wieder!«

Ich schüttelte den Kopf und deutete auf eine kleine kupferne Hutschachtel, die mit roten Röschen gefüllt im Fenster eines Blumenladens stand. »Schenk mir bitte das.«

Mit dieser kleinen Kupferschachtel voller Röschen flog ich dann zurück nach Berlin, während René nach Bilbao abreiste.

Ich hatte meinen Vertrag mit der UFA. Ich mußte lächeln, ich mußte mich verstellen, mußte Fröhlichkeit markieren, wo ich am liebsten geweint hätte.

Der allmächtige Goebbels wollte es so. Schon einmal hatte ich mir seinen Zorn zugezogen. Jetzt sollte ich ihn ein zweites Mal zu spüren bekommen.

Kaum zurück in Berlin, wurde ich ins Reichspropagandaministerium am Wilhelmsplatz befohlen. Für die Nazis war der Fall klar: Ich hatte versucht, meinen UFA-Vertrag zu brechen und via Schweiz mit meinem Geliebten nach Mittelamerika zu flüchten.

»Undankbar sind Sie, Fräulein Werner, sehr undankbar«, sagte Goebbels. »Die schönsten und größten Rollen haben Sie bekommen, und wir haben auch nicht verlangt, daß Sie sich politisch engagieren. Warum wollen Sie Deutschland verlassen?«

»Ich liebe René Larrave und will ihn heiraten.«

Goebbels lächelte mich frostig an: »Warum verlieben Sie sich nicht in einen Deutschen?«

»René ist nun einmal kein Deutscher.«

Dr. Goebbels begann zu toben. »Wenn Sie weiterhin Schwierigkeiten machen, müssen wir Sie an einen Ort schicken, wo Sie zur Besinnung kommen. Und denken Sie an Ihre Familie . . .«

Ich wollte schließlich auffahren, bezwang mich aber. Mir fielen plötzlich die Worte meines Freundes Niels Gulden ein: »Sei bitte vorsichtig, Ilse. Goebbels ist zu allem fähig!«

Niels hatte recht. Goebbels' Drohung war deutlich gewesen. Von nun an mußte ich mich mit jeder Äußerung und jeder Geste sehr in acht nehmen.

Natürlich wußten viele meiner Kollegen von meiner Verbindung zu René und von meinem Kummer. Sie versuchten mich nach Kräften aufzuheitern. Aber nur wenigen war klar, welche Überwindung es mich kostete, die Dreharbeiten zu »Hochzeit auf Bärenhof« durchzustehen. Regie führte Professor Carl Froelich, der Altmeister des deutschen Films. Schon 1902 kam er 27jährig zu dem Filmerfinder und Pionier Oskar Meßter, begleitete tatkräftig die ersten Schritte des neuen Mediums, das schon bald die Welt eroberte, inszenierte 1929 einen der ersten echten deutschen Tonfilme: »Die Nacht gehört uns«, mit Hans Albers in der Hauptrolle und 1938 den ersten nichtschwedischen Ingrid-Bergman-Film »Die vier Gesellen« (bevor die Bergman dann nach Amerika ging). Seine größten Erfolge waren »Reifende Jugend« mit Heinrich George, »Traumulus« mit Emil Jannings, »Wenn wir alle Engel wären« mit Heinz Rühmann, »Die ganz großen Torheiten« mit Paula Wessely und Rudolf Forster, schließlich mit Zarah Leander »Heimat«, »Es war eine rauschende Ballnacht« und »Das Herz einer Königin«.

Ich war also unter Carl Froelichs Regie in hervorragender Gesellschaft. Aber ich wußte ja, daß in Spanien, in Bilbao, noch immer René auf mich wartete. Es war furchtbar. Wir schrieben uns täglich. Eines Tages rief er mich an und sagte die schrecklichen Worte: »Morgen geht das allerletzte Schiff.«

An diesem Tag habe ich mein erstes und einziges Lied komponiert, obwohl ich keine Noten schreiben kann. Übrigens bis heute nicht. Adolf Steimel hat es für mich aufgeschrieben. Auch den Text habe ich selbst geschrieben: »Der Gedanke an dich ist so wunderbar, doch du bist so weit. Es vergeht die Zeit. Werden wir uns jemals wiedersehen?«

Wir haben uns wiedergesehen. Kaum war der Krieg zu Ende, kam ein Telegramm aus Guatemala: »Ich liebe dich wie immer. Willst du meine Frau werden?«

Ich schrieb einen langen ausführlichen Brief zurück. Ich war nicht mehr das unbeschwerte, junge Mädchen. Inzwischen hatte ich viel durchgemacht: den Kampf um Berlin, Bombenangriffe, Hunger, Chaos und Tod.

Deutschland lag in Schutt und Asche. In der UFA-Stadt Babelsberg war der Filmbunker ausgebrannt. Unzählige Filme waren vernichtet. Es verbrannte die Arbeit vieler großer Stars, deren Namen jedes Kind in jedem Dorf kennt. So manche erfolgreiche Filmkarriere hatte das Kriegsende nicht überdauert.

Ich machte René den Vorschlag, uns zu treffen, sobald er nach Europa komme. Zwei Jahre später war es tatsächlich soweit. Wir trafen uns in Paris. René wollte mich noch immer heiraten, aber ich konnte nicht mehr dort anknüpfen, wo der Faden gerissen war. So nahmen wir Abschied voneinander. Für immer.

XIV.

Die Frau, mit der man Pferde stehlen konnte: Grethe Weiser

»Lach a bissel, wein a bissel«, heißt es in einem Lied. Nach meiner erzwungenen Trennung von René Larrave war mir freilich mehr zum Weinen als zum Lachen zumute. Ohne das Verständnis und die Hilfsbereitschaft meiner damaligen Freunde wäre ich wohl am Leben verzweifelt.

Ich bin kein Freund großer Worte. Doch ich übertreibe nicht, wenn ich sage: Meine Freunde sind mein Korsett. Sie ließen mich nicht im Stich. Sie halfen mir in schweren Zeiten wieder auf die Beine. Sie sorgten mit ständigen Einladungen dafür, daß ich unter Leute kam.

Ich kann hier die Menschen, mit denen ich im Laufe meines Lebens Freundschaft schloß, unmöglich alle aufzählen. Aber stellvertretend für sie will ich doch zwei nennen, die mir in jener Zeit nach meiner Trennung von René Larrave besonders zur Seite standen: Werner Bochmann und Grethe Weiser.

Mit Werner Bochmann machte ich nicht nur meine erste Schallplatte, er öffnete mir auch die Augen über das damals herrschende Regime. Er klärte mich politisch auf. Er sprach völlig offen mit mir.

Grethe Weiser lernte ich bei meinem ersten und einzigen Musikfilm im Krieg kennen. Die Arbeit brachte mich wieder auf andere Gedanken.

Eines Tages wurde ich ins Produktionsbüro der UFA gerufen. Unser Produktionschef empfing mich mit den Worten: »Ich habe läuten hören, daß Ihnen eine kleine Aufmunterung ganz recht käme. Die TERRA sucht eine Hauptdarstellerin für eine Lustspielverfilmung. Ein Stück von Manfred Rößner: ›Karl der Dritte und Anna von Österreich‹. Diese Anna könnten Sie spielen. Hat nichts mit Kaisern, Königen oder sonstigen Adligen zu tun; der Titel ist nur humoristisch gemeint. Die Anna stammt halt aus Österreich. Und sie soll singen und pfeifen und ein bißchen tanzen – das wäre doch genau das Richtige für Sie. Na, wollen Sie?«

Klar, ich wollte! Erst nahm sich der Schriftsteller Erich Ebermayr des Theaterstücks von Rößner an, dann schrieb Helmut Käutner, der auch Regie führen sollte, das Drehbuch, und schließlich wurde der Titel des neuen Films geboren: »Wir machen Musik«.

Helmut Käutner, der ja leider wie so viele andere Künstler, mit denen ich mal zusammengearbeitet habe, nicht mehr unter uns weilt – Helmut Käutner war ein besonderes Kapitel.

Wie soll ich den bloß beschreiben? Ein Mensch, der aus Gegensätzen zusammengebaut war. So, wie sich ein Laie den Künstler vorstellt. Ein bißchen verrückt. Ein bißchen ein Spinner. Gleichzeitig wußte er genau, was er wollte. Er konnte sensibel und stur sein, sentimental und autoritär. Ich hab' mir eine Kritik aufgehoben, von Louis Marcorelles, weil ich die so treffend fand; da heißt es: »Der Dandy Käutner gibt stets der individuellen Wahrheit den Vorrang, er kultiviert die Nuance, den emotionellen Schock, akzeptiert keine andere Wahrheit als die amour passion im Stil von Tristan und Isolde. Die Nachteile dieser Subtilität: ein gewisser Exhibitionismus, ein charakteristischer Mangel an Kraft, die Vorherrschaft eines eher femininen Sentimentalismus.«

Ja, das war Käutner. Ein berechnender Traumtänzer. Für mich ist er nicht ganz leicht gewesen. Wir sind zwar glatt miteinander ausgekommen, ich war ja dann auch bei seinem Film »Große Freiheit Nr. 7« mit dabei, aber irgendwie kam ich nicht recht an ihn ran.

Trotzdem ist »Wir machen Musik« neben »Die schwedische Nachtigall« einer meiner Lieblingsfilme geworden und außerdem ein richtiger Renner mit Liedern, die zu Evergreens aufstiegen: »Wir machen Musik«, »Mein Herz hat heut Premiere«, »Ich hab' dich und du hast mich«, »Wann wirst du wieder bei mir sein« und die Pfeifserenade, die noch heute bei meinen Rundfunksendungen die Erkennungsmelodie ist. Bei irgendwelchen Veranstaltungen muß ich diese Stücke nach wie vor immer wieder singen und pfeifen. Dabei würde ich gern auch gelegentlich etwas Neues bringen, ich bin ja privat eine richtige Jazzerin, hab' mit jungen Kollegen oft gemeinsam gespielt und gesungen – aber angeblich will das Publikum bloß meine alten Sachen hören. Ich hab' aus eigener Initiative Aufnahmen mit Erwin Lehn gemacht, Disco-Sound, englische Titel, alles mögliche – nur, es wird nicht viel gekauft. Was soll man da machen?

Gedreht wurde der Film »Wir machen Musik« in Berlin-Tempelhof und in Prag. In Prag feierte ich meinen 21. Geburtstag. Mein Partner Viktor de Kowa, meine Kollegen Georg Thomalla, Grethe Weiser, Rolf Weih, vor allem auch der künstlerische und technische Stab überboten sich gegenseitig, um mir eine Freude zu machen. Schließlich war ich ja jetzt erst volljährig geworden.

Peter Igelhoff und Adolf Steimel, von denen die Musik zu dem Film stammte, schenkten mir eine Exklusiv-Komposition, die sie als Geburtstags-Uraufführung vorspielten: »Nie hält die Ilse still, wenn man sie küssen will.«

Wie gesagt: »Wir machen Musik« schlug großartig ein. Von da an war ich als Musikstar abgestempelt, obwohl ich später noch anderes spielte. Das Publikum wollte mich jedesmal, wenn ich irgendwo öffentlich auftrat, singen und pfeifen hören: im »Wunschkonzert«, bei großen Gastspielen oder wenn ich an die Soldatensender Belgrad und Helsinki geholt wurde.

Nach »Wir machen Musik« haben Grethe Weiser und ich nie wieder zusammen gefilmt, doch wir trafen uns oft bei Veranstaltungen für Soldaten.

Wenn wir gemeinsam in Lazaretten auftraten, mußte ich mich oft zusammenreißen, weil mir die Verwundeten so unendlich leid taten. Doch Grethe gab mir dann immer einen Klaps und sagte: »Komm, komm, komm, Püppelchen. Bauch rein, Brust raus. Du kannst jetzt nicht kneifen. Diese Menschen erwarten jetzt alles von dir. Nu mach' mal.«

Grethe sang immer ihr Lied »Emil seine Hände«, das es ja auch heute noch auf einer Langspielplatte gibt. Sie meinte damals: »Emils Hände verkoofe ich noch bis ins hohe Alter. Det is ja zeitlos, weeste, Püppelchen.« Wenn sie das Lied sang, wackelten die Wände. Die Soldaten waren von ihr hingerissen.

Grethchen und ich waren in dieser Zeit fast Nachbarn. Wir wohnten beide in Berlin-Grunewald. Sie hatte ein sehr hübsches Haus in der Trabener Straße. Verheiratet war sie mit Dr. Hermann Schwerin, einem Anwalt und Filmproduzenten. Ich war oft bei ihnen eingeladen.

Sie empfing mich jedesmal mit »Kennste den?« Und

dann erzählte sie ihre neuesten Witze. Manchmal waren auch eigene Erlebnisse darunter. Besonders herzlich habe ich über folgende Geschichte gelacht, die wirklich passiert ist:

Grethe spielte Theater in der »Komödie am Kurfürstendamm«. Die Vorstellungen fanden wegen allabendlicher Bombenangriffe nachmittags statt.

An einem regnerischen Tag stieg sie nach der Vorstellung in eine Straßenbahn der Linie 176. Die Schaffnerin erkannte sie: »Na, Frau Weiser, geht's wieder nach Hause?«

Da sah Grethe einen Mann, der im wehenden Mantel hinter der Straßenbahn herlief. Sie rief: »Da gucken Se mal. Da will noch einer mit.«

Gerade wollte der Mann auf die Bahn aufspringen, da rutschte er aus und landete in einer Pfütze. Die Schaffnerin beugte sich zu Grethe Weiser: »Ooooch mit Brustschwimmen wird der die 176 nicht mehr kriegen.«

Kurz vor Kriegsende trafen wir uns in Prag, wo zufällig jede von uns einen Film drehte. Sie besuchte mich in meinem Hotel, und wir unterhielten uns darüber, daß der Krieg bald zu Ende sein würde und was wir dann machen konnten.

Da sagte Grethe: »Ilse, dreh' doch mal den Feindsender an, damit wir die neuesten Nachrichten erfahren.«

Ich schaltete ganz leise das Radio ein, und schon hörten wir das Erkennungszeichen der Londoner BBC – da klopfte es, die Tür ging auf, ein Soldat in Uniform stand vor uns.

Wir müssen beide blaß geworden sein wie Magerquark. Den BBC zu hören, das war das schlimmste Verbrechen. Geistesgegenwärtig rettete Grethe die Situation: »Ach Püppelchen, man versteht ja sein eigenes Wort nicht mehr. Schalte doch mal das Radio ab.«

Zu unserer Erleichterung stellte sich heraus, daß der Soldat nicht in offizieller Mission kam, sondern ein harmloser Autogrammjäger war. Nachdem er das Zimmer verlassen hatte, sahen wir uns zunächst sprachlos an, bis Grethchen mit ihrer berühmten Lache herausplatzte: »Hähähähä, da wär' uns ja wat passiert, Püppelchen. Na danke.«

So war Grethe. Und sie war eitel, kleidete sich immer elegant, besaß für ihre vielen Sachen riesige Schränke. Im Film und auf der Bühne trug sie grundsätzlich nur ihre eigene Garderobe.

Der Schmuck erst! Unglaublich viel! Hätte sie ihre »Brummer«, wie sie die Armreifen nannte, auf beide Arme verteilt, wären die Arme von oben bis unten bedeckt gewesen. Schlimmer als bei einem Maharadscha.

»Det hab' ick mir nu zusammenjespielt und zusammenjejurkt«, pflegte sie zu sagen. »Weeste, det is mein Kapital.« Schmuck zu kaufen war ihr Hobby.

In den letzten Jahren ihres Lebens sammelte sie wertvolle Zigarettendosen jeder Art und Form. Oft wurden ihr welche von Freunden zur Premiere geschenkt.

Nach dem Krieg besuchte sie mich einmal in meiner Münchener Wohnung. Ganz geheimnisvoll kam sie die Treppe herauf. Sie trug einen Nerzmantel und ein Nerzkäppchen.

»Püppelchen, ich habe wat, und det muß ich dir zeigen.« Sie machte ihre Handtasche auf, heraus schaute ein kleines Wollknäuel.

»Was ist denn das?« fragte ich. »Sieht ja aus wie ein Äffchen.«

Grethe lachte: »Ein Äffchen? Das ist ein Pekinese von königlichem Geblüt. Einer von den alten Ming-Tieren.«

»Was ist das?« fragte ich perplex.

»Na, Ming-Tiere. Du stammst doch aus Asien, da mußt du das doch wissen.«

Sie schälte sich erst einmal aus ihrem Nerz, ihrem »australischen Gefrierhammel«, wie sie ihn scherzhaft nannte.

Mit Blick auf Grethes kleine Pekinesendame sagte ich: »Eine richtige Pümmi.«

»Pümmi?« fragte sie entsetzt. »Das klingt aber gar nicht asiatisch.«

»Doch«, nickte ich, »wenn du es Pü-Mi schreibst.«

Gesagt, getan. So wurde die kleine Pekinesin »Pümmi« genannt. Und Pümmi reiste fortan in Grethes Handtaschen mit, die speziell für diese kleinen Tiere eingerichtet waren.

Tierlieb, wie sie war, hatte sie immer viele Hunde um sich. Pekinesen, Yorkshire-Terrier und Zwergpinscher. Je kleiner, desto besser.

»Na, ihr kleinen Mauseschwänzchen«, rief sie ihnen fröhlich zu, »nun kommt mal zu Mama!« Sie nannte sich ›Mama‹ und ihren Mann Hermann Schwerin ›Papa‹.

Die beiden waren ein herrliches Ehepaar. Obwohl Hermann ihre Witze schon tausendmal gehört hatte, lachte er jedesmal wieder herzlich mit.

In ihren Lustspielfilmen ist Grethe Weiser die »Komikerin vom Dienst« gewesen. Das soll nicht abwertend klingen, denn was für eine wirklich hervorragende Schauspielerin sie war, konnte man erkennen, wenn man sie auf der Bühne sah. Ich war oft unter den Zuschauern, wenn sie spielte, und ich habe sehr viel von ihr gelernt. Sie war es auch, die mir immer wieder sagte: »Du hör mal, du mußt immer wieder Theater spielen. Es gibt so wenig gute Boulevard-Schauspieler, und du hast 'ne ausgesprochene Begabung dazu.«

Bild 1 1923: Familie Still-Werner beim Teetrinken in Batavia. V.l.n.r.: Meine Schwester Toetie, meine Mutter, Klein-Ilschen bei Papa auf dem Schoß und das eingeborene Kindermädchen, meine Baboe!

Bild 2 Auf diesem Bild bin ich ungefähr drei Jahre alt und ging, wie man sieht, bereits damals gern sehr leger!

Bild 3 Schon immer habe ich mich gerne verkleidet: als 12jährige durfte ich mit meinen Eltern zum Karnevalszug nach Mainz.

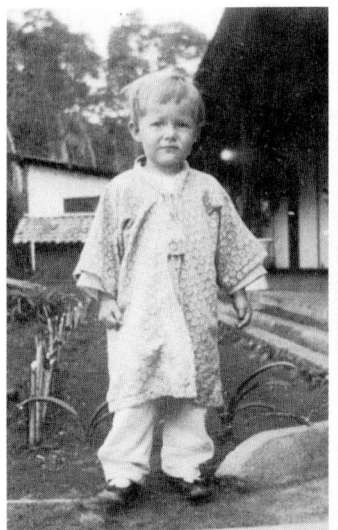

Bild 4 Familien-Wochenende auf der Plantage in Indonesien. Ganz rechts ich auf Papis Schoß.

Bild 5 My home – my castle! 1940: meine erste eigene Wohnung in Berlin-Grunewald, Gustav-Freytag-Straße 6–8. Viele, viele sollten folgen, im Laufe der Jahre!

Bild 6 Ja, mir san mit'm Radel da! Bei Kriegsanfang, Herbst 1939, in Berlin-Babelsberg Ufa-Stadt. Die Autos wurden sofort requiriert und Marika Rökk, ihr Mann, der Filmregisseur Georg Jacoby, und ich sind mit S-Bahn und Fahrrad zur Arbeit gefahren!

Bild 7 Meine erste Begegnung mit dem Komponisten Werner Bochmann anläßlich der Dreharbeiten zum Film »Wunschkonzert«, für den Bochmann die Filmmusik schrieb.

Bild 8 Die Witwe des Dichters Gerhart Hauptmann, Margarethe Hauptmann, wurde eine gute Freundin meiner Eltern. Ich besuchte sie oft und hörte fasziniert zu, wenn sie »von früher« erzählte.

Bild 9 Auf dieses Foto bin ich besonders stolz! 1946 spielte ich das »Pützchen« in Zuckmayrs Stück »Des Teufels General«, in den Münchner Kammerspielen. Und ich verehrte unser »Carlche«, wie wir alle!

Bild 10 1949 war ich Trauzeugin bei der Hochzeit meiner Freundin Lale Andersen mit dem Komponisten Artur Beul.

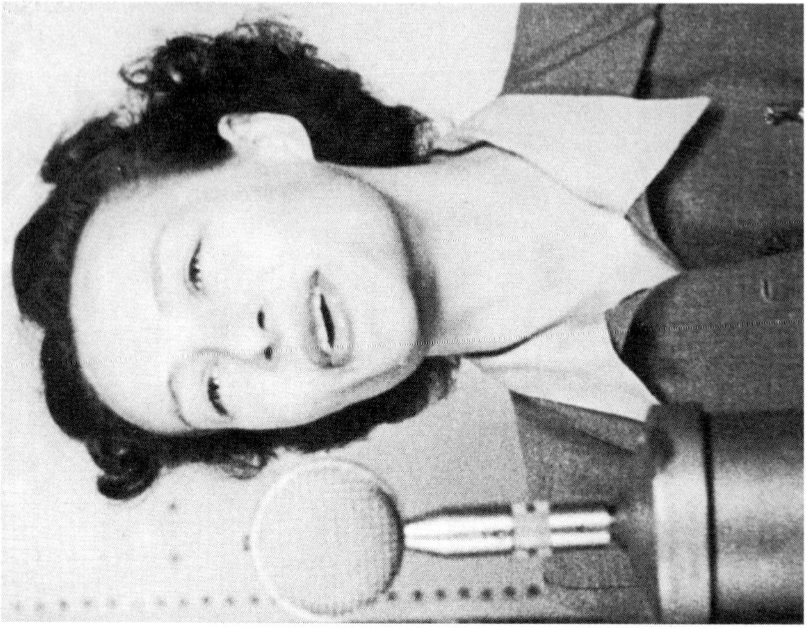

Bild 12 Reichsrundfunk Berlin 1940: Zum ersten Mal trete ich im »Wunschkonzert« auf und sang und pfiff das Lied: »Die kleine Stadt will schlafen gehn«.

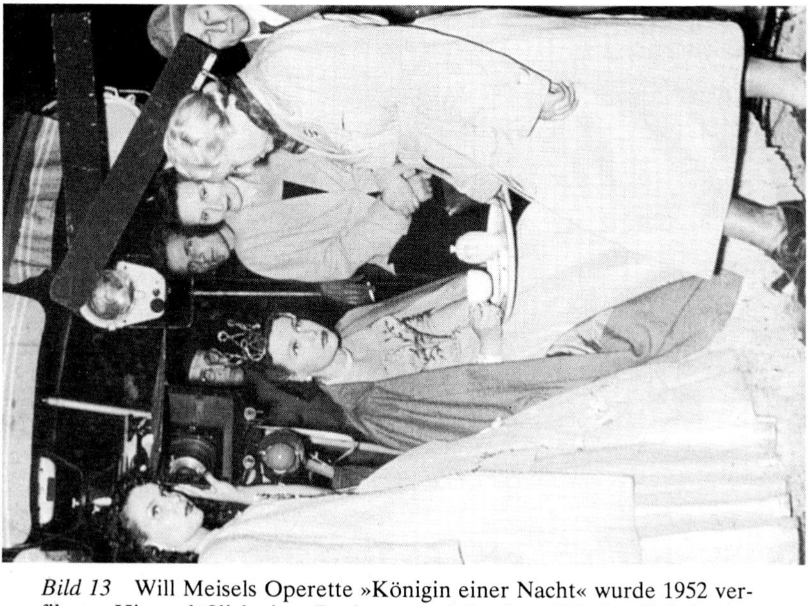

Bild 13 Will Meisels Operette »Königin einer Nacht« wurde 1952 verfilmt. – Hier anläßlich einer Drehpause mit Jeanette Schulze (links).

Bild 14 und 15 Zwei UFA-Starfotos aus den Jahren 1940 und 1943

Bild 16 Freundestreffen: v.l.n.r. Kabarettistin und Schauspielerin Tatjana Sais, meine »älteste« Freundin Marit, Günther Neumann, Hans Söhnker, dahinter mein »Leibarzt« Dr. Goetz mit Frau Männe, Victor de Kowa, die franz. Filmschauspielerin Dita Parlo und ihr Mann, Michi de Kowa, und der Komponist Will Meisel.

Bild 17 Meine erste Ehe mit dem amerikanischen Journalisten John de Forest wurde 1947 in Wien geschlossen. Meine Trauzeugen waren der Schauspieler Paul Hubschmid und Dr. Carl Stoelzle.

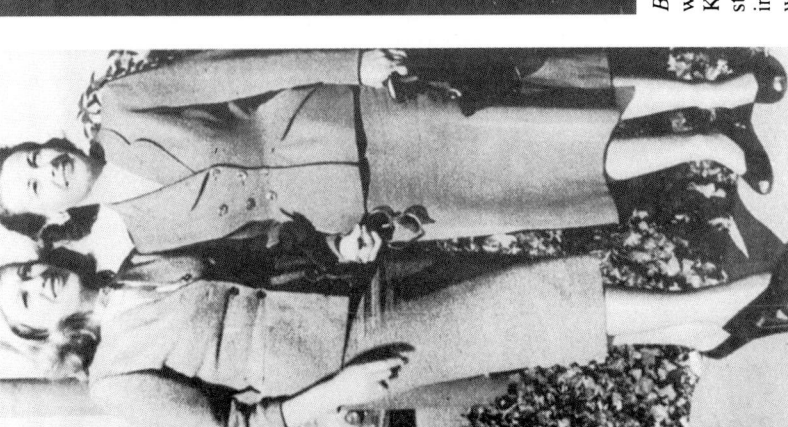

Bild 18 Als »Pützchen« in dem Stück »Des Teufels General«

Bild 19 Hildegard Knef und ich waren die ersten sogenannten Kriegsbräute, die in die USA reisten. Hier sind wir beide zu sehen in Beverly Hills, wo Hilde dann wohnte!

Bild 20 Mein zweiter Mann war der Komponist Josef Niessen. Hier bei einer Veranstaltung im Bayerischen Rundfunk (genannt »Die Schlagerbabies«) v.l.n.r. Josef Niessen, Lieselotte Malkowsky, Bruce Low, Ilse Werner, René Caroll.

Bild 21 Eine sehr glückliche Ilse heiratet am Freitag, dem 13. August 1954, in Bad Wiessee ihren Josef, und viele kamen, um zu gratulieren.

Bild 22 Peter Frankenfeld war der Showmeister in »Musik ist Trumpf«. V.l.n.r. Willy Schneider, Ilse Werner, Peter Frankenfeld, Bibi Johns, Vittorio und Willy Hagara.

Bild 23 Einer meiner ältesten Kollegenfreunde ist der Komponist Gerhard Winkler gewesen. Er schrieb das Lied »So wird's nie wieder sein« für mich. Auf dem Foto versuche ich, seinem Dompfaff das Lied »Alle Tage ist kein Sonntag« und das Pfeifen beizubringen.

Bild 24 1980 fing ich mit einem »neuen Beruf« an. Als Talkmasterin, hier für Senioren, die ich mit großen früheren Filmkollegen bekannt mache. Links Kristina Söderbaum, rechts Johannes Heesters und die »Vielharmoniker«.

Bild 25 Bei Alfred Bioleks Talkshow »Bio's Bahnhof« v.l.n.r. Karl Dall, ich, Bio, Mirca Krishan und Elmar Gunsch.

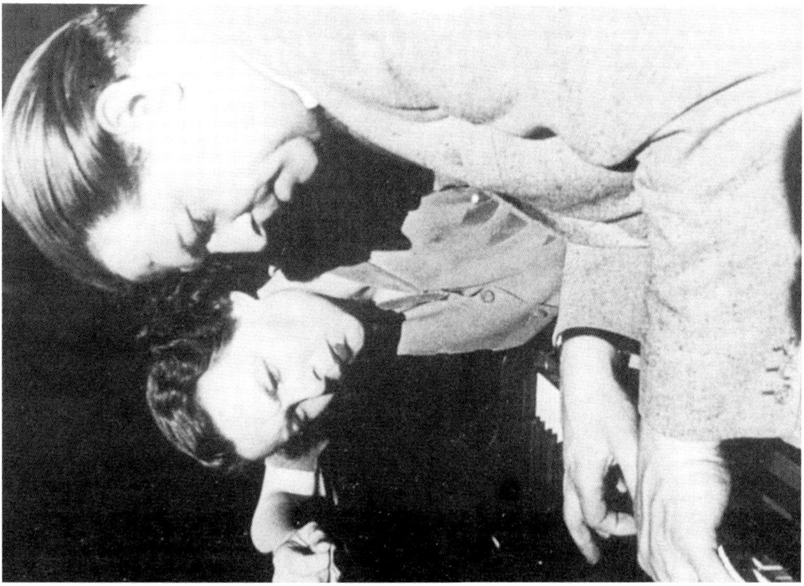

Bild 26 Der Komponist Ralph M. Siegel (im Bild mit mir bei der Arbeit) schrieb einen meiner großen Schlager: »Sing' ein Lied, wenn du mal traurig bist.«

Bild 27 Bei »Big Wim« in seinem »Großen Preis« zu Gast. Beim letzten Mal pfiffen wir ein Duett!

Bild 29 Ich war – im wahrsten Sinne – ein unruhiges Mädchen, und so hieß auch mein allererster Film, gedreht in Wien Ende 1937, aus dem Sie hier ein Szenenfoto sehen.

Bild 30 In der Nähe von Passau entstand kurz vor dem Krieg der UFA-Film »Drei Väter um Anna«. Hier eine Szene mit meinen »drei Vätern«, v.l.n.r. Beppo Brehm, Theodor Danegger und Georg Vogelsang.

Bild 31 Ein großer Kollege – ein großer Freund – unser Heinz Erhardt

Bild 32 Als Tochter der »Frau Sixta« in dem gleichnamigen Film.

Um mich liebevoll zu betreuen und zu beraten, schaute sie sich jedes Stück an, in dem ich mitspielte. Viele haben in ihr nur die schnatternde Komikerin gesehen, eine mehr oder weniger oberflächliche Juxtante. In Wirklichkeit war sie ein wunderbarer Mensch. Mir gefiel es, daß sie so imponierend war, so strahlend, so selbstbewußt – und trotzdem ein feines Gespür hatte für die Hintergründe, für das Unausgesprochene. Dieser Schnauze mit Herz konnte man sich unbesehen anvertrauen. Und ihre Disziplin als Schauspielerin – unglaublich! »In Pünktlichkeit und Zuverlässigkeit bin ich ein preußischer Major«, sagte sie einmal. Für mich ist sie viel, viel mehr gewesen als eine Kollegin. Ich sah in ihr eine Freundin, mit der ich durch dick und dünn gehen, mit der man Pferde stehlen konnte.

Jedes Jahr am 2. Oktober muß ich besonders intensiv an sie denken, voller Trauer und Wehmut. Es ist ein Tag der Erinnerung, des Gedenkens. Denn am 2. Oktober 1970 verunglückte Grethe Weiser tödlich bei einem Autounfall in der Nähe von Bad Tölz.

Zusammen mit ihrem Hermann, mit ihrer langjährigen Haushälterin Maria und ihrer besten Freundin, der Gesangspädagogin Agnes von Spetzler!

Eine große Tür schlug zu!

XV.

Geheimabsprache mit Lale Andersen

Es gibt einen netten Berliner Witz. Auf dem Kurfürstendamm wird ein Taxichauffeur von einem Fremden angehalten, der ihn fragt: »Wie komme ich zur Philharmonie?« Der Berliner überlegt kurz, dann antwortet er trocken: »Üben, lieber Meister, üben!«

Das ist eine kleine Geschichte am Rande. Aber sie stimmt. Es ist noch kein Star vom Himmel gefallen. Talent allein genügt nicht. Üben gehört einfach dazu wie Öl zu einem Auto. Ohne läuft eben der Motor – in meinem Fall die Stimme und das Pfeifen – nicht wie geschmiert.

Noch heute übe ich täglich mehrere Stunden. Deshalb habe ich meistens Häuser gemietet, in denen ich allein wohne, damit ich meinen Nachbarn nicht auf den Wecker falle.

Aber drehen wir die Zeit zurück in die Kriegsjahre 1941/42. Ohne meinen Entdecker, den Komponisten Werner Bochmann, hätte es nie die pfeifende und singende Ilse Werner gegeben.

Nach »Die kleine Stadt will schlafen geh'n« und »Wenn du einmal ein Mädel magst« machten wir weitere Platten, die alle als »Hit« einschlugen: »Ja, das ist meine Melodie«, »Keiner singt wie Eduard«, »Sing ein Lied, wenn du mal traurig bist«, »Du und ich im Mondenschein«, »Das wird ein Frühling ohne Ende« und »So wird's nie wieder sein«.

Damals wurden Schallplatten ohne großen technischen Aufwand produziert. Es gab noch keine Tonbänder in den Studios mit beliebig vielen Spuren, auf denen jedes Instrument des Orchesters nach dem heute üblichen Verfahren über ein eigenes Mikrofon aufgenommen wird. Es lebte noch die gute alte Wachsmatrize – eine große Platte, in die jeweils die Musik mit einer Tonnadel eingeritzt wurde. Von dieser »Urplatte« wurden dann schließlich die schwarzen Schellackplatten gepreßt.

Das Odeon-Lindström-Studio lag im Osten von Berlin. Unser Produktionsleiter war Helmut Koch. Das Orchester setzte sich aus vielen Musikern zusammen, die später alle berühmt geworden sind und dann ihre eigenen Orchester hatten: Willy Berking, Helmut Zacharias, Kurt Widmann, Fritz Schultz-Reichel.

Die Proben waren Knochenarbeit. Wenn einer den Geigenbogen fallen ließ oder wenn ich eine falsche Note erwischte, mußte man mit der Aufnahme von vorn beginnen und sie so lange wiederholen, bis sie hundertprozentig saß. Bei den anspruchsvollen Arrangements von Adolf Steimel eine ziemlich nervenaufreibende »Wird's-klappen-oder-wird's-nicht-klappen«-Atmosphäre.

Heute haben es die Musiker leichter. Jeder hat bei der Aufnahme seinen eigenen Kanal, und dann müssen die anderen nicht nachsitzen, wenn einer sich im Ton vergreift.

Großen Spaß haben mir die Aufnahmen mit Helmut Zacharias gemacht, der schon damals eine sensationelle Hot-Geige spielte. Im Duett – er jazzte auf der Geige die erste Stimme, und ich pfiff die zweite – sind wir zusammen auf »Das ist meine Melodie« und »Du und ich im Mondenschein« zu hören.

Inzwischen war der Krieg in ein entscheidendes Stadium getreten. Allmählich begann sich das Menetekel der drohenden Niederlage abzuzeichnen. Die Schlacht von Stalingrad war geschlagen, mehr als eine Viertelmillion deutscher Soldaten befanden sich in russischer Kriegsgefangenschaft. Die Amerikaner und Briten waren in Afrika gelandet.

Täglich wurden deutsche Städte bombardiert. Göring, der Meier heißen wollte, wenn ein feindliches Flugzeug es wagen sollte, in das deutsche Hoheitsgebiet einzufliegen, hieß schon lange Meier.

Es begann die Zeit, wo ein solcher unbedachter Witz oder ein offenes Wort über die Kriegslage lebensgefährlich sein konnten. Ich erinnere an das furchtbare Schicksal von Erich Ohser und Erich Knauf, die beide für ihre Zivilcourage grausam bestraft wurden.

Erich Ohser zeichnete unter dem Pseudonym E. O. Plauen die herrliche »Vater-und-Sohn-Serie«, die noch heute von Zeitschriften abgedruckt wird.

Erich Knauf war der Pressechef der Terra und schrieb nebenbei viele Texte für Werner Bochmann. Aus seiner Feder stammen zwei der populärsten Filmlieder: »Heimat, deine Sterne« (aus »Quax, der Bruchpilot«, 1941, Regie: Kurt Hoffmann) und »Mit Musik geht alles besser« (aus »Sophienlund«, 1943, Regie: Heinz Rühmann).

Ohser und Knauf waren Freunde. Sie wohnten im selben Haus in Berlin. Mitbewohner waren ein Hauptmann vom Oberkommando der Wehrmacht und dessen Frau.

Zwischen den vier Hausbewohnern entstand ein geradezu herzliches Verhältnis. Man nahm gemeinsam das Frühstück ein und plauderte abends bei einem Gläschen Wein.

Weder Ohser noch Knauf nahmen in politischer Hinsicht ein Blatt vor den Mund und sagten ganz offen, was sie von den Größen des Dritten Reiches hielten, und sie vertrauten dabei auf die Verschwiegenheit des Ehepaares.

Das sollte sich als ein großer Fehler herausstellen. Wegen »wehrkraftzersetzender Äußerungen« wurden sie von dem Hauptmann angezeigt. Er hatte insgesamt 18 mokante, ironische und sarkastische Äußerungen von Ohser und Knauf über die gesamte NS-Prominenz von Hitler bis Himmler zu Protokoll gegeben.

Eines Morgens wurden Erich Ohser und Erich Knauf verhaftet, vor dem Volksgerichtshof angeklagt und von dem berüchtigten »Blutrichter« Roland Freisler zum Tode verurteilt.

Das ist für uns – für mich und den Freundeskreis um Werner Bochmann – ein schwerer Schock gewesen, der kaum zu verkraften war.

Aber was konnten wir gegen die Todesurteile unternehmen? Konnten wir es riskieren, frei und offen gegen die Unmenschlichkeit aufzutreten und zu protestieren?

Drei Männer haben es riskiert: Werner Bochmann. Der Produktionschef der Terra, Alf Teichs. Und Heinz Rühmann. Sie richteten eine Bittschrift an Goebbels. Das einzige Ergebnis: Für ihre Menschlichkeit wurden alle drei auf die bösartigste Weise zurechtgewiesen.

Auch ich wollte nicht tatenlos bleiben. Ich ging in Berlin-Grunewald zum Haus von Roland Freisler. Irgendwie schwebte mir vor, für die beiden Verurteilten um Gnade zu bitten. In dieser naiven Hoffnung wartete ich stundenlang auf den Blutrichter des Volksgerichtshofes. Er kam jedoch nicht. Schließlich vertrieb mich ein Fliegerangriff von der Straße. Aber meine Aktion wäre ja ohnehin völlig hoffnungslos gewesen.

Für die beiden verurteilten Kollegen gab es keine Rettung mehr. Erich Ohser verübte in seiner Zelle Selbstmord. Erich Knauf starb am 2. Mai 1944 im Zuchthaus Brandenburg unter dem Fallbeil.

Andere Künstler wurden im Zuge des »totalen Krieges« von der Bühne verbannt. Zum Beispiel Wilhelm Bendow, den wir im Freundeskreis »Lieschen« nannten.

Er trat zuletzt in einer Revue auf, die auf einer Südseeinsel spielte. Da kam eine Szene mit Schiffbrüchigen vor. Einer von ihnen fragte Bendow: »Können Sie uns retten?«, worauf er irgendeine harmlose Antwort gab.

Doch in der letzten Vorstellung – 1944 wurden die deutschen Theater kriegsbedingt geschlossen – hatte Bendow einige Steinhäger gekippt und mochte nicht länger seine Zunge im Zaum halten. Kaum war der Satz »Können Sie uns retten?« gefallen, antwortete er ernst mit einem »Nee!«, trat dann an die Rampe und rief in Anspielung auf die Kriegssituation ins Publikum: »Ja, sind wir denn überhaupt noch zu retten?«

Einen Augenblick lang war es so still, als habe das Publikum den Atem angehalten. Wilhelm Bendow hatte gewagt, das auszusprechen, was viele dachten – aber es offen zu sagen, das trauten sie sich nicht.

Als wir in der Pause hinter die Bühne gingen, um ihm zu seinem Mut zu gratulieren, war Bendow bereits verhaftet.

Daß Deutschlands Bühnen zumachen mußten, wurde von den Berlinern übrigens sofort mit der bissigen Meldung ironisiert: »Mein Führer! Deutschlands Theater stehen geschlossen hinter Ihnen.«

Hut ab vor den Berlinern. Hut ab vor ihrem Herz,

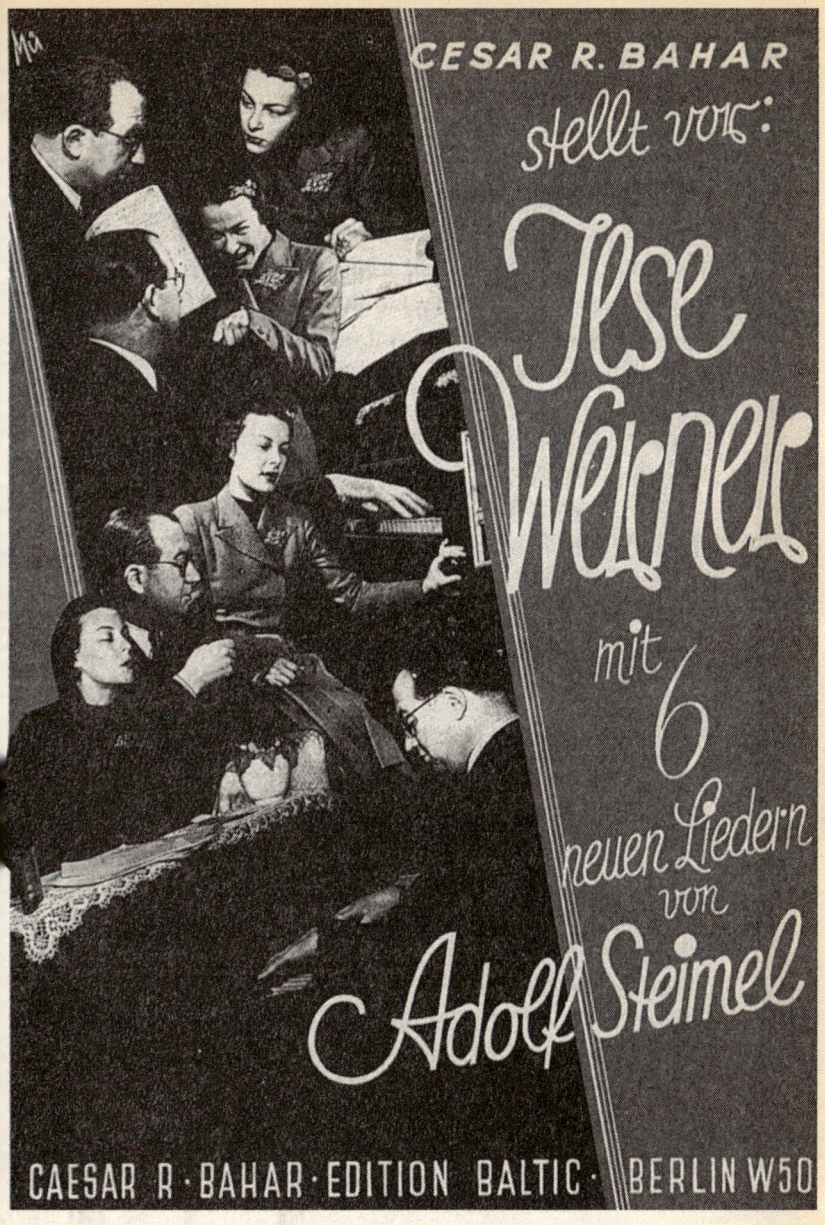

Im Jahre 1943 erschien dieses Notenalbum mit 6 Adolf-Steimel-Liedern, die ich auf Platte aufgenommen hatte.

ihrer Schnauze und ihrer Unerschrockenheit, die sie gerade in jenen schrecklichen Jahren nicht verloren. Ich habe unzählige Beweise ihres Mutes erlebt. Daher auch meine Liebe zu dieser Stadt und ihren Bewohnern.

Mit der Straßenbahn fuhr ich vom Theater nach Hause, nach Grunewald. Da stieg an einer Station eine ältere Frau ein, die durch einen gelben Stern auf dem Mantel als Jüdin gekennzeichnet war. Als sie verängstigt in einer Ecke stehen blieb, erhob sich ein dicker, gemütlicher Berliner und sagte: »Komm, olle Sternschnuppe, setz dir man hin! Is' ja keener mit'm Bonbon drin!« Als Bonbon bezeichneten die Berliner das Parteiabzeichen. Seh'n Se, det is Berlin!

In jener Zeit, als die Lage für die Menschen immer schwieriger wurde, freundete ich mich mit Lale Andersen an. Sie wissen: Die mit der »Lili Marleen«. Das Lied ging um die ganze Welt, und Lale Andersen wurde so sehr damit identifiziert, daß sie manchmal das Gefühl hatte, von dem Song wie von einem Alptraum verfolgt zu werden.

Lale war Schauspielerin, bevor sie für das Kabarett entdeckt und Sängerin wurde. Sie stand bei den Machthabern des Dritten Reiches zunächst auf der schwarzen Liste, weil sie einen Mann liebte, der aus rassistischen Gründen in die Schweiz emigrierte. Sie hatte immer wieder berufliche Schwierigkeiten. Manchmal erhielt sie sogar Auftrittsverbot.

Ständig mußte sie befürchten, von der Gestapo abgeholt zu werden. Wir verabredeten deshalb, in bestimmten Zeitabständen miteinander zu telefonieren. Ich versprach ihr, sofort nach ihrem Verbleib zu forschen, sollte sie sich für längere Zeit nicht melden.

Selbst als ihre »Lili Marleen« über den Soldatensender Belgrad – den sie übrigens nie persönlich besuchte –

zu einem Welthit wurde, blieben ihre Sorgen immer noch die alten.

Mancher wunderte sich, daß Lale Andersen auch später nie den Namen des Mannes preisgab, den sie liebte und für den sie viel riskierte. Sogar am Ende ihres Lebens, als sie ihre Lebenserinnerungen schrieb, konnte sie sich nicht entschließen, das Geheimnis zu lüften. Dabei war es schon kein Geheimnis mehr, denn viele wußten längst, wer dieser Mann war, den sie vielleicht mehr als jeden anderen verehrte: der berühmte Komponist Rolf Liebermann.

Als der Krieg einige Jahre vorbei war und wir alle endlich etwas Boden unter den Füßen hatten, traf ich Lale wieder. Auf einer Heinz-Hoffmeister-Tournee. Es gab noch kein Fernsehen.

Heinz Hoffmeister, der eine große Konzertdirektion in Mannheim besaß, hatte viele Künstler unter Vertrag. Außer Lale Andersen und mir waren Bully Buhlan, Helmut Zacharias, »Cornelia« (Froboess) und Magda Schneider bei dieser Tournee dabei.

Magda Schneider, von Hause aus eigentlich Schauspielerin, hatte einen ziemlichen Bammel vor ihrem ersten Auftritt als Sängerin. Sie wollte »C'est ci bon« singen.

Wir alle waren uns einig, daß wir Magda Schneider helfen mußten. Ich sagte zu ihr: »Du mußt völlig gelassen bleiben. Sing dein Lied und laß dich durch nichts aus der Ruhe bringen. Paß auf, wir singen einfach mit!«

Alle Kollegen formierten sich zu einer Gesangsgruppe. Magda begann ihr »C'est ci bon«, und wir sangen im Chor quasi ihr Echo. Damals war das eine ganz neue Masche. Das Publikum hatte von dieser prominenten »Hilfsaktion« natürlich keine Ahnung und war von Magda begeistert.

Nach diesen turbulenten Gastspielreisen heiratete Lale Andersen in der Schweiz den Komponisten Artur (»Turi«) Beul. Ich war ihre Trauzeugin. Als ich meinerseits im Jahre 1954 auf dem Standesamt erschien, um Josef Niessen zu heiraten, war Lale ebenfalls da – als meine Trauzeugin.

Sie war für mich wie eine große Schwester. Wenn wir auf Tournee waren, machten wir immer weite Spaziergänge. Unterwegs legten wir meistens eine Pause in einer Konditorei ein. Sie liebte Kaffee und Kuchen. Ich auch! Dann konnte man bei ihr sein Herz ausschütten. Ich beichtete ihr meine sämtlichen Probleme.

Sie hörte aufmerksam zu, war sehr verständnisvoll und wußte immer Rat. Doch ihr selbst blieb es trotz aller Klugheit und Lebenserfahrung versagt, ihre größten Wünsche zu erfüllen. Die Ehe mit »Turi« Beul brachte nicht das erhoffte Glück. Beide trennten sich, ließen sich jedoch nie scheiden.

Übrigens war da noch etwas, das Lale Andersen nicht einmal guten Freunden gegenüber zugab: Wie krank sie seit Jahren war und wie sehr sie unter dieser unheilbaren Krankheit litt.

Immer wieder wurden Blutübertragungen gemacht, um sie überhaupt am Leben zu halten. Und obwohl die Abstände zwischen den lebensrettenden Infusionen immer kürzer wurden, schonte Lale sich wenig und erledigte weiterhin ein großes Pensum: Bühnengastspiele, Schallplattenaufnahmen, Fernsehauftritte.

Es war in dieser Zeit, als sie ihre Erinnerungen niederzuschreiben begann. Das beschäftigte sie mehr als alles andere; sie wollte es um jeden Preis noch zu Ende bringen.

Schreiben war ja schon immer eine ihrer Begabungen. Sogar ihre Briefe waren kleine Kabinettstücke. Unter einem Pseudonym hat sie auch einige Liedertexte geschrieben. Von ihr stammt zum Beispiel der deutsche Text der Erfolgsnummer: »Blaue Nacht am Hafen«. Ihr Sohn Michael, der Musikverleger wurde, nahm so manchen Song seiner Mutter mit ins Programm.

Ihren ersten schriftstellerischen Versuch hatte Lale mit dem Bändchen »Wie werde ich Haifisch« gemacht, in dem sie den dornenreichen Weg zum Showstar beschrieb. Mir schenkte sie ein Exemplar dieses Buches mit der Widmung: »Meinem Ilschen von ihrer Lali«.

Ich habe so sehr bedauert, daß sie nicht zu meinem 50. Geburtstag kommen konnte. Aber ihre Krankheit hielt sie davon ab. Ich bekam von ihr einen lieben Brief mit einem Geschenk, über das ich mich besonders freute: ein Tourneebesteck, das aus einem Lederetui mit Eßbesteck, Korkenzieher, Dosenöffner, Schere und Nagelfeile besteht; also nützliche Dinge, die man braucht, wenn man auf Reisen ist. Ich habe es heute noch.

Als sich ihr Leben dem Ende zuneigte, sagte sie alle öffentlichen Auftritte ab und konzentrierte sich noch intensiver auf ihr Buch »Der Himmel hat viele Farben«.

»Ich komme mir wie ein Schwimmer vor, der das andere Ufer vor sich sieht«, sagte sie mir in einem Telefongespräch. »Ich muß es noch schaffen, ich muß es erreichen.«

Sie schaffte es. In ihrer Geburtsstadt Bremerhaven stellte sie sich dann der Presse, dem Rundfunk und dem Fernsehen, um ihre Memoiren zu präsentieren. Der Untertitel des Buches lautete: »Leben mit einem Lied«. Damit meinte sie »Lili Marleen«.

141

XVI.

Die UFA mußte ihre Stars auslösen

Vielen Kinofreunden, die Anno 1943 den Film
»Münchhausen« sahen, ist es noch heute ein Rätsel, wie
ich als Prinzessin Isabella d'Este langsam durch die Luft
schwebte.

Seitdem hat man mich immer wieder gefragt: »Wie
war das möglich?« Heute werde ich verraten, durch
welchen Trick mich die Spezialisten der UFA seinerzeit
in die schwebende Prinzessin verwandelten.

Sie setzten mich auf ein Stühlchen, das mit dem Stoff
meines bombastischen türkischen Kostüms bezogen
und daher praktisch unsichtbar war. Dieser Hocker
hing an vier haarfeinen Klavierdrähten, die nach oben
zur Beleuchterbühne liefen. Dort standen zwei Atelier-
arbeiter und trugen mich auf meiner Schaukel durchs
Babelsberger Atelier.

Dieser Einfall war nur einer von zahlreichen Gags,
die »Münchhausen« aus der damaligen Filmproduktion
heraushob und ihm das Prädikat eines der schönsten
Werke der internationalen Filmgeschichte einbrachte.
Er war auch ein wirklicher Meilenstein in meiner Karriere. Vor allem ist es das erste Mal gewesen, daß ich
mich in Farbe auf der Leinwand sah, denn »Münchhausen« war erst der vierte deutsche Farbfilm. Die drei
vorangegangenen allerersten deutschen Farbfilme

waren »Frauen sind doch bessere Diplomaten« mit Marika Rökk und Willy Fritsch, »Die goldene Stadt« mit Kristina Söderbaum und »Das Bad auf der Tenne« mit Heli Finkenzeller und Will Dohm.

Bei der Planung des Films hatte Goebbels die Devise ausgegeben: »Ich wünsche, daß die UFA einen Spitzenfilm dreht, der zum Jubiläum des 25jährigen Bestehens der Gesellschaft vorführungsbereit ist. Kosten dürfen dabei überhaupt keine Rolle spielen. Die besten Drehbuchautoren sollen herangezogen, die fähigsten Regisseure und Schauspieler verpflichtet werden.«

Der von den Nazis verfemte Erich Kästner durfte – obwohl er sonst Berufsverbot hatte – unter dem Decknamen Berthold Bürger das Drehbuch schreiben. Es wurde ein großartiges, hinreißendes Manuskript voller amüsanter und bunter Geschichten; ein modernes Märchen für Erwachsene.

Natürlich wußte man in der Filmbranche, wer Berthold Bürger war. Und natürlich sprach es sich auch schnell unter dem Publikum herum, wer in Wahrheit das »Münchhausen«-Drehbuch verfaßt hatte.

Josef von Baky führte Regie über ein gewaltiges Staraufgebot. Hans Albers spielte die Titelrolle, an seiner Seite waren Brigitte Horney, Käthe Haack, Leo Slezak, Hermann Speelmans, Wilhelm Bendow, Ferdinand Marian, Michael Bohnen, Hubert von Meyerinck, Hans Brausewetter und noch viele, viele andere.

Geld spielte keine Rolle, hatte Goebbels gesagt. Tatsache ist: Während Bomben deutsche Städte zerstörten und das Leben nach Bezugsscheinen geregelt wurde, entstand einer der aufwendigsten Filme jener Zeit.

Manon Hahn entwarf mehr als achthundert besonders prächtige Rokoko-Kostüme, darunter waren auch zahlreiche für Hans Albers; ein bestimmtes Kostüm wog allein achtzig Pfund, der dazugehörige Hut zehn Pfund.

Gedreht wurde länger als neun Monate. Die Außenaufnahmen entstanden in Venedig – natürlich sehr zur Freude der Schauspieler, denn in Italien gab es noch vieles, was in Deutschland schon lange nicht mehr zu haben war: Spaghetti, Orangen, Kaffee – Köstlichkeiten, von denen wir zu Hause nur noch träumten.

Klar, daß wir unsere Spesen bis auf die letzten Lire verfutterten und »verbrieten«. Als die Hotelrechnungen bezahlt werden mußten, hatte niemand mehr einen Pfennig, so daß die UFA einige ihrer Stars auslösen mußte.

In Venedig wurde mit achthundert Statisten gedreht. Ihre Kostüme kamen in drei Güterwagen aus Berlin. Der Canal Grande wurde während der Filmarbeiten für den normalen Verkehr gesperrt.

Mit gemischten Gefühlen denke ich an die Bankettszene der Kaiserin Katharina zurück. Die Tafel sollte mit frischen Blumen und echtem Tafelsilber dekoriert werden. Aber woher nehmen?

Die UFA setzte sich mit dem Kronprinzen in Verbindung und lieh sich bei ihm das Silber aus. Aber jetzt sahen sich die verantwortlichen Herren mit einem anderen Problem konfrontiert: Da bei der Szene allein dreihundert Komparsen mitwirkten, wurde befürchtet, daß jemand lange Finger nach dem kostbaren Tafelsilber machen könnte.

Die Lösung: Zwei Kriminalbeamte wurden engagiert und wie die anderen Mitwirkenden verkleidet und geschminkt und im Atelier postiert, um das Silber nicht einen Augenblick aus den Augen zu lassen.

Ein ganzes Heer von Trickspezialisten war an der Arbeit, um die Wunder, die Münchhausen vollbrachte, in

Szene zu setzen. In diesem Film ritt Hans Albers auf einer Kanonenkugel. Mädchenköpfe wuchsen aus Blumenkelchen, Kleidungsstücke wurden »tobsüchtig« und ein Schnelläufer konnte zu Fuß innerhalb von Minuten tausend Kilometer hinter sich bringen. Lange Zeit, nachdem »Münchhausen« längst abgedreht war, konnten Besucher der UFA-Stadt Babelsberg noch die Kanonenkugel mit der daraufgesetzten, täuschend echt aussehenden Hans-Albers-Puppe bewundern.

Der echte Hans Albers, den ich zu dieser Zeit erst kennenlernte – nun ja, er hatte gewisse Eigenarten. Vielleicht stand ihm das auch zu. Er war ein großer Star und gleichzeitig – wie sogar Bert Brecht festgestellt hat – ein wirklicher Volksschauspieler. Er konnte, wenn er wollte, verdammt liebenswürdig und charmant sein, hatte aber auch einen ziemlichen Dickschädel. Den Regisseur brachte er oft an den Rand eines Nervenzusammenbruchs. Meist wollte er alles selbst machen und bestand vor allem darauf, gefährliche Szenen ohne Double zu drehen. Ich weiß nicht, vielleicht glaubte er das seinem Renommee schuldig zu sein; er war ja einst zum Liebling der Berliner aufgestiegen, als er bei einer Theateraufführung von einem Kronleuchter in ein mit Wasser gefülltes Bassin sprang, pitschepatschenaß hinter die Kulissen verschwand und nach nicht viel mehr als einer Minute als strahlender Held im Frack wieder im Scheinwerferlicht vor dem Publikum erschien – seitdem erwartete man vom blonden Hans die abenteuerlichsten Eskapaden. Und diesen Wunsch wollte er erfüllen, immer und überall. In diese Hauptrolle seines Lebens hatte er sich so hineingesteigert, daß er sie nicht nur in seinen rund 150 Filmen spielte, sondern auch in der Wirklichkeit. Obwohl ich in »Münchhausen« als venezianische Prinzessin, die er aus dem Harem des

Sultans in Konstantinopel entführt, eine seiner Partnerinnen war, hatte ich manchmal das Gefühl, er betrachte mich bloß als kleine unbedeutende Statistin, weil meine Gage nur ungefähr ein Zehntel seiner Gage ausmachte.

Diese Stardistanz, diese Eitelkeit des Erfolgreichen hat mich verwirrt. Ich hatte eine seltsame Scheu vor diesem Mann. Ich hab' ja auch immer »Herr Albers« zu ihm gesagt. Ich, der ich so kontaktfreudig bin und mich mit fast jedem Kollegen duze, sagte zu Albers »Sie«. Das hielt ihn allerdings keineswegs davon ab, mich mit »Du« anzureden, wenn es ihm gerade paßte. Er setzte sich sowieso über alle Regeln hinweg, ließ uns Kollegen im Auto, das alle Schauspieler zum Drehort fahren sollte, eine halbe Stunde warten, lernte einfach seinen Text nicht (»Ach Kinder, ich hab' nun mal ein furchtbar schlechtes Gedächtnis!«) oder – das war später in Hamburg so bei den Aufnahmen zu »Große Freiheit Nr. 7« – zog die halbe Nacht durch Kneipen und erschien dann unausgeschlafen zur Arbeit!

Letzten Endes waren das dann doch alles kleine Fische. Der Ärger kann noch so groß sein – wenn hinterher der Erfolg kommt, ist's wieder gut. Der Film »Münchhausen« hat uns nicht zuletzt auch deshalb Freude gemacht, weil es das letzte Atemholen war, bevor der Krieg in seine schreckliche Endphase trat und man dem Himmel für jeden Tag und jede Nacht danken mußte, die man lebend überstand.

Nur wenige wußten, daß Hans Albers privat viel Kummer hatte. Seine Lebensgefährtin Hansi Burg war eine »rassisch Verfolgte«, mußte ihn verlassen und ins Ausland flüchten. Doch er hielt ihr die Treue, und nach dem Krieg kehrte sie zurück und blieb bei ihm, bis er starb.

Albers wußte, daß ich alles andere als ein Nazi war und die Verfolgung unschuldiger Menschen verurteilte. Kurz vor Kriegsende traf ich ihn noch einmal in Prag.

»Na, Kleene, kommst du mit nach Bayern?« fragte er mich. Für seine Reise hatte er einen Lastwagen organisiert.

»Nein, ich fahre nach Berlin zurück«, antwortete ich. Wir trennten uns, und er meinte zum Abschied: »Also hör mal, Mädel, wenn du irgendwann in die Nähe des Starnberger Sees kommst, dann meldest du dich. Aber ganz bestimmt. Du weißt ja, wo ich wohne.«

Kurz nach Kriegsende kam ich nach München. Wie viele prominente Schauspieler hatte ich von den Besatzungsbehörden Auftrittsverbot erhalten.

In München suchte ich deshalb den dafür zuständigen Offizier auf, der mich einem gewissen Mister Pommer vorstellte. Das war kein Geringerer als der ehemalige große UFA-Produzent Erich Pommer aus dem alten Berlin, über den Siegfried Kracauer in seinem berühmten Buch »Von Caligari bis Hitler« u. a. schreibt: »Pommer war ein geborener Manager, der filmkünstlerische wie geschäftliche Aufgaben mit gleich kundiger Hand zu lenken wußte und es vor allem hervorragend verstand, die schöpferischen Arbeitskräfte von Regisseuren und Schauspielern anzuregen. Im Jahre 1923 ernannte die UFA ihn zu ihrem obersten Produktionsleiter. Seine unsichtbare, aber überall spürbare Tätigkeit verlieh dem deutschen Film der Vor-Hitlerzeit seine unverkennbaren und einprägsamen Züge . . .«

Erich Pommer verdankt die deutsche Filmgeschichte so unvergeßliche Filme wie »Das Cabinett des Dr. Caligari«, Fritz Langs »Die Nibelungen« und »Metropolis«, »Der letzte Mann« mit Emil Jannings oder den ersten Marlene-Dietrich-Film »Der blaue Engel«. Unter seiner

147

Führung entstanden auch, mit Lilian Harvey und Willy Fritsch, »Die drei von der Tankstelle« und »Der Kongreß tanzt« (1931 gleichzeitig in Berlin und New York uraufgeführt). Und er machte den noch unbekannten Hans Albers zum Star mit Filmen wie »F. P. 1 antwortet nicht« und »Bomben auf Monte Carlo«.

Dieser Erich Pommer war 1933 emigriert und nun als Eric Pommer nach dem Krieg zurückgekommen, um im Auftrag der amerikanischen Regierung den deutschen Film »zu kontrollieren«.

Pommer begrüßte mich sehr freundlich und führte mich in sein Büro. Bevor er unser Gespräch begann, ließ er sich noch von seiner Sekretärin mit Hans Albers verbinden. Als das Gespräch kam, begrüßte er Albers mit den Worten: »Hier steht übrigens eine Kollegin von Ihnen, Frau Ilse Werner, die Ihnen sicher guten Tag sagen will.«

Ich konnte nicht hören, was Albers am anderen Ende der Strippe sagte, aber ich sah, daß Erich Pommers Gesicht immer verschlossener wurde. Als ich zum Hörer greifen wollte, sagte er: »Tut mir leid, Herr Albers möchte Sie nicht sprechen.«

Das war ein Schlag wie mit einem Hammer. In meiner damaligen Lage konnte mir Hans Albers' Ablehnung sehr schaden. Ich habe bis heute nicht verstanden, warum er sich so verhalten hat.

XVII.

Wie Gustav Knuth
mein Nachthemd mitgehen ließ

Ich hatte das Glück, im Laufe meines Lebens viele menschliche Begegnungen zu haben, die ich nicht missen möchte. Auch wenn die Zeiten nicht immer erfreulich waren.

Eine schwere und dennoch wichtige Zeit verbrachte ich in Hamburg, wo ich 1943/44 meinen nächsten Film drehte. Meinen zweiten Farbfilm. Und es war mein zweiter Film, der von Goebbels nach der Fertigstellung verboten wurde.

Schon die Vorbereitung war mit Schwierigkeiten verbunden. Die Idee kam aus dem Propagandaministerium. Goebbels wollte eine Marine-Schnulze mit vielen aufrechten deutschen Seeleuten und vielen schönen Seemannsliedern.

Regisseur Helmut Käutner und Kameramann Werner Krien schwebte dagegen eine Ballade von der Waterkant vor mit einem Schuß Sozialkritik über die Reeperbahn und das Dirnenmilieu.

Leichte Mädchen? Scharfer Protest von Goebbels. So etwas gab es doch gar nicht. Die deutsche Frau war doch ein Musterexemplar. Die deutsche Frau war zum Kochen, Waschen und Kinderkriegen da.

Einspruch auch gegen den Titel. Ursprünglich lautete er einfach »Große Freiheit«, und Käutner wollte damit die Menschen ein wenig an die große Freiheit erinnern, die es im Dritten Reich leider nicht gab.

Das paßte Goebbels nicht, er ahnte den Hintergedanken. Der Titel mußte in »Große Freiheit Nr. 7« geändert werden. Die Hausnummer sollte dokumentieren, daß nicht die fehlende Freiheit gemeint war, sondern eine Straße. Übrigens, diese Hausnummer gab's nicht und gibt's auch heute nicht.

Käutner bot mir die weibliche Hauptrolle an. Ich sollte ein junges sympathisches Hamburger Mädchen namens Gisa spielen. Mit von der Partie waren: Hans Albers, Hans Söhnker, Gustav Knuth, Günther Lüders, Hilde Hildebrand und Ethel Reschke.

Daß dieser hervorragende Film dann überhaupt fertig wurde, grenzt schon an ein Wunder. Denn die Schwierigkeiten rissen nicht ab. Die Dreharbeiten wurden durch Bombenangriffe, die fast täglich über Hamburg niedergingen, außerordentlich erschwert.

Wir wohnten seinerzeit im Hotel »Atlantic« und fuhren morgens gemeinsam im Produktionswagen zu den Außenaufnahmen. Die ständigen Alarme und Angriffe zerrten an unseren Nerven. Nur mit viel Grog – Hans Albers verfügte als Ur-Hamburger natürlich über besondere Beziehungen in seiner Vaterstadt – standen wir die Dreharbeiten durch.

Ganz fürchterlich wurde es jedoch am 24. Juli 1943. Diesen großen Angriff werde ich nicht vergessen. Wir saßen im Luftschutzkeller des Hotels, als ein Bombenhagel auf Hamburg niederging.

Der Hamburger Hafen ist danach nicht mehr das gewesen, was er einmal war. Die Anlagen zerstört und zerbombt.

Aber ein kaputter Hafen durfte im Film nicht gezeigt werden.

Hans Albers und ich sollten für den Film zum Beispiel auch eine Hafenrundfahrt machen. In einer gemieteten Barkasse schaukelten wir durch die Hafenbekken. Nur Schiffe gab es keine zu sehen. Sie waren wegen der Bombenangriffe mit Tarnnetzen verdeckt. Da die Filmhandlung aber im Frieden spielte, mußten die Kameraleute so geschickt arbeiten, daß man die Tarnungen im Film nicht sehen konnte.

Nicht nur in Hamburg hagelte es Bomben. Auch Berlin wurde von den Engländern und Amerikanern bombardiert. Und in Berlin, in den UFA-Ateliers in Tempelhof, wurden die Innenaufnahmen gemacht. Die »Große Freiheit« war in der Mittelhalle aufgebaut. Nach einem Bombenangriff war sie hin. Daraufhin mußten die Atelieraufnahmen nach Prag verlegt werden, wo noch Ruhe herrschte.

Dennoch habe ich auch amüsante Erinnerungen an diese Dreharbeiten. Vor allem an Gustav Knuth, der einer der besten Witze- und Geschichtenerzähler ist, den ich kenne. Mit ihm zusammenzuarbeiten war ein reines Vergnügen.

Eines Tages mußte ich ganz überraschend nach Berlin reisen, und Gustav mußte nach Hamburg, um dort zu drehen. Da das Hotel belegt war, wurde er vorübergehend in das für mich reservierte Zimmer einquartiert.

Was sich dann ereignete, schilderte mir Gustav später so: »Der Portier gab mir nach meiner Ankunft einen Zimmerschlüssel. Ich ging rauf und schloß die Tür auf. Und was sahen meine müden Augen? Das Bett war bereits aufgedeckt, und obenauf lag ausgebreitet ein raffiniertes schwarzes Nachthemd. Ich stellte meinen Koffer ab und dachte: ›Na, wie aufmerksam, daß ich hier mit Damenbedienung empfangen werde!‹

Ich ging zum Portier: ›Wirklich sehr freundlich von

Ihnen, aber was soll das schwarze Nachthemd in meinem Zimmer?‹

Der Mann entschuldigte sich: ›Ach, das Nachthemd ... Wissen Sie, das Zimmer gehört nämlich Fräulein Werner. Die ist heute nach Berlin gefahren.‹«

Gustav Knuth erzählte weiter: »Ich habe mir erlaubt, das Nachthemd in ein Päckchen zu packen und an deine Berliner Adresse zu schicken, mit folgenden Zeilen: Liebe Ilse, es tut mir sehr leid, daß ich das Hemd ohne Inhalt auf meinem Bett vorfand. Ich schicke es dir anbei mit dem Ausdruck meines größten Bedauerns zurück.«

Soweit Gustav Knuth. Leider habe ich sein Päckchen nie erhalten. Es muß wohl in den Kriegswirren verlorengegangen sein. Doch so erfuhr ich wenigstens, wer damals mein Nachthemd »geklaut« hatte.

Übrigens: Sie werden sich vielleicht daran erinnern, daß sich unser guter Gustav in »Große Freiheit« schon lange vor Yul Brynner als Glatzkopf zeigte. Auf Wunsch von Helmut Käutner hatte er sich eine Glatze rasieren lassen. Und das für nur einen einzigen Satz. Denn Gustav mußte zu Günther Lüders, der in seiner Rolle bei Mädchen sehr erfolgreich war, den klassischen Satz sprechen: »Tja, Haare müßte man haben.« Nur diesen einen Satz.

Nachdem der Film abgedreht war, wurde er einigen Fachleuten vorgeführt. Admiral Dönitz, der Oberbefehlshaber der Kriegsmarine, protestierte: »Das Prestige der deutschen Marine wird durch einen solchen Film geschädigt.«

Also verbot Goebbels den Film. Nur einige Kopien wurden zur Truppenbetreuung freigegeben und in Frankreich, in Polen und in der Tschechoslowakei gezeigt. Die Landser waren begeistert. Auch im neutralen

Ausland, in der Schweiz und Schweden, wo der Film ebenfalls lief, war der Erfolg groß. Nur in Deutschland durfte er nicht gezeigt werden.

Szene aus. Blende. Zurück nach Berlin. Am 22. November 1943 erhielt ich einen Anruf meiner Freunde Niels und Anni Gulden: »Willst du nicht nach dem Drehtag zu uns kommen? Wir haben etwas Bohnenkaffee organisiert und sogar einen Kuchen gebacken.«

Das war natürlich ein Angebot, und so ließ ich mich nicht lange bitten.

Ich klemmte mir die neueste Schallplatte von Dorothy Lamour unter den Arm, die ich gerade bei Alberti in der Rankestraße ergattert hatte. Die Besitzer dieses Ladens kannten ihre Pappenheimer und überraschten die Kenner unter ihren Kunden immer wieder mit amerikanischen Jazz-Platten, die damals verboten waren und die sie dennoch – Gott weiß, wie und woher – beschafft hatten.

Gerade hatten wir bei Guldens diese Platte aufgelegt, heulten die Sirenen Vollalarm. Meine Freunde wollten eigentlich gar nicht sofort in den Keller, da sie Parterre wohnten. Aber mir steckte Hamburg noch in den Knochen. Ich wollte gegenüber in den Luftschutzbunker in der Lietzenburger Straße. Also raste ich sofort los und zerrte die Guldens mit.

Das nächste, was ich weiß, ist nur, daß wir uns Sekunden später nach einer ohrenbetäubenden Detonation vor dem Eingang zu diesem Luftschutzbunker wiederfanden. Das Haus Sächsische Straße 74, in dem wir eben noch gesessen hatten, war von einer Luftmine zerfetzt worden. Der Luftdruck hatte uns von den Beinen gerissen und bis vor den Bunker geschleudert.

Zitternd vor Angst liefen wir in den Bunker. Und dann ging es erst richtig los. Der fürchterliche Angriff vom 22. und 23. November begann, der die fast totale Vernichtung Berlins einleitete.

Als wir nach der Entwarnung zum völlig zerstörten Haus der Guldens kamen, bot sich unseren Augen ein schier unglaublicher Anblick. Mitten in den Trümmern stand noch das Grammophon und darauf lag noch die Platte von Dorothy Lamour, die wir vorher hören wollten.

Ihr Titel, nun etwas vom Mörtel überstaubt, lautete: »This is the beginning of the end«. Zu deutsch: »Das ist der Anfang vom Ende.«

XVIII.

Die Sache mit dem Helden der Sowjetunion

Während das Ende des Krieges näher rückte, lief die deutsche Traumfabrik auf vollen Touren weiter. Die UFA drehte Film auf Film.

Was für ein Irrsinn, werden heute viele Menschen denken.

Nein, wir waren nicht verrückt. In dieser schlimmsten Zeit dachte jeder nur ans Überleben. Wir wollten das Wissen um den Untergang durch unsere Arbeit verdrängen. Davon abgesehen hatten die Schauspieler, die bis dahin noch nicht eingezogen oder dienstverpflichtet waren, kaum eine andere Wahl. Entweder blieben sie in Berlin und drehten trotz der Bombenangriffe weiter – oder sie wurden, wenn sie sich vom Film zurückzogen, mit großer Wahrscheinlichkeit doch noch in letzter Minute von Goebbels zum Dienst in den Munitionsfabriken oder zum »Volkssturm« abkommandiert.

Inmitten des allgemeinen Zusammenbruchs ging also der Produktionsbetrieb in Babelsberg weiter. Auf dem Ateliergelände waren Unterstände gebaut. Sogenannte Splittergräben. Sehr sicher waren sie nicht. Aber sooft Sirenen heulten, sausten wir in Kostüm und Maske hinein, um nach der Entwarnung weiterzudrehen. Die Alliierten wechselten sich in Tag- und Nachtangriffen ab. Berlin verwandelte sich in eine Trümmerlandschaft.

Im Sommer 1944 hatte mich die UFA wegen der dauernden Angriffe vorübergehend nach Schloß Golm in der Gegend von Werder bei Berlin evakuiert. Auf dem alten märkischen Landsitz gab es noch Eier, Milch und Obst.

Hier muß ich eine ganz private Geschichte einblenden, die für mich in jener Zeit von entscheidender Bedeutung war. Es ist die Geschichte meiner zweiten Liebe.

Während der Dreharbeiten zu »Wir machen Musik« hatte ich mich ernsthaft verliebt. Er hieß Hans Tost, war unser Produktionsleiter und ein blonder Berliner mit dem typischen Spree-Athen-Humor.

Er kam nun ebenfalls nach Schloß Golm, wir verlebten eine glückliche Zeit zusammen. Nach »Wir machen Musik« war er bei drei weiteren Filmen, in denen ich mitwirkte, Produktionsleiter.

Wie leider bei mir so üblich, hat auch meine zweite Liebe kein Happy-End gefunden. Er war verheiratet. Und während des Endkampfes um Berlin, als niemand von uns wissen konnte, ob wir die Stunde Null überstehen würden, kam wie für viele Menschen in dieser unmenschlichen Epoche der Augenblick der Wahrheit.

Hans zuliebe, weil ich ihm immer nahe sein wollte, war ich in das chaotische Berlin zurückgekehrt, in meine Wohnung im Grunewald. Ich nahm alles auf mich, vor allem auch die nervliche Belastung der ständigen Bombenalarme. Wenn so ein Angriff kam, suchten wir meist Schutz in einem völlig unzulänglichen Splittergraben im Garten. Eines Tages, als es besonders gefährlich zu werden schien, hatte ich mich mit der Journalistin Cornelia Herstatt in einen nahegelegenen öffentlichen Bunker geflüchtet. In dieser Stunde, in der wieder einmal jeder um Leben und Schicksal der nächsten Angehörigen fürchtete, telefonierte Hans Tost, ohne daß ich es wußte, mit seiner Frau.

Als ich wieder in meine Wohnung kam, war er verschwunden. Auf und davon. Ohne ein Wort, eine Zeile, einen Gruß. Seine Familie hatte gesiegt. Erst nach Kriegsende sah ich ihn wieder. Auf dem Berliner Kurfürstendamm. Mit ihr.

Es war ein harter Schlag. Andererseits habe ich damals bestimmt auch seiner Frau sehr weh getan. Das alte, das ewige Problem der Liebenden. Was kann man gegen seine Gefühle tun?

Das Jahr 1944 brachte für mich noch zwei Filme. Zuerst »Ein toller Tag«, mein dritter Farbfilm. Er entstand nach der Komödie »Figaros Hochzeit oder Der tolle Tag« des französischen Abenteurers, Geheimagenten und Dichters Beaumarchais (1732–1799). Der Inhalt ist allgemein bekannt, benutzte doch auch Mozart dasselbe Stück als Vorlage für seine Oper »Figaros Hochzeit«.

Regisseur des Films war Oscar Fritz Schuh. Meine Partner: Paul Hartmann, Lola Müthel, Kurt Meisel, Elisabeth Flickenschildt, Joachim Brennecke, Wilfried Seyferth, Aribert Wäscher und Ernst Waldow. Bei Kriegsende befand sich dieser Film gerade in der Musiksynchronisation kurz vor der Fertigstellung. Er wurde nicht mehr aufgeführt.

Unvollendet – zwar abgedreht, aber nicht mehr geschnitten – blieb auch mein nächster Film »Das seltsame Fräulein Silvia« (Regie Paul Martin). Mein Partner war Paul Hubschmid, der gemeinsam mit mir die Schulbank im Wiener Max-Reinhardt-Seminar gedrückt hatte. Außerdem spielten mit Gerti Soltau, Willi Rose, Loni Heuser, Paul Westermeister, Paul Henckels, Ursula Herking und Fritz Odemar, der Vater des Fernseh-»Kommissars« Erik Ode.

Die Dreharbeiten begannen zunächst in Bad Ischl. Die Atmosphäre war zwar nicht sehr gut, aber hier konnten wir wenigstens noch einmal aufatmen. In Bad Ischl herrschte Ruhe.

Eines Tages kam Ursula Hubschmid, Pauls geistreiche und witzige erste Frau, zu Besuch. Sie war hochschwanger. Paul drängte sie zwar zur Abreise nach Zürich, wo sie ihr Kind in Sicherheit zur Welt bringen sollte, aber Ursula wollte bei uns bleiben.

Dann kamen die Wehen, während wir gerade drehten. Ursula wurde in ein Wehrmachtslazarett gebracht, und dort saßen dann Paul und ich – geschminkt und in unseren Kostümen, so wie wir den Drehort verlassen hatten – und warteten, bis der Stammhalter geboren war.

Zwei Wochen später zog Ursula Hubschmid samt Baby dann doch nach Zürich ab, und auch Paul erreichte mit dem letzten Lastwagen der Schweizer Gesandtschaft seine Heimat.

Nachdem inzwischen ein Stück Berlin nach dem anderen im Feuersturm der Bomben verbrannt war, wurden mehrere Filmproduktionen nach Prag verlegt. Hier wimmelte es am Schluß nur so von deutschen Stars und sonstigen Filmleuten. Denn Prag war von Luftangriffen verschont geblieben.

Aber wie lange würde es noch dauern, bis das Ende kam? Das fragten sie die Schauspieler, Regisseure und Produzenten jeden Tag. Wann würden sie wieder nach Hause zurückkehren können?

Trotzdem entstanden noch viele Filme der UFA, Terra und Tobis.

Es ist heute kaum vorstellbar, war aber Tatsache: Kurz vor der Stunde Null, dem absoluten Zusammenbruch, wurde in den deutschen und von Deutschland okkupierten Ateliers mit einer solch schizophrenen Besessenheit gearbeitet, daß bei Kriegsende fast 30 (in Worten: dreißig) unvollendete Filme vorlagen, die nie mehr aufgeführt werden konnten, und mehr als 40 (in Worten: vierzig) Filme, die beinahe oder ganz fertig waren und dann entweder von der Militärregierung als Nazifilme verboten worden sind oder erst nach 1945 uraufgeführt wurden. In einigen Fällen haben neue Nachkriegsfirmen – darunter auch die ostdeutsche DEFA – die nicht mehr völlig abgeschlossenen Filme der Nazizeit nachträglich fertiggestellt. Gelegentlich kam es da zu verrückten Situationen. So hat 1949 die Firma Linse-Film AG in Berlin-Köpenick den in Prag nicht ganz fertig gewordenen Willi-Forst-Film »Wiener Mädeln« auf Veranlassung der russischen Sovexport-Film vollendet; er wurde von der sowjetrussischen Filmkontrolle in Ost-Berlin zugelassen und vier Monate lang in ostdeutschen Filmtheatern vorgeführt. Dann jedoch, Anfang 1950, wurde er plötzlich wieder aus dem Verleih zurückgezogen. Inzwischen hatte nämlich Willi Forst protestiert, der in Wien im Rahmen seiner eigenen Produktionsgesellschaft den Film ebenfalls fertiggestellt hatte und nun erreichte, daß nur noch seine Fassung öffentlich vorgeführt werden durfte.

Doch zurück in die letzte Kriegszeit, nach Prag. Je näher die Front heranrückte, desto unruhiger wurden wir. Das Schlimme war: Niemand wußte etwas Genaues. Wer kam eigentlich näher? Die Russen oder die Amerikaner?

Aus Angst, zum »Volkssturm« eingezogen und in letzter Minute verheizt zu werden, erschienen immer mehr Filmleute in Prag und baten um Rollen. Denn nur wenn sie filmten, waren sie einigermaßen sicher. Die Hotels platzten aus den Nähten.

Die Halle des »Alcron«, wo ich untergebracht war, wirkte wie ein Wartesaal. Die Teppiche lagen aufgerollt an der Seite. Einige Funzeln verbreiteten trübes Licht. Die Fenster waren verdunkelt – wegen der Fliegerangriffe.

Als ich eines Tages nach den Dreharbeiten noch mit einigen Filmleuten zusammensaß, hörte ich plötzlich hinter mir einen Aufschrei. Ein blondes Mädchen stürzte sich auf mich: »Wichterl, ja du bist hier?«

Es war Winnie Markus, meine Freundin aus der Schauspielschule. Winnie erzählte mir, daß auch sie gerade in Prag einen Film drehte, aber am 16. April zu Aufnahmen nach Berlin mußte. Da ich einen Tag später zurückfuhr, verabredeten wir, daß Winnie mich anrufen sollte, sobald ich in meiner Berliner Wohnung eingetroffen war.

Wir ahnten nicht, daß die Falle endgültig zuschnappen würde. Am 20. April – ich war gerade wieder in meine Wohnung gekommen – wurde Berlin zur Festung erklärt. Jetzt konnte keine Maus mehr raus. Und auch keine rein.

Der Anruf von Winnie Markus kam natürlich nie. Dafür kamen Bomben und Granaten. Dafür heulten Tag und Nacht die Stalinorgeln. Dafür schossen Hunderte von Flakbatterien, deren Stellungen in einem großen Kreis rings um Berlin waren, aus allen Rohren.

Es war ein Inferno. Wir kamen nicht mehr aus den Luftschutzkellern heraus. Die letzten spärlichen Lebensmittelreste waren aufgegessen. Längst war auch die Strom- und Wasserversorgung Berlins zusammengebrochen. Wir konnten keine Nachrichten mehr hören.

Jetzt befanden sich nur noch Frauen in der Gustav-Freytag-Straße 6/8: Tamara Lichtenberg, eine Exilrussin, die in der Etage über mir wohnte; die Journalistin

Cornelia Herstatt, die nach ihrer Ausbombung bei mir Unterschlupf gefunden hatte; meine Haushälterin und ich.

Das Ende kündigte sich durch eine unheimliche Stille an. Plötzlich hörten wir Panzerketten, dann fremde Laute und schließlich das Krachen von Gewehrkolben an unserer Kellertür.

Dann standen die ersten Russen vor uns. Eine Frau aus dem Haus wollte sie auf russisch ansprechen, verhaspelte sich aber in ihrer Aufregung und begrüßte die Soldaten mit »Do swidanja«, was übersetzt soviel heißt wie »Auf Wiedersehen«. Da mußte ich doch, bei allem Ernst der Lage, lachen.

Aber das Lachen verging mir schnell. Ich saß in einem alten Korbsessel, als plötzlich ein blutjunger Soldat auf mich zukam. Er trug einen ganzen Klempnerladen voll Orden auf der Brust. Wie mir Tamara später sagte, war er »Held der Sowjetunion«.

Der Soldat kippte mich mit dem Sessel um. O Gott, der will dich, dachte ich. Aber nein, er wollte nur den Sessel. Er setzte sich hinein und beachtete mich dann nicht weiter.

Wir hatten überhaupt unverschämtes Glück. Die Russen in unserem Keller gehörten zur Vorhut; reine Kampftruppen, die zwar auf Uhren, aber nicht auf Vergewaltigungen aus waren. Sie warnten uns sogar vor den »Tankisten«, die nach ihnen kamen.

Der Krieg war aus. Allmählich begann sich das Leben in Berlin wieder zu normalisieren. Nachdem meine Wohnung von den Russen beschlagnahmt worden war, hatte ich bei Theo Krumm, einem alten Freund unserer Familie, Unterschlupf gefunden; ein gemütlicher Frankfurter und Mitinhaber der Lederwarenfirma »Goldpfeil«.

Da stürzte eines Abends der Schauspieler und Regisseur Kurt Meisel zu uns herein. Er hatte in meinem unvollendeten Film »Ein toller Tag« mitgespielt.

»Ilse, komm schnell rüber zu mir«, verlangte er.

In seinem Haus, das ganz in der Nähe lag, hatte sich der russische Distriktskommandeur mit seinem Stab einquartiert, aber Kurt war nicht hinausgeworfen worden. Vielleicht aufgrund seiner österreichischen Staatsangehörigkeit.

Aber was sollte ich in seinem Haus, in dem es vor Russen nur so wimmelte?

»Du kannst uns allen einen großen Dienst erweisen«, sagte Kurt.

Folgendes war geschehen: Einer der Russen, ein Kriegsberichterstatter namens Aljoscha, hatte bei Kurt zufällig Szenenbilder, einzelne von Kurt aufgehobene Fotos aus »Ein toller Tag« gesehen, und als er darauf auch mich entdeckte, ausgerufen: »Die kenne ich!«

Wie sich herausstellte, hatte er in Rußland in einer Partisaneneinheit gekämpft, der eines Tages deutsches Filmmaterial in die Hände gefallen war. Eigentlich sollte das Zelluloid den Partisanen als Zunder für eine Brückensprengung dienen, aber zuvor hatte Aljoscha sich noch ein paar Meter davon angesehen. Es war ausgerechnet meine Großaufnahme aus dem Film »Wunschkonzert«.

Diese »Bekanntschaft« wollte Kurt Meisel jetzt ausnutzen, weil es Minuten vorher einen gefährlichen Zwischenfall gab: Irgend jemand in unserem Bezirk hatte »Werwolf« gespielt und um sich geballert. Unter den Russen herrschte deshalb helle Aufregung. Wer anders als ich, die »alte Bekannte« des Soldaten, hätte die Wogen wieder glätten können – so dachte jedenfalls Kurt.

Der Distriktskommandeur und sein ganzer Stab

162

waren im Salon versammelt. Aljoscha freute sich tatsächlich, daß er mich nun in natura sah, und fragte mich: »Was du machen?«

»Ich singe und pfeife.«

»Du pfeifen – Johann Strauß.«

Einer der Russen setzte sich an den Flügel, und ich gab meine erste Nachkriegsvorstellung: Zwei oder drei Stunden lang pfiff ich sämtliche Walzer, die Herr Strauß komponiert oder nicht komponiert hatte.

Die Stimmung der Russen hob sich. Am Ende meines Auftritts meinte der Kommandeur: »Du brauchen Hilfe?«

Oh, wie ich sie brauchte! Nach einiger Zeit erhielt ich meine Wohnung zurück. In der Zwischenzeit hatten die Besatzer darin wie Vandalen gehaust. Meine wertvolle Sammlung von rund 2000 Schallplatten war völlig zertreten worden.

Nachdem ich meine Wohnung notdürftig gesäubert hatte, klingelte es eines Tages an der Tür. Ein amerikanischer Offizier stand vor mir. Ich war überrascht: »Heinerle, du? Wie hast du mich gefunden?«

Heiner war ein guter Freund von Winnie Markus und mir; er hatte mit uns das Max-Reinhardt-Seminar besucht, war aus politischen Gründen nach Amerika gegangen und jetzt als Henry Alter mit der US-Armee zurückgekommen.

Die ganze Stadt hatte er schon nach mir abgesucht. Ich fragte ihn natürlich gleich: »Weißt du nicht, was aus der Winnie geworden ist?«

»Ich werde mich mal umhören«, versprach er. Und er fand es tatsächlich heraus: Winnie Markus lag in einem Lazarett bei Babelsberg, also außerhalb des Berliner Stadtbezirks in der sowjetisch besetzten Zone.

»Ich habe einen amerikanischen Colonel kennengelernt, der muß zur Potsdamer Konferenz«, sagte Heiner. »Der könnte vorbeifahren und versuchen, Winnie herauszuholen.«

Winnie erzählte mir später, wie alles ablief: Sie lag mit einer Schußwunde in einem großen Saal, der behelfsmäßig in ein Lazarett verwandelt worden war. Um sie herum zahllose Betten mit Kranken und Verletzten.

Die Schußwunde hing mit einem ganz blöden Unfall zusammen. Betrunkene russische Soldaten hatten auf der Straße aus Spaß mit ihren Pistolen herumgefuchtelt. Als einer von ihnen Winnie zu nahe gekommen war, hatte sie ihm auf die Hand geschlagen. Dabei war ein Schuß losgegangen. Die Kugel blieb in ihrem Kniegelenk stecken und muße operativ entfernt werden.

Nun lag sie also da und wurde aus dem Schlaf gerissen, als jemand laut auf englisch sagte: »Is here Winnie Markus?«

Sie sah einige Uniformierte auf sich zukommen und bekam zunächst einen Schreck. In dieser Zeit mußte man immer auf Überraschungen gefaßt sein. Doch diesmal war es eine angenehme Überraschung: Winnie wurde in den Westsektor geholt. Damals verkehrten Russen und Amerikaner noch einigermaßen freundlich miteinander.

Henry Alter half auch mir. Er besorgte mir im amerikanischen Sektor zwei Zimmer, die ich mit Winnie teilte. Über unser »Zweimädelheim« waren wir natürlich sehr glücklich. Und Heiner und seine Freunde sorgten auch dafür, daß wir nicht verhungerten. Sogar Kaffee brachten sie mit.

Einige Nachbarn gab es, die uns schief ansahen und meinten, wir wären »Amiliebchen«. Das störte uns aber nicht weiter. Wir waren froh, daß wir überleben konnten.

164

XIX.

Ein Brot als Abendgage

Der Vorhang war gefallen. Millionen, darunter auch viele Akteure des deutschen Films, hatten ihr Leben gelassen. Aber für die anderen, die davongekommen waren, ging das Leben weiter. Trotz rauchgeschwärzter Ruinen, trotz Hoffnungslosigkeit, trotz Hunger.

Wir alle hatten Hunger. Wir alle wollten wieder arbeiten. Es ging ja um die nackte Existenz: Schuhe gegen ein paar Kaffeebohnen, Silberlöffel gegen Zigaretten, Fahrrad gegen Butter, Parteiabzeichen gegen Siebenmeilenstiefel. Die Schwarzhändler machten ungeheure Geschäfte.

Aus der Asche wuchs neues Leben – auch kulturell. Aber niemals war eine Zeit grausamer in der Auswahl derer, die in ihrem Beruf weiterarbeiten durften. So manche erfolgreiche Filmkarriere hat das Kriegsende nicht überdauert. Eine ganze Reihe von Kollegen war plötzlich nicht mehr gefragt. Sie konnten nicht dort anknüpfen, wo sie vor 1945 aufgehört hatten.

Der Beginn meiner Nachkriegskarriere fing mit einer Fahrradklingel an: Als ich aus dem Fenster meines Zimmers schaute, sah ich draußen auf einem Fahrrad einen Mann, der einmal einer der attraktivsten Männer des deutschen Films gewesen war: Karl Schönböck, von uns nur »Schampi« genannt. Jetzt war er zu einem Skelett abgemagert. Wir sahen ja alle aus, als hätten wir seit Monaten nichts zu essen bekommen.

»Mensch, Ilse, du lebst noch«, rief »Schampi« zu mir herauf. »Du mußt mitkommen. Wir versammeln uns gerade bei Viktor de Kowa. Wir wollen die ›Tribüne‹ ausbuddeln und wieder spielen.« Die »Tribüne« war ein Theater in Berlin.

Auf »Schampis« Gepäckträger fuhr ich zum Treff der Übriggebliebenen. Viktor de Kowa hatte eine Menge Kollegen und Kolleginnen in seinem Haus aufgenommen. Seine Frau »Michi« stammte aus einer angesehenen japanischen Familie, lebte seit Jahren in Europa und hatte zahlreiche Freunde in vielen Ländern; Freunde, die sie auch während des Krieges nicht vergessen hatten.

Viktor, »Michi« und Günther Lüders empfingen uns mit großem Hallo. Auf einmal ging die Tür auf und herein kam ein schmales, blasses, blondes Mädchen: Hildegard Knef. Vor kurzem aus russischer Kriegsgefangenschaft geflüchtet, von den de Kowas entlaust und mühsam wieder hochgepäppelt.

Als mein Blick auf Hildes Kleid fiel, dachte ich: Das darf doch nicht wahr sein! Hilde hatte nämlich ein Kostüm an, das ich im Film »Wunschkonzert« getragen hatte.

Als sie meine erstaunten Augen sah, sagte sie ganz verschüchtert: »Ich seh' schlimm aus, nicht wahr? Na ja, ich komme halt direkt aus dem Lager.«

Es gab ein großes Gelächter, als ich ihr den wahren Grund für mein Erstaunen erklärte. Hilde erzählte dann, woher sie das Kleid hatte: »Das war abenteuerlich. Kurz bevor die Russen in Babelsberg einrückten, habe ich aus dem Kostümfundus der UFA schnell noch ein, zwei Kleider geholt. Und da war Ihres wohl dabei.«

Wir haben uns dann sehr angefreundet. Hilde war, wie man sagt, ein dufter Kumpel. Sie wirkte damals eigentlich eher wie ein Junge – mit den großen Augen, dem großen Mund und ihrem wunderschönen blonden Haar, um das ich sie immer beneidet habe. Denn ich habe ja nur Federn auf dem Kopf.

Wenige Tage nach dem Einmarsch der Engländer, Amerikaner und Franzosen in Berlin, die mit den Russen die Stadt vierteilten, wurde Viktor de Kowa Civilian Director der Army Welfare Services Berlin Showboat. Außerdem hatten ihm die westlichen Alliierten eine Lizenz erteilt, als erstes Theater in Spree-Athen die »Tribüne am Knie« wieder zu eröffnen.

Mit eigenen Händen haben Viktor de Kowa, die übrigen Kollegen und ich den Schutt aus der »Tribüne« weggeräumt, die in einem entsetzlichen Zustand war.

Am 1. Juni hob sich der Vorhang zur ersten deutschen Nachkriegspremiere. Viktor de Kowa hatte keine Zeit gehabt, ein Stück einzustudieren. Er eröffnete mit einem bunten Abend.

Auf dem Plakat war zu lesen: »Heute abend um sechs Uhr: keine Kapelle, keine Ausstattung, keine Wasserpantomimen, kein Ballett. Das erste Theater in Deutschland spielt wieder.«

Aber die Besetzung konnte sich sehen lassen: Filmkomponist Georg Haentzschel, der die Musik für »Münchhausen« geschrieben hatte, saß am Klavier, Hildegard Knef machte die Conference; Viktor de Kowa, Günther Lüders und Karl Schönböck rezitierten; »Michi« sang, und ich produzierte mich wie gehabt als »Mädchen mit Pfiff«.

Abendgage: ein Brot. Etwa drei Wochen nach der Eröffnung kamen plötzlich zwei Sowjetsoldaten mit Maschinenpistolen auf die Bühne, brüllten Viktor de

Kowa an und schleppten ihn davon. Das Publikum glaubte an einen besonders originellen Regieeinfall und lachte sich halbtot.

Aber die Szene war echt und alles andere als zum Totlachen. Viktor de Kowa war von den Russen verhaftet worden, wurde in das Untersuchungsgefängnis der Geheimpolizei NKWD gebracht und in einen Keller eingesperrt. Ausgerechnet Viktor de Kowa, von dem jeder wußte, daß er ein Gegner der Nazis gewesen war. Und ausgerechnet von fünf Schauspielern, die einen Brief verfaßt hatten, war er als »Freund des Führers« denunziert worden.

Doch Viktor hatte Glück. Bei der Vernehmung durch den sowjetischen Kommandanten, der im Privatleben selbst Schauspieler war, stellte sich schnell seine Unschuld heraus.

Einige Zeit später hörte ich wieder einmal eine Fahrradklingel vor meiner Haustür. Aber diesmal war es nicht »Schampi«, der sich auf diese Weise bemerkbar machte, sondern ein dunkelhaariger junger Mann, der sich mir als Hans Rosenthal vorstellte.

Er kam aus dem Rundfunkhaus und sollte möglichst viele Künstler für einen »Bunten Abend« im Sendesaal 1 »einfangen«. Diesmal setzte ich mich auf die Fahrradstange und radelte mit ihm ins Funkhaus.

Hans Rosenthal, der »Botenjunge« von einst, ist heute einer der besten Rundfunk- und Fernseh-Quizmaster, die es überhaupt gibt. Wie er sich damals benahm, werde ich nie vergessen. Obwohl sein Bruder durch die Nazis umgekommen war – ihn selbst hatten tapfere Bewohner einer Berliner Laubenkolonie zuletzt versteckt –, hat er nie daran gedacht, Gleiches mit Gleichem zu vergelten.

Hans und ich haben viele gemeinsame Sendungen

gemacht. Wie oft war ich als Mitglied seines Rateteams oder als Sängerin in seinen Rundfunksendungen »Allein gegen alle«, »Wer fragt, gewinnt«, »Spaß muß sein« oder »Gut gefragt ist halb gewonnen« – und im Fernsehen in »Dalli-Dalli«.

Übrigens passierte da eine hübsche Geschichte, als er einmal zu Besuch in meinem Berliner Häuschen war. Ich feierte Geburtstag. Und ausgerechnet an diesem Tag verklemmte sich aus unerfindlichen Gründen die Haustür.

Als Hans kam, holte er sich sofort Werkzeug und sagte: »Laß mich das mal machen.« Inzwischen kamen die anderen Gäste, und die Party begann. Hans Rosenthal reparierte noch immer. Es war schwieriger, als er vermutet hatte.

Nach zwei Stunden war es schließlich soweit. Die Tür ließ sich wieder schließen. Aber für Hans Rosenthal war die Party gelaufen. Er war geschafft: »Ich muß jetzt nach Hause ins Bett.«

Versetzen wir uns wieder ins Jahr 1945: Der »Bunte Abend«, zu dem mich Hans Rosenthal abholte, fand im Sendesaal 1 statt, wo wenige Monate vorher immer das »Wunschkonzert« des Großdeutschen Rundfunks ausgestrahlt worden war. Nun also sollte es dort – zwar unter anderen Vorzeichen, aber im gleichen Stil – weitergehen wie zuvor.

Ich hatte plötzlich Hemmungen, doch Hans Rosenthal überredete mich: »Es ist die erste Sendung, die rausgeht. Sie haben doch sicher Verwandte, die nichts von Ihnen wissen. Jeder Künstler darf eine persönliche Botschaft an seine Verwandten sprechen.«

Meine Eltern waren kurz vor dem Einmarsch der Russen in Ungarn aus Budapest nach Irschenhausen in Bayern geflüchtet. Doch das war das einzige, was ich wußte. So bat ich an diesem Abend am Mikrofon die Hörer in Irschenhausen, Herrn und Frau Still auszurichten, daß ihre Tochter noch lebe und sie sobald wie möglich besuchen werde.

Der erste Nachkriegswinter zog ins Land und sollte uns allen schwer zusetzen. Doch dann kam eine freudige Nachricht: Hans Söhnker rief mich an: »Ilse, stell dir vor, die Engländer haben eine Kopie unseres Films ›Große Freiheit Nr. 7‹ gefunden. Sie wollen ihn, weil er im Dritten Reich verboten war, nun in Hamburg im Waterloo-Kino ganz groß starten. Wir sollen zur Premiere hinfliegen.«

Ich fand das natürlich fabelhaft. Das konnte vielleicht der Beginn einer neuen Filmkarriere sein. In Deutschland waren zwar die meisten Kinos zerstört, aber in denen, die nicht von Bomben getroffen waren, wurden wieder Filme gezeigt; vor allem ausländische Filme, die man in den Nazijahren nicht hatte sehen dürfen.

Die Kinos waren auf Tage hinaus ausverkauft. Mit den Eintrittskarten wurden Geschäfte gemacht, die Kassiererinnen mit Zigaretten und Schokolade bestochen. Für eine Kinokarte, die normal an der Kasse nur drei Reichsmark kostete, wurden unter der Hand manchmal bis zu 300 Reichsmark geboten.

Wenn in den ersten Nachkriegsjahren deutsche Filme gezeigt wurden, handelte es sich oft um sogenannte »Überläufer«; so bezeichnete man diejenigen Streifen, die noch vor Kriegsende im letzten Augenblick fertig wurden, aber nicht mehr in die Kinos kamen oder von den Nazis verboten worden waren.

Dazu gehörte zum Beispiel der von Helmut Käutner inszenierte Film »Unter den Brücken« mit Hannelore Schroth, Carl Raddatz und Gustav Knuth.

170

Unseren Film »Große Freiheit Nr. 7« hatten die Nazis zwar im Dezember 1944 zur Vorführung im Ausland einschließlich des damaligen Protektorats Böhmen und Mähren zugelassen (er war in Prag uraufgeführt worden), nicht jedoch im Gebiet des Deutschen Reiches. Nun, nach dem Krieg, wurde er im August 1945 von der alliierten Militärzensur für die Westzonen und im März 1946 von der sowjetrussischen Militärzensur für die Ostzone freigegeben und aufgeführt.

Zur Hamburger Premiere der »Großen Freiheit« flogen die Engländer Hans Söhnker und mich mit einer Militärmaschine von Berlin nach Hamburg. Zum erstenmal sah ich aus der Vogelperspektive das wahre Ausmaß der Zerstörungen, die der Krieg hinterlassen hatte. Das Gebiet unter uns wirkte mit den riesigen Kratern wie eine Mondlandschaft.

Schließlich tauchten am Horizont die Silhouetten der wenigen hohen Häuser auf, die in Hamburg noch stehengeblieben waren. Trotz allem keimte in meinem Herzen eine leise Hoffnung, daß man mich vielleicht noch brauchen könnte.

Aber für mich sollte es keinen Neubeginn geben. Ich ahnte in diesem Augenblick nichts vom »Klub der Verbotenen«.

XX.

Psycho-Test beim Urenkel von Sigmund Freud

1945, das Jahr, in dem der Krieg endete, war für Millionen Menschen der Schlußpunkt unter eine schreckliche Zeit, zugleich aber auch – nachdem man erst einmal den beklemmenden Katzenjammer der Stunde Null überwunden hatte – der Start zu einem neuen hoffnungsvollen Anfang.

Für mich war es nur der Schlußpunkt: Mit nur 24 Jahren das Ende meiner Karriere. Es gab keine UFA mehr, und sie kam auch niemals wieder. Die Besatzungsmächte beschlagnahmten das gesamte reichseigene Filmvermögen. 70 % davon, darunter vor allem unsere schöne UFA-Stadt Babelsberg, befanden sich in der sowjetisch besetzten Zone und wurden später in die ostdeutsche zentrale Filmgesellschaft DEFA eingebracht. In den westlichen Besatzungszonen entstanden nach der »Entflechtung« die drei Kerngesellschaften »Bavaria Film GmbH«, »Universum Film AG« und »UFA Theater AG«; sie wurden zunächst 1956 von der Deutschen Bank übernommen und (mit Ausnahme der Bavaria) dann von der Firma Bertelsmann erworben, die aus einer Buchgemeinschaft hervorgegangen war und heute der größte Medienkonzern Europas ist.

Da Bertelsmann im Grunde nur an den Musikrechten und anderen Urheberrechten der alten UFA interessiert war, verkaufte die Firma so um 1971/72 sämtliche UFA-Theater an die Filmtheaterbetriebe Heinz Riech in Frankenhorst. So gibt es zwar heute noch den alten klangvollen Namen »UFA« bei einer Kinokette, einer Fernseh- und Werbefilmproduktion, einer Film-Fernseh-Exportfirma und den UFA-Musikverlagen in München – aber mit der UFA von einst hat das nichts mehr zu tun.

Was sollte ich tun? Es gab unternehmungslustige Menschen, die irgend etwas völlig anderes machten und sich auf kühne Abenteuer einließen. Ein schönes Beispiel dafür ist der frühere Schauspieler und Dramaturg Helmut Schreiber gewesen, der in den letzten Jahren des »Tausendjährigen Reichs« zum Herstellungsleiter erst der Bavaria-Filmgesellschaft in München, dann der Tobis in Berlin aufgestiegen war. Er hatte, das war sein privates Hobby, schon immer bei jeder Gelegenheit Zauberkunststücke vorgeführt. Das machte er nun nach dem Krieg zum Beruf. Von 1948 an trat er öffentlich als Illusionist und Zauberkünstler auf und gab sich nach der schwarzen Schlange in Rudyard Kiplings »Dschungelbuch« den Magiernamen Kalanag. Er wurde international bekannt, machte viele Tourneen in alle Länder und schrieb 1962, ein Jahr vor seinem Tod, das Buch »Kalanag – der Magier erzählt sein Leben«. Er zeigte, wie man etwas völlig Neues beginnt.

So sehr ich solche Leute bewundere, die ihr Leben völlig umkrempeln können – ich wollte das nicht. Ich wollte Schauspielerin bleiben. Dieser verdammt schöne Beruf ist nun einmal mein Schicksal. Doch ich mußte warten. Anderthalb Jahre wurde ich auf Eis gelegt; etwas Schlimmeres kann einem als Schauspielerin gar nicht passieren.

Wertvolle Zeit meines Lebens wurde mir geraubt –

ausgerechnet die Zeit, als der deutsche Film, wenn auch unter schweren Bedingungen, wiedergeboren wurde. Nun war ich leider raus aus allem. Es gab keine Rollen mehr für mich. Man wollte neue Gesichter sehen. Andere waren gefragt.

Damals begriff ich nicht, warum der Faden zum Publikum gerissen war. Heute kann ich mir dieses Phänomen erklären. Ich hatte das Pech, daß ich für die Leute einfach ein »alter UFA-Star« war. Nicht alt an Jahren, aber ein bekanntes Gesicht.

Man sagte: »Och, die wollen wir nun nicht mehr sehen.« Andere kamen groß heraus: Hildegard Knef, Ruth Leuwerik, Maria Schell. Ich habe mich für sie gefreut. Ganz klar. Aber für mich war es eine schwere Zeit.

Dabei standen die Sterne für einen Neubeginn zunächst sehr günstig. Die groß herausgestellte Aufführung der »Großen Freiheit Nr. 7« in Hamburg wurde ein voller Erfolg. Hans Albers war allerdings nicht zur Premiere erschienen. Er hielt sich in seinem Haus am Starnberger See in der amerikanischen Zone auf. Aber Gustav Knuth war nach Hamburg gekommen. Durch die letzten Kriegswirren hatte es ihn von Berlin hierher verschlagen.

Nach der Premiere im »Waterloo-Kino« gaben die Engländer dort einen Empfang. Dabei lernte ich auch den Filmoffizier John Olden kennen, den späteren Ehemann Inge Meysels und frühverstorbenen Fernsehregisseur.

Die Engländer waren sehr nett zu uns, und ich dachte: »Prima, jetzt geht's wieder aufwärts.«

Einer der Offiziere fragte mich: »Warum wollen Sie eigentlich zurück nach Berlin? Haben Sie dort Angehörige?«

»Nein.«

»Dann bleiben Sie doch in Hamburg. Sie können auch hier auftreten.«

Das Angebot war wirklich sehr verlockend, ich hatte ja nichts mehr in Berlin!

Doch bevor ich mich entschied, wollte ich meine amerikanischen Freunde in der zerstörten ehemaligen Reichshauptstadt um Rat fragen. Über den Rundfunk in Hamburg konnte man mit Berlin telefonieren, was damals eine Sensation war. Ich rief also Henry Alter, meinen amerikanischen Freund, an und erzählte ihm von dem Angebot.

Henry riet mir: »Wichterl, bleib in Hamburg. Der Winter in Berlin wird schlimm. Wir können hier nicht viel für dich tun. Wenn du in Hamburg Arbeit findest, nimm sie an.«

Damit waren die Würfel gefallen. Und damit begann in Hamburg ein Kapitel meines Lebens, das ich eigentlich nicht missen möchte, obwohl es eine harte Zeit war.

Da gab es ein Haus (heute ist es das Gewerkschaftshaus, zwischendurch war es das Theater am Besenbinderhof), in dem Varieté-Veranstaltungen stattfanden. Damals hieß es »Palladium«. Nachmittags waren Vorstellungen für deutsche Zuschauer, abends für die englischen Besatzungstruppen.

Das »Palladium« suchte Leute, die zweisprachig auftreten konnten. Mein erstes Engagement hatte ich zusammen mit einer Gruppe von fünf jungen Musikern. Wir nannten uns »the blue five«, zu deutsch »Die blauen fünf«. Meine Kollegen trugen dunkelblaue Hose und einen Pullover, ich einen dunkelblauen Faltenrock und ein weißes Blüschen.

Im selben Programm traten noch Lale Andersen sowie Heinz Erhardt auf, den ich dort kennen- und schätzenlernte; bis zu seinem Tod war ich mit ihm befreundet.

Bald hatte ich auch in der Hansestadt wieder einen Freundeskreis. Aus allen Himmelsrichtungen stießen die durch den Krieg Versprengten zu uns: Grethe Weiser, Willy Fritsch mit Frau und Söhnen, Else v. Möllendorf (das Pünktchen aus dem Curt-Götz-Film »Napoleon ist an allem schuld«), Max Schmeling und Anny Ondra.

Auch der heutige Großverleger Axel Springer – damals noch nicht Axel Cäsar; er arbeitete im väterlichen Betrieb Hammerich und Lesser und wohnte am Harvestehuder Weg in Hamburg – zählte zu unserer Clique. Er war ein lustiger und netter junger Mann; ich hatte mit ihm einen heftigen Flirt. Ich erinnere mich noch mit Vergnügen an seinen alten Opel P 4, so ein kleiner Kasten auf vier Rädern, mit dem er kühn durch die Gegend brauste. Nur hatte das originelle Vehikel eine Macke: Die rechte Tür ging nicht zu. Der Beifahrer – und das war oft ich, wenn Axel mich vom Theater abholte – mußte während der Fahrt immer die Tür zuhalten.

Ich hatte ein Zimmerchen in einer sogenannten »Pension am Mittelweg«. Ich betone das »sogenannte« nicht etwa, weil es sich um ein anrüchiges Hotel handelte, sondern weil es damals kaum vernünftige Unterkünfte gab. Ich war sehr froh über mein »Luxusapartment«.

Eines Tages, als ich im »Palladium« auftrat, kam ein Mann zu mir in die Garderobe und stellte sich als Hans Raspotnik vor. Er war Unterhaltungschef bei Radio Hamburg (später wurde der Nordwestdeutsche Rundfunk daraus).

»Es wäre schön, wenn Sie bei unseren Sendungen mitmachen würden«, erklärte er.

176

Das brauchte er mir nicht zweimal zu sagen. Ich habe mitgemacht, gesungen und gepfiffen und sogar Hörspiele in hessischer und Berliner Mundart aufgenommen.

Alle Prominenten, die es nach dem Krieg nach Hamburg verschlagen hatte, traten in diesen Sendungen auf: von Max Schmeling bis Else von Möllendorf. Es wurden auch bunte Abende veranstaltet, und manchmal fuhren wir für ein paar Eier und ein Stück Brot über Land.

Als wir wieder eine kleine Tournee machen wollten – ein Bus war organisiert, Kurt Wege mit seinen Solisten sollte uns begleiten –, stellte ich kurz vor der Abfahrt mit Schrecken fest, daß ich meine Noten im Funkhaus gelassen hatte.

»Bitte macht einen Schlenker mit dem Bus zum Funkhaus«, rief ich, »damit ich meine Unterlagen abholen kann!«

Wir fuhren also den Schlenker. Am Funkhaus meldete ich mich bei dem Wachposten: »Ich habe meine Noten vergessen.«

»Wie heißen Sie?«

»Ilse Werner.«

Der Wachposten sah mich prüfend an und fuhr dann mit dem Zeigefinger über eine Namensliste, die er vor sich liegen hatte. Plötzlich stoppte der Finger.

»Sie dürfen das Funkhaus nicht mehr betreten«, stellte der Wachposten fest.

Ich fiel aus allen Wolken. »Das darf doch nicht wahr sein.«

Aber es war wahr. Auch Hans Raspotnik, mit dem ich sofort telefonierte, konnte mir nicht helfen: »Ilse, ich habe alles versucht, um das zu verhindern. Aber du stehst auf der Verbotsliste.«

»Um Gottes willen, warum nur?«

»Wir wissen es noch nicht. Aber ich werde versuchen, es zu klären.«

Schnell stellte sich heraus: Ich war nicht die einzige prominente UFA-Schauspielerin, die Auftrittsverbot erhalten hatte. Auch viele andere wie Grethe Weiser, Willy Fritsch und Sybille Schmitz traf der Bannstrahl der Alliierten; eine Entscheidung, die von Zufällen und Beziehungen abhing. Denn wer irgendwelche Entlastungszeugen kannte, konnte hoffen, mit einem blauen Auge davonzukommen.

Es war schon merkwürdig, und es wurde noch merkwürdiger, als Hans Raspotnik nachhakte:

»Ihre deutschen Kollegen haben vorgeschlagen, wer auf die schwarze Liste gehört.« So war es inoffiziell von den zuständigen Stellen zu erfahren. »Wir haben die Schauspieler, die im Dritten Reich Filme gedreht haben, doch kaum gekannt.«

Heute kann ich nur sagen: Es war nicht gerade die feine Art, daß man offenbar von seinen eigenen Landsleuten angeschwärzt wurde. Dabei waren die meisten, die Auftrittsverbot erhielten, nie in der Partei gewesen. Ich auch nicht.

Einen weiteren Grund dafür, warum ich gesperrt wurde, erfuhr ich erst sehr viel später: Ich hatte einen Brief an Winnie Markus in Berlin geschrieben und scherzhaft am Rande erwähnt: »Es geht mir in Hamburg ganz gut, wenn uns auch die Engländer leider nicht mit Schokolade und Erdnußbutter verwöhnen wie unsere amerikanischen Freunde in Berlin.«

Da es noch keine Post gab, hatte ich den Brief einem englischen Sergeanten mitgegeben, der nach Berlin fuhr. Der Brief soll geöffnet worden sein, und der Inhalt hat – so gab man es jedenfalls Hans Raspotnik durch die Blume zu verstehen – mit dazu beigetragen, daß ich in der englischen Zone verboten wurde.

Heute klingt das alles ein bißchen unwahrscheinlich, doch damals hatte es die schlimmsten Folgen für mich. Ohne Arbeitserlaubnis keine Aufenthaltsgenehmigung. Ohne Aufenthaltsgenehmigung keine Lebensmittelkarten. Man konnte eigentlich gleich in die Alster springen.

Ich war also jetzt Mitglied im »Klub der Verbotenen«, wie wir ausgestoßenen Schauspieler uns scherzhaft nannten. Aber so schwierig diese Zeit war: Wir haben den Humor nicht verloren.

Eine ulkige Geschichte erlebte ich mit Grethe Weiser und ihrem Ehemann Hermann Schwerin. Sie wohnten direkt um die Ecke.

Grethe hatte mich zu einem Plausch eingeladen, und ich mußte vor dem damaligen nächtlichen Ausgehverbot bei ihr sein. Nun hatte ich an diesem Tag gerade von irgend jemandem ein paar Kartoffeln geschenkt bekommen und auf einem kleinen Kocher aufgesetzt.

Plötzlich fiel mein Blick auf die Uhr. In fünf Minuten begann das Ausgehverbot. Ich mußte los, wenn ich nicht Gefahr laufen wollte, daß man mich schnappte.

In der Eile vergaß ich die Kartoffeln, damals eine Rarität und Delikatesse. Erst als ich bei Grethe Weiser eintraf, fiel es mir wie Schuppen von den Augen: Die Kartoffeln! Das ganze Haus konnte durch meine Schusseligkeit abbrennen.

Aber was sollte ich machen? Es war doch Ausgehverbot.

Wir beratschlagten und beratschlagten, und dann sagte Hermann Schwerin: »Ich schleiche mich rüber, im Schatten, immer an der Wand lang, und hole die Kartoffeln.«

Grethe Weiser und ich haben 15 Minuten lang um

ihren Mann gezittert. Falls er von einer Militärstreife geschnappt wurde, konnten wir ihn morgen im Knast besuchen.

Aber dann ging die Tür auf, und wir waren erlöst. Hermann hatte die Kartoffeln gerettet. Leider waren sie verbrannt. Aber besser verkohlte Kartoffeln als das ganze Haus in Flammen.

Wie zahlreiche andere Schauspieler, Regisseure und Produzenten, wurde ich nach ein paar Monaten auf einem britischen Militärfahrzeug nach Bad Oeynhausen gebracht, wo uns ein Bogen mit 131 Fragen vorgelegt wurde – Fragen nach der Vergangenheit und Gesinnung.

Wir wurden in einem von Stacheldraht umgebenen Häuserkomplex untergebracht, und man testete uns fünf Tage lang auf Herz und Nieren. Wir – das waren unter anderem der heutige Großverleger John Jahr, der Opernsänger Mathieu Ahlersmeier, der Kabarettist Ludwig Manfred Lommel, der immer mit seinem imaginären »Sender Runxendorf« das Radioprogramm verulkt hatte, ein ehemaliger Kriminalkommissar und ich.

Wir nahmen die Angelegenheit eher von der komischen Seite und genossen im übrigen die gute Verpflegung und die geheizten Räume. Einer der Offiziere, die uns überprüften, ist ein mürrisch aussehender junger Mann gewesen, der als Captain Freud vorgestellt wurde – wie sich herausstellte, war er ein Urenkel Sigmund Freuds.

Ludwig Manfred Lommel konnte es natürlich nicht lassen, seine Witze zu machen. Wir haben ihn gewarnt: »Du, Ludwig, paß auf, sei vorsichtig. Du weißt nicht, ob der Freud das in den falschen Hals kriegt.«

Aber Captain Freud war kein Menschenfresser. Eines

Abends besuchte er uns in unserer Unterkunft. Wir haben lange zusammengesessen und miteinander diskutiert und so Völkerverständigung auf unsere Art betrieben.

Nach ein paar Tagen waren die Tests abgeschlossen. Wir bekamen unsere »Abschlußzeugnisse«. Captain Freud hatte keine Bedenken, uns wieder auf die Menschheit loszulassen: als Schauspieler, Conférencier, Kriminalbeamter und Verleger. Allerdings war mit diesem Bescheid das Verfahren noch nicht abgeschlossen.

Bei meinem letzten Besuch in Hamburg habe ich mit Verleger John Jahr telefoniert, der Mitinhaber des Gruner & Jahr-Verlags (»Stern«) war und heute Hauptaktionär des Jahreszeiten-Verlags ist:

»Erinnern Sie sich noch an Bad Oeynhausen?« fragte er mich.

»Das werde ich wohl nie vergessen!«

»Aber es war doch eigentlich ganz ulkig, und wir beide haben trotzdem viel erreicht, nicht wahr?« meinte er.

Ja, aber es war ein langer, beschwerlicher Weg.

Als ich Bad Oeynhausen verließ, fuhr ich zu meinen Eltern nach Ebenhausen, die im Isartal in der amerikanischen Besatzungszone lebten. Im Nebenhaus, das dem Garagenmeister Sigi Binder von der »Neuen Zeitung« gehörte, bekam ich ein kleines Zimmer.

Es war ein irrsinnig kalter Winter. Ich weiß noch: Ich bin mit einem Trainingsanzug, mit zwei Paar dicken wollenen Socken, mit einem Pelzmantel und einer Pudelmütze auf dem Kopf ins Bett gegangen. Eine Erfahrung aus dieser Zeit trifft auch noch heute auf mich zu: Ich kann nicht gut hungern, aber ich kann noch schlechter frieren.

Eine Weile blieb ich bei meinen Eltern. Ihre Nachbarin war Margarete Hauptmann, die Witwe Gerhart

Hauptmanns, mit der ich mich schnell anfreundete. Sie war sehr nett zu mir und erzählte mir von ihrem Mann, von seinen Werken und von gemeinsamen Weltreisen.

Frau Hauptmann tröstete mich immer wieder: »Warten Sie nur ab, mein Kind. Sie werden sicher noch einmal an Ihre Karriere anknüpfen können. Aber in dieser Situation braucht ein neuer Start eben seine Zeit.«

In München meldete ich mich bei einem Mr. Moeller, der als Chef der amerikanischen »Clearing-Commission« auf dem Bavaria-Gelände in Geiselgasteig sein Büro hatte. Er war ein ehemaliger Wiener Rechtsanwalt und galt als »besonders scharf«. Mr. Moeller ließ sich aus meiner Vergangenheit berichten. Heute ist er übrigens mein Anwalt und Freund.

Damals versprach er mir, meine Angelegenheit zu prüfen. Doch bevor ich eine Nachricht von ihm erhielt, bekam ich vom zuständigen Landratsamt den Bescheid, ich sei aufgrund der Jugendamnestie entnazifiziert.

Um das festzustellen, hatten die verantwortlichen Stellen eineinhalb Jahre gebraucht. Für die lächerliche Erkenntnis, daß sie nicht gerade uns grünes Gemüse für die ganze Katastrophe verantwortlich machen konnten. Aber mir war nicht zum Lachen zumute.

Man hatte mir eineinhalb Jahre meines Lebens gestohlen. Entscheidende Jahre. Verlorene Jahre.

Die Folgen dieser Zwangspause sollte ich noch lange spüren, denn ich hatte dadurch den Anschluß an das neue Filmgeschehen verpaßt. Als ich wieder drehen durfte, hat man mir Rollen als Mutter einer 15jährigen Tochter angeboten. Obwohl ich viel zu jung dafür war, wurde ich automatisch, wie auch andere Kollegen von damals, als alt eingestuft, obwohl wir es nicht waren.

»Man macht ja mal 'nen Scherz«, hätte Grethe Weiser gesagt.

XXI.

Hat Wunderheiler Gröning mir das Leben gerettet?

»Wichterl, du weißt doch, daß ich eine ziemlich vernünftige und reale Person bin«, sagte Winnie Markus. »Aber ich habe gestern einen Mann kennengelernt, der Bruno Gröning heißt. Man nennt ihn den Wunderheiler, weil er schon vielen geholfen haben soll. Vielleicht kann er auch dich gesund machen.«

Lachen Sie mich bitte nicht aus; aber der Wunderheiler Gröning hat mir wirklich geholfen. Ich bin überzeugt davon. 33 Jahre liegt das jetzt zurück. Ich war inzwischen mit dem amerikanischen Journalisten John de Forest verheiratet und lag mit einer geplatzten Eileiterschwangerschaft in einem Münchner Krankenhaus.

Doch bevor ich über diese schwierige Zeit in meiner ersten Ehe spreche, möchte ich allgemein etwas zum Thema Liebe, Ehe und Männer sagen: Die Liebe ist wie Ebbe und Flut. Sie kommt und geht.

Ich hatte bis zu diesem Zeitpunkt viele Männer kennengelernt, aber nur wenige wirklich geliebt. Ich war meist auf einen ganz bestimmten Typ reingefallen: Männer, die leichtlebig waren und schöne Worte machten. Oder Männer, die verheiratet waren und mit denen ich nicht zusammenleben durfte.

Männer also, mit denen ich niemals gemeinsam einschlafen und niemals gemeinsam aufwachen konnte, und nur in den seltensten Fällen haben wir ein Frühstück zusammen gehabt. So bin ich – abgesehen von ein paar Jahren, in denen ich verliebt und verheiratet war – letzten Endes alleine geblieben – bis heute.

Ich weiß nicht, ob ich mich überhaupt für die Ehe eigne. Zweimal versuchte ich es mit ganzem Herzen. Doch es war nicht immer nur Glück, was ich gefunden habe.

Als ich 1946 meinen ersten Ehemann John de Forest kennenlernte, lagen zwei stürmische Lieben hinter mir. René Larrave und Hans Tost. Bei John fing es ganz anders an. Er war kein »Orkan«, der mich im Sturm nahm. Unsere Liebe entwickelte sich ganz allmählich.

Im Haus von Sigi Binder in Ebenhausen, wo ich ein kleines Zimmerchen gegenüber der Wohnung meiner Eltern gefunden hatte, traf ich zum erstenmal mit ihm zusammen. Seine Urahnen stammten aus Belgien, er selber war waschechter Amerikaner. In der Schule hatte er Deutsch gelernt, das er fabelhaft sprach.

Er war mit den amerikanischen Truppen nach Deutschland gekommen, um als Journalist in München die »Neue Zeitung« mit aufzubauen; sie war nach dem Kriege das erste Blatt, das für die Deutschen gedruckt wurde, noch unter amerikanischer Lizenz.

John de Forest zeichnete als Verwaltungschef verantwortlich. Chefredakteur war Hans Wallenberg. Robert Lembke leitete das Ressort Innenpolitik. Auch der spätere Blattmacher Peter Boenisch und Frau Hamm-Brücher gehörten als journalistischer Nachwuchs dazu.

Zunächst hatte ich meinem Ehemann in spe wenig Beachtung geschenkt. Er sah zwar blendend aus und war ein Gentleman par excellence, aber Amors Liebespfeil zeigte bei mir noch keine Wirkung. Auch als mich John zu einem Rendezvous einlud, ahnte ich nicht, daß der Kompaß meines Herzens in eine andere Richtung ausschlug – Kurs in den Hafen der Ehe.

Wir gingen gelegentlich zusammen aus. Wir verstanden uns immer besser, bis wir eines Tages feststellten, daß wir mehr füreinander empfanden als bloße Sympathie und Freundschaft.

Ich war sehr glücklich. Endlich ein Mann zum Bleiben. Endlich eine Familie gründen. Endlich Kinder. Das wünschte ich mir. Dafür wollte ich sogar meine Karriere aufgeben. Sie schien mir nicht mehr so wichtig. Ich wollte ein neues Leben anfangen. Das Chaos der Kriegsjahre vergessen. Vergessen auch die Diffamierungen und die erzwungenen Arbeitspausen.

Aber zur gleichen Zeit, als John mir einen Heiratsantrag machte, erhielt ich aus heiterem Himmel meine erste Filmofferte nach dem Krieg. Der österreichische Regisseur G. W. Pabst bot mir die weibliche Hauptrolle in »Die geheimnisvolle Tiefe« an.

John legte mir keine Steine in den Weg. Er hatte volles Verständnis dafür, daß ich das Angebot annahm, obwohl die Dreharbeiten sechs Monate dauern sollten. Diese Trennung war für uns beide sozusagen der letzte Prüfstein auf unserem Weg in die Ehe.

Ich packte also meine Koffer und fuhr nach Wien, wo ich von Paul Hubschmid am Flugplatz abgeholt wurde. Er war mein Partner in dem Film.

Die Außenaufnahmen wurden in den Eishöhlen der Tauern gedreht. Obwohl der Film insgesamt sieben Millionen Schillinge kostete, war er in geschäftlicher Hinsicht kein Erfolg. Künstlerisch erfüllte er zwar die hochgesteckten Erwartungen, aber das Publikum honorierte es nicht. Die Kinokassen blieben ziemlich leer.

Nach meiner Heirat mit John wohnten wir in München, führten eine harmonische Ehe, hatten einen großen Freundeskreis, und auch beruflich ging es aufwärts. Mit Curd Jürgens als Partner drehte ich meinen zweiten Nachkriegsfilm »Die gestörte Hochzeitsnacht«.

Obwohl ich mit Curd nichts anderes als ein kollegiales Verhältnis hatte, nannte er mich liebevoll »Püppelchen«. Er war zu jener Zeit mit Judith Holzmeister, meiner ehemaligen Mitschülerin am Reinhardt-Seminar, verheiratet.

In München gehörte ich zum Bekanntenkreis von Hans Wallenberg, dem damaligen Chefredakteur der »Neuen Zeitung«. Bei ihm lernte ich auch Robert Lembke kennen.

Von Lembkes Fernsehreihe »Was bin ich?« war noch nicht die Rede. Aber als sie gestartet wurde, durfte ich gleich in der ersten Sendung mitmachen. Ein paarmal gehörte ich dem Rateteam an, später trat ich auch als Stargast auf.

Eine solche Quizsendung zerrt schon arg an den Nerven aller Beteiligten. Da verliert man leicht den Faden. Doch Robert mit seiner sprichwörtlichen bayerischen Bierruhe verstand es immer, uns bei Stimmung zu halten. Bei ihm fühlte man sich nie unsicher oder gar verlassen. Kein Wunder, daß »Was bin ich?« im Fernsehen ein Dauerbrenner wurde.

Robert war schon immer ein humoriger Mann. Dazu eine Episode: Als ich einmal auf der Berliner Autobahn in Richtung Süden fuhr, traf ich am Kontrollpunkt auf eine Autoschlange. Ich machte mich auf langes Warten gefaßt.

Es war sommerlich warm, und so stieg ich aus dem Auto aus, um etwas Luft zu schnappen. Da sah ich vier Autos vor mir Robert Lembke. Auch er vertrat sich gerade ein wenig die Füße.

Ich rief: »Robert!«

Er schaute. Wir liefen aufeinander zu, umarmten uns und fingen gleich zu »ratschen« an, wie man in Süddeutschland sagt.

Aus Berlin hatte ich einige Witze mitgebracht, die ich Robert natürlich sofort erzählen mußte. Und er zückte dann auch sein berühmtes Notizbüchl, in dem er die besten Witze sammelt.

Wir waren so im Gespräch vertieft, daß wir gar nicht merkten, wie sich die Kolonne vor uns auflöste. Wir hätten längst vorrücken müssen und hielten den ganzen Verkehr auf.

Nun haben es eigentlich die Autofahrer so an sich, daß ihnen in solchen Fällen der Kragen platzt. Es wird gehupt und geschimpft. Diesmal aber nicht. Ein Wunder?

Nee. Sie hatten uns nämlich erkannt, stellten sich um uns herum und hörten sich mit Vergnügen unsere Witze an, nach dem Motto: »Mit Humor geht alles besser, auch das Autofahren.« Ach ja . . . So wird's nie wieder sein.

Aber wechseln wir die Szene und kehren wir zum Thema Ehe zurück.

Vor Drehbeginn meines nächsten geplanten Films »Geliebter Lügner« mit Hans Söhnker (Regie: Hans Schweikart) wurde ich plötzlich krank. Ich litt unter irrsinnigen Unterleibsschmerzen.

Als ich eines Morgens aufstand, bekam ich einen Blutsturz. Unser Hausarzt stellte eine geplatzte Eileiterschwangerschaft fest.

Mein Mann brachte mich sofort ins Krankenhaus. Mein Zustand war sehr ernst. Innere Blutungen bedrohten mein Leben. Ich wurde sofort operiert. Doch damit war die Gefahr längst nicht gebannt. Die Entzündung hatte mein Blut vergiftet. Aber als Amerikaner konnte mein Mann glücklicherweise Penicillin besorgen, das damals leider noch nicht allen Krankenhäusern zur Verfügung stand.

Ganz aufgeregt rief Winnie Markus bei meinem Mann an: »Um Gottes willen, John, was ist denn mit Ilse passiert?« Kurz darauf besuchte sie mich im Krankenhaus und sah, wie elend mir war. Noch immer war ich so geschwächt, daß man mit dem Schlimmsten rechnen mußte.

In dieser Situation kam ihr Vorschlag mit dem Wunderheiler Bruno Gröning. Sie versuchte, sich mit ihm in Verbindung zu setzen, was nach einigem Hin und Her auch gelang. In seinem Auftrag brachte sie eine Stanniolkugel ins Krankenhaus mit, die sie mir in die Hand drückte. »Man sagt Gröning telepathische Kräfte nach«, erklärte sie. »Deshalb muß man eine solche Kugel fest in die Hand nehmen und intensiv an ihn denken. Und wenn er dann zur gleichen Zeit an den Patienten denkt, soll der Betreffende gesund werden.«

Beim Abschied sagte Winnie: »Wichterl, wir müssen alles versuchen; vielleicht kann er dir helfen.«

Noch am selben Abend rief sie meinen Mann an: »John, bitte sagen Sie Ilse, sie soll morgen zwischen 14.00 und 14.30 Uhr die Kugel in die Hand nehmen. In dieser halben Stunde wird Gröning an sie denken.«

Mein Mann war sehr skeptisch. Doch wenn es einem so dreckig geht wie mir damals, dann greift man eben nach jedem Strohhalm. Ich ließ ein Schild an meine Zimmertür anbringen: »Bitte nicht stören«. Ich nahm die Kugel ganz fest in meine Hand und hatte das Gefühl, daß sie sehr heiß wurde, daß irgendwelche Ströme durch meinen Körper gingen.

Vielleicht war alles nur Einbildung oder Autosuggestion, aber was immer es gewesen sein mag: Von dieser halben Stunde an besserte sich mein Gesundheitszustand. Nach zwei Wochen wurde ich aus dem Krankenhaus entlassen. Filmen konnte ich allerdings vorläufig noch nicht. »Geliebter Lügner« wurde ohne mich gedreht. Meine Rolle übernahm Elfie Mayerhofer.

Da ich keine Däumchen drehen wollte und Ablenkung brauchte, begann ich zu synchronisieren und wurde für in Deutschland vorgeführte amerikanische Filme die deutsche Stimme von Maureen O'Hara, Olivia de Havilland und Linda Darnell.

Ein paar Monate später wurde ich erneut schwanger. Ich war glücklich. Ich wollte das Baby haben. Doch mein Arzt warnte mich: »Nach der Geschichte, die Sie hinter sich haben, müssen Sie sofort aufhören zu arbeiten und sich sehr, sehr schonen. Sie brauchen absolute Ruhe, sonst werden Sie das Baby nicht lebend zur Welt bringen.«

Ich habe alles getan, um das Kind zu kriegen. Sieben Monate lang blieb ich im Bett liegen. Ich erbrach ständig und hatte nur Schmerzen. Dann war es soweit. Im siebten Monat brachte ich einen kleinen Jungen zur Welt. Aber alles war umsonst gewesen – das Warten, die Angst und die Schmerzen: Mein Kind starb nach zwanzig Minuten.

Das schwierigste Kapitel meines Lebens begann. Ich litt unter schweren Depressionen. Mein Mann war in dieser Zeit sehr gütig und verständnisvoll zu mir. Als er wenig später seine Rückversetzung nach Amerika erhielt, war ich sofort bereit, alle Zelte hinter mir abzubrechen.

»Laß uns nach Amerika gehen«, sagte ich. »Vielleicht kann ich dort drüben schneller vergessen, und wir können ein neues Leben anfangen.« Im Herbst 1949 reisten wir mit der »Queen Elizabeth« nach New York.

XXII.

Wie ich Ronald Reagan die Flötentöne beibrachte

Der Schauspieler sah sehr gut aus. Er war groß, mit breiten Schultern. Und er war phantastisch angezogen. Er trug ein weißes Cowboykostüm mit Goldknöpfen, Sporen und einen Riesenhut.

Er fragte mich: »Was machen Sie?«

»Ich mache Musik – aber ich singe nicht nur, ich pfeife auch.«

»Das ist ja interessant«, sagte er. »Können Sie mir das Pfeifen beibringen?«

Ich pfiff ihm ein paar Takte vor, und er machte ein verblüfftes Gesicht.

»Und Sie haben wirklich nichts im Mund?«

»Überzeugen Sie sich selbst!« Ich streckte ihm respektlos die Zunge raus.

Pardon, Mister President! Ich konnte ja nicht ahnen, daß einmal eine ganze Nation nach Ihrer Pfeife tanzen würde!

Der Cowboy war nämlich kein Geringerer als der heutige amerikanische Präsident Ronald Reagan. Die Flötentöne brachte ich ihm 1951 bei einem Besuch in Hollywood bei.

Meinem ersten Mann zuliebe, und um die schwere Zeit in Deutschland zu vergessen, war ich in das Land der unbegrenzten Möglichkeiten gezogen. Ich hatte mir vorgenommen, eine hundertprozentige Amerikanerin zu werden.

Zunächst war ich auch von der Neuen Welt und dem »American way of life« fasziniert: der Freiheitsstatue, der Glitzerstadt New York, den Wolkenkratzern, dem Flair des Broadway, den Supermärkten mit Kaffee, Seife, Kleenex und Steaks, dem Fernsehen, den Waschmaschinen, den Geschirrspülautomaten. Das alles gab es im Deutschland der Nachkriegsjahre ja noch nicht.

In New York wohnte ich anfangs in einem Hotel auf der Westside. John war nach Kalifornien gefahren, wo er eine Wochenzeitung kaufen wollte.

In der Zwischenzeit ging ich auf Entdeckungsreise und lernte das andere Gesicht der Millionenstadt kennen: die trostlosen Straßenschluchten, die Slums, den Streß, die »rush hour«, die Abgestumpftheit der Menschen und die schreckliche »Keiner-denkt-mehr-an-den-anderen«-Mentalität.

Dieses andere New York, dieses andere Amerika, machte mir angst. Ich bekam Heimweh nach Deutschland. Zu diesem Zeitpunkt wurde mir aus München eine Hauptrolle in dem Film »Mutter sein dagegen sehr« angeboten. Ich sprach mit John darüber. Er hatte Verständnis für meine Situation.

Wieder einmal packte ich die Koffer und traf im Sommer 1951 – fast zwei Jahre nach meiner Flucht Richtung Amerika – in Deutschland ein, um neben Paul Klinger, Paul Kemp und Erika von Thellmann zum erstenmal eine Mutterrolle zu spielen. Als die Dreharbeiten abgeschlossen waren, flog ich nach Amerika zurück.

John hatte inzwischen in Danville (Kalifornien) einen kleinen Zeitungsverlag gekauft. Das Blatt hieß »The Valley Pioneer«, zu deutsch »Der Tal-Pionier«.

Was war das für ein Leben in Danville, zwei Autostunden von San Franzisko entfernt?

Unser Häuschen bestand aus drei Räumen. Die gesamte Einrichtung – vom Fernsehgerät bis zur Waschmaschine – gehörte nicht uns, sondern war gemietet.

In Danville selbst war – wie man so schön sagt – der Hund begraben. Auf kulturellem und gesellschaftlichem Parkett war soviel los wie auf dem Zentralfriedhof von Chikago. In diesem Nest langweilte ich mich fast zu Tode.

Klar, daß meine Ehe darunter litt. Wir stritten uns häufig und lebten uns immer mehr auseinander. Ich verstand John nicht mehr. Er hatte sich in Amerika in einen anderen Menschen verwandelt und wurde mir ganz fremd. Er war halt jetzt in seiner Heimat.

Damals in Danville begann sich abzuzeichnen, daß unsere Ehe zum Scheitern verurteilt war.

Der rettende Engel, der mich aus meinem Nur-Hausfrauen-Dasein erlöste, war jene Kollegin, die 1946 mit dem Film »Die Mörder sind unter uns« sozusagen den deutschen Nachkriegsfilm aus der Taufe hob und dann mit »Film ohne Titel«, »Nachts auf den Straßen« und besonders als »Die Sünderin« großen Erfolg hatte: Hildegard Knef.

In der Zeitung las ich, sie sei in Hollywood eingetroffen, um mit Gregory Peck den Film »Schnee am Kilimandscharo« zu drehen.

Ich überraschte Hilde mit einem Anruf. Wir hatten uns gleich nach dem Krieg in Berlin kennengelernt. Sie nannte mich seitdem »Schnecke I«, und ich redete sie mit »Schnecke II« an.

Unsere beiden Spitznamen hatten wir von einem geflügelten Wort abgeleitet, das in Berlin häufig benutzt wird: »Mensch, da werd' ick zur Schnecke.«

»Hallo, Schnecke, wie geht es dir?« fragte sie.

Wie gesagt, mir ging es in Amerika nicht besonders gut, und ich habe Hilde meinen Kummer geschildert.

»Schnecke, du mußt mich unbedingt in Hollywood besuchen«, rief sie. »Ich habe hier ein Gästezimmer. Außerdem muß ich bald zu Außenaufnahmen weg, dann hast du die Wohnung ganz für dich allein und kannst dich in Ruhe hier im Filmgeschäft umsehen.«

»Schnecke II, ich will gar nicht filmen. Ich bin doch hier als Hausfrau verkleidet.«

»Das macht gar nichts. Wir müssen uns auf jeden Fall sehen.«

Ich fuhr also zu Hilde und blieb ein paar Wochen bei ihr. Zusammen mit ihrer Managerin Elli Silman wohnte sie in einem Appartement in Beverly Hills.

Das war eine aufregende Zeit. Hilde mußte zwar oft zu Filmaufnahmen weg, aber wenn sie zurückkam, saßen wir stundenlang zusammen und unterhielten uns über unsere Wahlheimat.

»Wie gefällt es dir hier?«

»Gar nicht«, gestand ich offen.

Da meinte Hilde: »Aber man muß das Beste daraus machen.«

Sie führte mich dann in ihre Gesellschaft ein und stellte mich vielen Leuten vor. Als Mrs. de Forest war ich in Hollywood überhaupt kein Begriff. Das war so, als wenn man hier sagen würde: »Das ist Fräulein Gesamteindruck.«

Aber ich traf auch eine Menge alter Freunde wieder: Paul Hubschmid, Fritz van Dongen und den Journalisten Bernd Reisfeld, der später den englischen Text für mein »Baciare« und noch andere Lieder geschrieben hat.

Eines Abends, als wir wieder einmal ausgingen, sagte

Hilde: »Heute wirst du eine sehr interessante Frau kennenlernen. Sie ist Schwedin und so etwas wie eine Wahrsagerin.«

Ich sah sie sehr skeptisch an.

»Nee, die ist wirklich sehr interessant«, sagte Hilde. »Ich möchte, daß du sie einmal kennenlernst. Schließlich müssen wir ja wissen, was die Zukunft bringt.« Hilde ist nämlich selber sehr schicksalsgläubig und trifft nach Möglichkeit keine großen Entscheidungen, wenn die Konstellation der Sterne ungünstig ist.

Ich ging nun mit Hilde zu dieser Party. Eine blonde Dame kam quer durch die Halle auf uns zu und begrüßte Hilde. Dann sah sie mich an und fragte: »Sind Sie Schauspielerin?«

Hilde wollte mit »Ja« antworten, aber ich kniff sie in die Hand – sie sollte nichts verraten.

Im Laufe des Abends habe ich mich dann sehr lange mit der Wahrsagerin unterhalten, und sie hat mir erstaunliche Dinge vorausgesagt, die später tatsächlich eintrafen. Sie prophezeite mir auch, daß ich Amerika schon bald den Rücken kehren würde, um wieder in Deutschland zu arbeiten.

In Hollywood mußte sich Hilde immer als Star »verkleiden«. Sie legte ein starkes Make-up auf und trug ungeheuer lange, falsche Wimpern.

Ich zog sie jedesmal auf: »Kannst du mit deinen Fliegenbeinen überhaupt gucken?« Sie meinte, das sei alles in Hollywood nicht zu umgehen. Klappern gehöre zum Handwerk. Auch das Klimpern mit den Wimpern.

Aber wenn sie dann nachmittags vom Studio oder von einer Besprechung zurückkam, zog sie sich erst einmal schnell um, schlüpfte in ihre legere Kleidung, schminkte sich ab und verwandelte sich wieder in das patente Mädel von der Spree.

Bild 33 Aus dem verbotenen Film »Das Leben kann so schön sein« mit Paul Westermeier und Rudi Godden.

Bild 34 Mein Lieblingsfoto aus dem Film mit Rudi Godden. Dem viel zu früh Verstorbenen!

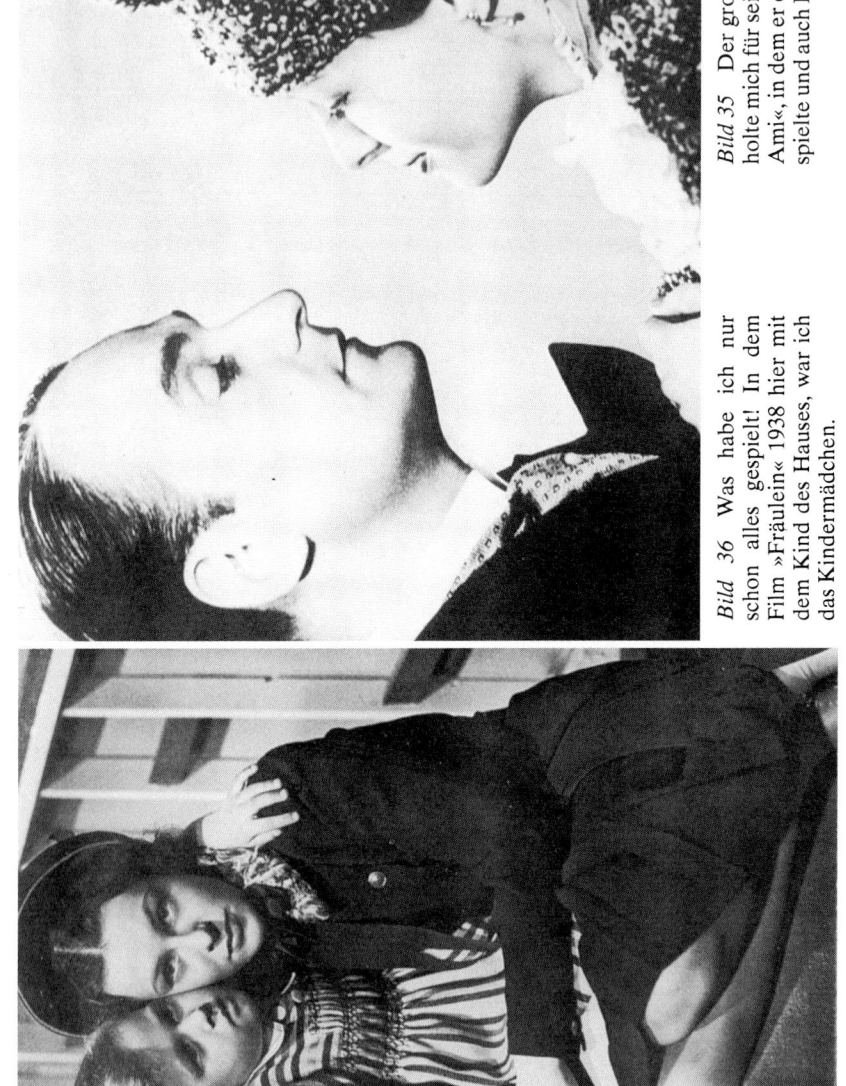

Bild 36 Was habe ich nur schon alles gespielt! In dem Film »Fräulein« 1938 hier mit dem Kind des Hauses, war ich das Kindermädchen.

Bild 35 Der große Willi Forst holte mich für seinen Film »Bel Ami«, in dem er die Hauptrolle spielte und auch Regie führte.

Bild 37 Meine liebste Rolle? Die schwedische Sängerin Jenny Lind, in dem Film »Die schwedische Nachtigall«. Das Foto zeigt mich als Jenny Lind, die sich ihre Büste anschaut, die der große Bildhauer Thorwaldsen von ihr gemacht hat.

Bild 38 Mit Paul Hartmann in dem Film »Bal paré«.

Bild 39 In dem Film »Ihr erstes Erlebnis« war ich wirklich noch ein ganz junges Mädchen, das sich in ihren Zeichenlehrer verliebt, Johannes Riemann.

Bild 40 Für den Film »Bal paré« mußte ich sechs Wochen Ballettunterricht bei Meisterin Tatjana Gsovsky nehmen.

Bild 41 und 42 Zwei Fotos aus dem Film »Wunschkonzert« mit Carl Raddatz und Ida Wüst. Bild oben eine Abschiedsszene auf dem Bahnhof, bevor er in den Krieg ging – mit Joachim Brennecke. Das Bild unten hing dann bei vielen Landsern im Spind.

Bild 43 Nun kam endlich der Film »Wir machen Musik«, in dem ich meine musikalischen Talente loslassen konnte. Meine Freundin Grete Weiser (links) und Victor de Kowa (rechts) waren mir einmalige Partner.

Bild 44 Eine große Ehre war es für mich mit Heinrich George und Paul Wegener in »Hochzeit auf Bärenhof« zu spielen.

Bild 45 Tja, und das ist nun unsere Pfeifserenade, die Georg Thomalla und ich in dem Film »Wir machen Musik« pfiffen. . . . und bald schon pfiffen es alle Spatzen von den Dächern . . . wir machen Musik!

Bild 46 Für die damalige Zeit (1942) waren diese im Foto gezeigten Revueszenen hoch modern und swingy! Hier die Damenkapelle und ich als Dirigentin in dem Film »Wir machen Musik«.

Bild 47 Die berühmte Entführungsszene aus dem Harem, die in dem UFA-Jubiläumsfilm »Münchhausen« gezeigt wurde.

Bild 48 Mein erster Nachkriegsfilm wurde 1947 in Wien gedreht, mit Paul Hubschmid als Partner. Die Regie führte der berühmte Regisseur G. W. Pabst.

Bild 49   »Große Freiheit Nr. 7«, 1943 gedreht, ist wohl der Film, der die meisten Reprisen, sowohl im Kino, als auch im Fernsehen hatte. Hier mit Hans Söhnker, der nach diesen Dreharbeiten mein bester Freund wurde!

Bild 50   Mit dem blonden Hans, dem Liebling aller Damen, auch in dem Film »Große Freiheit Nr. 7«, der für ihn ein Riesenerfolg war.

Bild 51 Nachkriegsfilm »Mutter sein dagegen sehr«, hier ein Szenenfoto, auf dem ich meinen »Wahlkindern« ein furchtbar aufregendes Märchen erzähle!

Bild 52 Mit Hans Holt in der Verfilmung der Will-Meisel-Operette »Königin einer Nacht«. Er war mein allererster Filmpartner in meinem ersten Film »Die unruhigen Mädchen«.

Bild 53 Ein Portraitfoto aus meinem letzten Kinofilm: 1956 »Die Herrin vom Sölderhof«.

Bild 54 Durch das persönliche Herzensglück mit Josef Niessen machte es mir nichts aus, daß ich kein Filmstar mehr war!

Bild 55 Zur Bühne ging ich nach dem Kriege zurück. Hier ein Bild mit Bühnentochter Irmgard Riessen aus dem Stück »Die liebe Familie«.

Bild 56 Intendant Boy Gobert wollte mich unbedingt als Charakterschauspielerin sehen und gab mir die Rolle der Frau Stockmann in Ibsens »Volksfeind«.

Bild 57 Ein Foto meiner Lieblings- und Traumrolle in dem Musical »Der König und ich«. Ich spielte an die hundertmal die Mrs. Anna, die Erzieherin der Kinder des Königs von Siam.

Bild 58 In der 13teiligen Fernsehserie »Die Bräute meiner Söhne« spielte ich die Mutter. Dieses Foto zeigt mich mit meinen Söhnen, Heinz Piper als meinen Bruder und Helga Anders als eine der »Bräute«.

Bild 59 Josef Niessen schrieb die Musik und Songs zu dem Musicaletto »Duell um Aimee«, das ich im Berliner Theater in Berlin mit gar keinem Erfolg auf die Bretter legte!

Bild 60 Maria Becker, meine ehemalige Mitschülerin am Reinhardt-Seminar, wurde 35 Jahre später meine Regisseurin in dem Thornton-Wilder-Stück »Wir sind noch einmal davongekommen«.

Bild 61 Während der Tournee stürzte ich auf der Bühne so unglücklich, daß ich mir einen sehr schmerzhaften Kapselriß zuzog. Ich spielte noch drei Vorstellungen im Rollstuhl, bis eine Kollegin für mich einspringen konnte.

Bild 62 1967 bekam ich meine eigene Fernsehshow, man nannte sie »Eine Frau mit Pfiff«, und ich konnte 45 Minuten lang alle Register meiner musikalischen Begabung ziehen. Als Stargast hatte ich den belgischen Musiker, Pianisten und Pfeifer Jean Toots Thielemans, die Regie führte Günther Hassert, und ich denke so gern an diese herrliche Zusammenarbeit zurück. Meinen Dank an alle!

Morgens ging Hilde immer an den Kühlschrank. Ich dachte zuerst, sie wollte sich ein Joghurt oder eine Grapefruit holen. Falsch.

Sie hatte vielmehr ihr ganzes Make-up im Kühlschrank stehen. Sie erklärte mir auch, warum sie es dort deponierte: »Make-up, Cremes, Lippenstift und viele andere Kosmetika sind fetthaltig. Das hält sich viel besser, wenn es kühl steht.« Ein Tip, den mir Hilde in Hollywood gab und den ich seitdem befolge.

Sie schleppte mich auch in die Ateliers der Centfox, MGM, United Artists und Paramount, und durch sie lernte ich so Stars wie Errol Flynn, Frank Sinatra und Ronald Reagan kennen.

Nachdem ich, wie anfangs erzählt, Ronald Reagan Pfeifunterricht gegeben hatte, lud er mich in die Kantine ein. Damals hat er sich noch nicht mit Politik beschäftigt. Der zukünftige Präsident aß Hüttenkäse und Salat, wegen der Figur.

Etwas feucht-fröhlich ging es zu, als ich Errol Flynn in den Paramount-Studios besuchte. Der amerikanische Herzensbrecher war mir sehr vertraut, denn ich hatte für den Film »Robin Hood«, mit dem er seinen großen Erfolg hatte, die deutsche Stimme seiner Filmpartnerin Olivia de Havilland gesprochen. Jetzt drehte er gerade »Mara Maru«, eine abenteuerliche Südsee-Story.

Über meinen Besuch war er schon vorher informiert worden. Er kam deshalb auf mich zu und begrüßte mich überschwenglich. Er zog schließlich alle Register seines Charmes und gab mir etwas linkisch einen Handkuß. Wahrscheinlich dachte er, das sei sehr europäisch. Und dann lud er mich herzlich ein, neben ihm Platz zu nehmen.

Es wurde sehr viel fotografiert. Errol sah etwas abwesend aus. Ich merkte, daß er nicht mehr ganz sicher auf den Beinen war. Er bot mir auch sofort einen Drink an. Ich sagte: »Ja, gern.«

Später brachten einige Zeitungen Berichte mit der Schlagzeile: »Errol Flynn: Sie ist sehr süß und trinkfest«. So schnell kann man in den Ruf einer Alkoholikerin kommen.

Eine andere Begegnung, die für alle Beteiligten ziemlich peinlich endete, hatte ich in einem Lokal namens »Beachcomber«; einer Bar, in der nur Rumcocktails serviert wurden. Hier traf ich den berühmten Star Frank Sinatra.

Franky-Boy war ganz schön in Fahrt, schien allerdings nicht in bester Laune zu sein und versuchte, seinen Kummer in Rum zu ertränken. Das ging ins Auge. Er begann mit Gott und der Welt zu streiten. Anschließend versuchte er die Bar auseinanderzunehmen. Niemand hielt ihn zurück. Offensichtlich war man solche Auftritte von ihm schon gewohnt. In dieser bedrohlichen Situation zog ich es dann besser vor zu verschwinden.

Ich habe selten in meinem Leben so viele Egozentriker und so viele sich unnatürlich gebende Leute gesehen wie in Hollywood. Erfolg und Mißerfolg, Triumph und Verzweiflung, Freude und Traurigkeit, Intrigen und Bösartigkeit lagen dicht beieinander.

Mag sein, daß es auch ungeheuer erregend sein konnte, dort zu arbeiten. Auf mich allerdings wirkte dieses »Lotusland« des Films eher deprimierend: die Inzucht auf den Partys, wo man immer dieselben Gesichter sah; die verschiedenen Clans, in die ein Außenstehender nicht hinein kam; die Hierarchie, denn alles spielte sich unter den zwanzig Superstars ab; der Leistungsdruck, der einen ungeheueren Alkoholkonsum zur Folge hatte.

Man hatte das Gefühl, ein Ausgestoßener zu sein, wenn man nicht zu den oberen Zwanzig zählte.

Damals mußte ich an meinen Vater denken und war ihm dankbar dafür, daß er vor dem Krieg für mich den UFA-Vertrag und nicht das Angebot aus Hollywood unterschrieben hatte. Ich hätte in der legendären Traumfabrik mit ihren Syndikaten, ihrer Vetternwirtschaft und ihren Skandalen nicht arbeiten können.

Man kann mir jetzt entgegenhalten: »Wenn Sie ein tolles Filmangebot erhalten hätten, wären Sie vielleicht drüben geblieben und hätten alles schön gefunden.«

Das kann ich nicht beurteilen. So ehrlich bin ich. Vielleicht wäre ich wirklich auf einer großen goldenen Wolke geschwebt.

Ich habe seinerzeit mit Hildegard Knef viel darüber gesprochen. Denn die Paramount hatte Probeaufnahmen mit mir gemacht. Sie fielen auch gut aus, und man bot mir einen Siebenjahresvertrag an mit einer Gage von immerhin 600 Dollar, also umgerechnet 2400 DM, pro Woche.

Aber Hildegard Knef riet mir von dem Vertrag ab: »Schnecke, geh' lieber zurück nach Deutschland. In Hollywood weht ein rauher Wind. Ich bin aus härterem Holz geschnitzt als du.«

Das ist sie wirklich: Hilde (in Amerika hieß sie Hildegarde Neff) hatte nach ihrer Arbeit in Hollywood noch großen Erfolg am Broadway mit dem Musical »Silk Stockings«. Dann kehrte sie nach Europa zurück, drehte Filme in England und Deutschland und startete eine zweite Karriere mit ihren Liedern und Büchern – aber unser enger Kontakt, den wir in Hollywood hatten, war abgerissen.

Viel später erlebte ich sie einmal bei einem Konzert in der Berliner Philharmonie. Sie war fabelhaft. Hinterher wollte ich sie begrüßen. Doch es drängelten sich so viele Menschen um sie, daß ich mir sagte: »Ach laß das. Vielleicht hat sie sich verändert und will von ihren früheren Freunden nichts mehr wissen.«

Mit einer Träne im Knopfloch ging ich nach Hause. Um so mehr freute ich mich, als ich sie auf der Funkausstellung 1967 wiedersah und sie mich stürmisch begrüßte.

Am Tag danach rief sie mich noch einmal vom Hotel an: »Du Schnecke, ich sitze so dick drin. Ich muß texten, dann ins Studio und eine Langspielplatte aufnehmen. Ich hätte dich gern noch in deinem Häuschen besucht. Wenn dieser verdammte Zeitmangel nicht wäre. Ich wollte dich wenigstens noch mal an der Strippe haben, damit du nicht denkst, ich hätte dich vergessen.«

Seit diesem Telefongespräch habe ich Hilde nicht mehr gesprochen. Sie schrieb dann ihr Buch »Der geschenkte Gaul«, in dem sie zweimal auf mich zu sprechen kommt.

Aber noch ein Wort zu meinen Amerika-Erfahrungen. Es gab mal einen amerikanischen Film, der hieß »Ich war eine männliche Kriegsbraut« und verulkte den Transport europäischer Frauen nach Amerika, die sich nach dem Krieg in einen Soldaten der Besatzungsarmee verliebt hatten und nun ein neues Leben im sogenannten Land der unbegrenzten Möglichkeiten beginnen wollten. Ich war auch so eine Kriegsbraut und hatte viel guten Willen und große Hoffnungen, als ich 1949 in die USA kam. Ich wollte Hausfrau sein, Kinder bekommen und eine richtige Familie gründen. Es ist vollkommen mißlungen. Ich habe zu dem Land und zu den Menschen dort keine rechte Beziehung gefunden. Als Tourist nach drüben zu kommen oder da zu leben – das ist zweierlei. Vor allem dann, wenn man schon älter ist und nicht mehr so flexibel wie junge Leute. Gusti Huber zum Beispiel, eine vom Theater und von vielen deutschen Filmen (ich erinnere mich an »Gabriele Dambrone«) bekannte Schauspielerin, die ebenfalls einen Amerikaner geheiratet hatte, war mit zwei kleinen Töchtern rübergekommen – die sind hundertprozentige Amerikanerinnen geworden. Mir war das unmöglich.

Die Amerikaner versuchen lieb und nett zu sein, aber sie haben eine andere Mentalität als wir. Sie verstehen uns nicht, und wir verstehen sie nicht. Auch ich wäre am liebsten über den Ozean geschwommen, um nach Hause zu kommen. Und als dann auch noch meine Ehe nicht mehr zu kitten war, trennten wir uns, John und ich. Das war im Frühjahr 1952. »Versuch dein Glück noch mal in Deutschland«, sagte er. »Sollte es nicht klappen – ich bin immer für dich da.«

Er war fair bis zuletzt. Ein Mann, wie man ihn selten findet auf dieser Welt.

XXIII.

Peter Frankenfeld lüftet mein Geheimnis

Ich habe in meinem Leben außer Tanzen alles gemacht. Ich habe Filme gedreht. Ich habe Theater gespielt. Ich habe gesungen. Ich habe gepfiffen. Ich habe ausländische Filme synchronisiert. Ich bin im Fernsehen aufgetreten, im Kabarett, im Varieté, im Zirkus und sogar im »Schwarzen Kater«, einer Kneipe im Rheinland.

Damit habe ich meinen Erinnerungen etwas vorgegriffen. Aber mein Auftritt im »Schwarzen Kater« handelt von den Höhen und Tiefen meines Berufes und geschah in einer Zeit, in der wir alle von vorn anfangen mußten: den fünfziger Jahren. Als das Wirtschaftswunder noch in den Anfängen steckte. Als jeder um einen Platz an der Sonne kämpfen mußte – auch ein früherer UFA-Star wie ich.

Ich war bereits mit dem Komponisten Josef Niessen verheiratet. Wir waren für einen bunten Abend engagiert, und er begleitete mich auf dem Klavier.

Im Rheinland angekommen, rümpfte mein Mann die Nase: »Das darf nicht wahr sein. Hier willst du doch nicht etwa auftreten?«

»Warum nicht?« fragte ich.

»Das ist ja eine Kneipe.«

»Na und.«

Ich fand wirklich nichts dabei. Und selten bin ich für

einen Auftritt so belohnt worden wie im »Schwarzen Kater«. Das Publikum war süß, ganz aufmerksam, keiner hat geredet, alles war still und hörte zu.

Also: Im Laufe von 43 Jahren habe ich wirklich alles ausprobiert. Als freischaffender Künstler blieb mir auch nichts anderes übrig, denn nach meiner Rückkehr aus den USA im Jahre 1952 mußte ich mich durchboxen. Mein großer Name von gestern zählte nichts mehr. Ich durfte nicht wählerisch sein, wenn ich Geld verdienen wollte.

Als ich Josef Niessen, den damaligen Chef des Nürnberger Tanzorchesters, kennenlernte – wir traten bei gemeinsamen Gastspielen auf –, waren sowohl er als auch ich noch verheiratet. Bei mir war die Scheidung kein Problem, denn mein erster Mann machte mir keine Schwierigkeiten. Bei Josef Niessen war die Situation anders; es dauerte lange, ehe er geschieden wurde.

In dieser zweiten Ehe mit einem Komponisten, Arrangeur und Orchesterleiter begegnete ich natürlich vielen Menschen, die mit der Musik lebten. Unser gemütliches Haus am Schliersee wurde zu einem beliebten Treffpunkt. Zu unserem Freundeskreis zählten der Komponist Franz Grothe, der Textdichter Bruno Balz, der Komponist Werner Bochmann.

In der Nähe unseres Hauses lag außerdem das Prominentensanatorium »Jägerwinkel«, wo ständig berühmte Kollegen und Kolleginnen zu Gast waren – von Zarah Leander bis Peter Alexander.

Ich fand wieder Anschluß an das Theater- und Filmgeschehen und drehte zwei neue Filme: »Griff nach den Sternen« (Regie Karlheinz Schroth) mit Lilo Pulver, Nadja Tiller und Erik Schumann, sowie »Ännchen von Tharau« (Regie: Wolfgang Schleif) mit Heinz Engelmann und Albert Florath.

Es kam die Zeit des Rock' n' Roll, und zu meiner eigenen Überraschung hatte ich einen großen Schallplattenerfolg mit einer Nummer, die gar nicht so laut wie die damaligen Schlager, statt dessen flott und lustig war: »Baciare, Baciare«.

Mein Mann hatte das Lied für mich geschrieben. Es ging um die ganze Welt und gehörte zu den Spitzenreitern auf internationalen Hitlisten. Ich sang den Song auch in holländischer und englischer Sprache. Er erschien in 52 verschiedenen Fassungen auf dem Markt.

Als ich die englische Version in London vorstellte, wurde ich zu vier Fernsehsendungen und einem halben Dutzend Rundfunksendungen eingeladen.

In London besuchte ich auch Edmundo Ross, der mit seinem berühmten südamerikanischen Orchester in einem Nachtklub auftrat, der ihm selber gehörte. Er lud mich und meinen Mann zu Champagner ein. Wir tranken auf den Erfolg der ersten Aufnahme »Yellow Bird«, eine seiner erfolgreichsten Nummern.

»Kleiner Fink« lautete der deutsche Titel dieses Liedes. Interpretin war Ilse Werner. Wer die Platte kennt, erinnert sich vielleicht auch an meine lustige Vogelstimmenimitation.

Im Nürnberger Funkhaus des Bayerischen Rundfunks machten mein Mann und ich damals bei der öffentlichen Sendung »Schlagerbabys« mit. Es wurden neue Lieder mit ihren Komponisten, Textdichtern und Interpreten vorgestellt. Durchs Programm führten jeweils verschiedene Conférenciers. Einmal war es Hans-Joachim Kulenkampff, ein anderes Mal Peter Frankenfeld.

Bei dieser Gelegenheit stellten wir Peter Frankenfeld einer hübschen Sängerin vor. Ihr Name war Lonny Kellner. Er machte plötzlich ganz große Augen. Als wir nach der Sendung noch ein paar Stunden gemütlich beisammen saßen, fiel mir auf, daß Peter die blonde Lonny immer so anflachste. Das hat was zu bedeuten, dachte ich.

Und ich behielt recht: Lonny und Peter blieben zusammen und wurden, wie man weiß, ein sehr glückliches Ehepaar.

Eine Zeitlang – vor meinem »Baciare«-Erfolg – wollten die Schallplattenproduzenten nicht viel von mir wissen. Deshalb versuchte ich mal unter einem anderen Namen eine ganz neue Masche. Ich machte so ungefähr das gleiche, was Jahre später Frank Farian exerzierte, als er im Tonstudio in vier verschiedenen Stimmlagen ein Lied auf Platte sang und dann von dieser Einmannproduktion behauptete, das habe eine Gruppe mit Namen »Boney M.« gesungen. Weil das Lied groß ankam, wurde die Gruppe Boney M. erst anschließend gegründet und hatte Welterfolge mit »Rivers of Babylon« und anderen Songs.

Ich sang damals ein Lied – es hieß »Südwind« – nur in zwei verschiedenen Tonlagen; die Stimmen wurden einzeln aufgenommen und dann übereinandergespielt. Veröffentlicht wurde es als Song der Gruppe »Batavia-Duo«.

»Südwind« war eine fürchterliche Schnulze, die aber wie eine Bombe einschlug. In einer Fernsehsendung ließ Peter Frankenfeld, den ich in das »Geheimnis« eingeweiht hatte, ein Band vor dem Publikum abspielen.

Er sagte: »Nun raten Sie mal, wer das ist.« Und nach einer Pause: »Ich will es Ihnen sagen. Das ›Batavia-Duo‹ ist in Wirklichkeit kein Gesangspaar. Hier singt eine einzelne Frau. Sie heißt Ilse Werner.«

Na, das war eine gelungene Überraschung.

»Mein ganzes Herz ist voll Musik« hieß der Titel

eines Films, in dem ich 1958 die weibliche Hauptrolle spielen sollte. Die Musik schrieb auch mein Mann Josef Niessen.

Das Drehbuch war fertig, die Musikaufnahmen im Kasten, da entschied der Filmverleih plötzlich: Frau Werner wird diese Rolle nicht spielen.

Warum?

Niemand wollte mir sagen, daß ich halt nicht mehr »in« war.

Statt dessen bekam die Sängerin Erika Köth die Rolle. Man kann sich vorstellen, daß ich nicht gerade in Begeisterungsstürme ausbrach. Obwohl wir uns nicht kannten, wirkte der Name Erika Köth wie ein rotes Tuch auf mich.

Erst sehr viel später lernten wir uns kennen. Es war in Berlin. Ich bewohnte im Hotel »Seehof« ein Drei-Zimmer-Appartement, das besonders hübsch war. Von hier hatte man einen herrlichen Ausblick auf die Stadt.

Eines Tages bekam ich Besuch von Margot Handke, der Künstlerbetreuerin einer großen Schallplattenfirma. Sie erkundigte sich, wie lange ich noch im Hotel bleiben würde.

Ich sagte: »Noch ein paar Wochen, dann bekomme ich ein kleines Häuschen in Dahlem.«

»Ich habe nämlich gerade Erika Köth und ihren Mann Ernst Dorn da«, erklärte sie. »Die suchen so etwas.«

Bei dem Namen Köth zuckte ich zusammen, ließ mir aber nichts anmerken.

»Darf ich den beiden sagen, daß sie sich das Appartement mal ansehen können?« fragte Margot Handke. Ich war einverstanden.

Eine halbe Stunde später klopfte es an meiner Tür. Vor mir stand eine kleine Person mit herrlichen Scho-

koladenplätzchenaugen und einer süßen Himmelfahrtsnase, die mich im reinsten Hessisch begrüßte: »Ach,
Frau Werner, sind Se uns net bös, daß wir gleich komme und Sie überfalle. Aber ich hätt' mer doch arch
gern' das Apartment angesehen.«

Das war also Erika Köth, meine »Rivalin«, die mir
die Rolle weggeschnappt hatte.

Ich erzählte ihr die ganze Geschichte. Erika lachte:
»Ach du lieber Gott, was müssen Sie mich gehaßt
haben.«

»Ich habe Sie nicht gehaßt, aber auch nicht geliebt«,
bekannte ich offen. »Aber jetzt habe ich keine Vorurteile mehr.«

Erika ist eine sympathische Frau. Ich bat sie und
ihren Mann herein und bestellte eine Flasche Sekt. Wir
unterhielten uns prächtig und lachten viel und hatten
zum Schluß das Gefühl, daß wir einander sehr
mochten.

Wir trafen uns oft, und dann wurde natürlich hessisch gebabbelt. Erika stammte nämlich aus Darmstadt,
meine Mutter erblickte in Offenbach das Licht der
Welt, und ich ging in Frankfurt am Main zur Schule.

Sängerinnen wie Erika Köth führen kein besonders
angenehmes Leben, um das man sie beneiden müßte.
Sie sind nur selten zu Hause. Das erklärt, warum große
Opernstars oft von ihren Ehemännern als Manager begleitet werden.

Während meiner Ehe mit Josef Niessen führte ich ein
Haus der offenen Tür. Zahlreiche Prominente waren
bei uns zu Gast. Eines Tages stand Dietmar Schönherr
mit einem süßen blonden Mädchen Hand in Hand vor
unserem Haus.

Es war in den fünfziger Jahren, als er noch nicht als
Quizmaster mit Bart und roter Nelke im Knopfloch

Schlagzeilen machte. Er war unter anderem die deutsche Stimme des unvergessenen amerikanischen Schauspielers James Dean, weltberühmt durch seine Filme »Jenseits von Eden« und »Giganten«.

James Dean sang in einem seiner Filme eine Melodie, die in der englischen Fassung ein Hit wurde. Nun wollte die Schallplattenfirma, für die mein Mann und ich arbeiteten, dieses Lied mit deutschem Text herausbringen.

Es war schwer, einen geeigneten Sänger für die geplante Aufnahme zu finden. Denn alle Interpreten, die zum »Stall« unserer Firma gehörten, waren für diese Produktion nicht geeignet.

Da kamen wir auf die Idee, James Deans deutsche Stimme, also Dietmar Schönherr, zu fragen, ob er singen könne.

»Ein bißchen schon«, meinte er am Telefon. Und so wurde die Aufnahme gemacht. Das Lied unter dem Titel »Du wirst geliebt« hatte dann sogar einen ansehnlichen Erfolg.

Übrigens: Das süße blonde Mädchen, das uns Dietmar vorstellte, hieß Vivi Bach. Er sagte zu uns: »Seid nett zu ihr. Ich will sie heiraten.«

XXIV.

Ein Telefongespräch
direkt vom Himmel

Wenn ich heute auf meine zweite Ehe zurückblicke, kann ich eigentlich nur sagen, daß Josef Niessen meine große Liebe war. Wir haben beide eine Scheidung durchgestanden, um zusammenbleiben zu können. Vorher hatten wir uns sogar geprüft, waren für ein halbes Jahr getrennt, doch nahm unsere Liebe dadurch nicht ab, sondern wurde nur noch stärker. Wir fanden, daß wir gut zueinander paßten. Wir feierten eine wunderschöne Hochzeit in Bad Wiessee mit viel Tamtam. Werner Bochmann und Lale Andersen waren unsere Trauzeugen.

Josef Niessen war ein ruhiger besonnener Mann, der seine Arbeit als Komponist über alles liebte. Ich war eine etwas quirlige, fummelige Frau. Vom Temperament her waren wir also ganz verschieden. Aber wir haben uns immer fabelhaft ergänzt, und das war doch sehr schön. Er brauchte meine Clownerie, meine freche Schnauze, und ich brauchte seine Ruhe und seine Ausgeglichenheit.

Ich habe immer gesagt, er ist für mich mein linker Arm und mein linkes Bein. Er war für mich eigentlich alles. Ich bin sehr, sehr traurig gewesen, als ich auch von ihm keine Kinder bekam. Ich sagte mir: »Ach, du lieber Gott, da muß doch irgend etwas zu machen sein.« Aber es klappte einfach nicht. Nach sechs Wochen verlor ich mein Baby wieder.

Ich fragte einen Gynäkologen, einen Professor, um Rat. Er sagte: »Frau Niessen, haben Sie schon einmal etwas von Frischzellen gehört?«

»Frischzellen? Was ist das?«

Er klärte mich darüber auf und riet mir zu einer Spritzenkur! Nun bin ich ein Hasser von allem, was sticht, also auch von Spritzen!

»Garantieren Sie mir dann, daß ich das Baby behalten werde?«

»Ich kann Ihnen natürlich nichts garantieren«, erklärte der Professor. »Aber wir sollten es versuchen. Sie wollen doch so gern Kinder haben.«

Also, für meine große Liebe ließ ich mich auf dieses Experiment ein. Josef Niessen hatte aus erster Ehe zwei Kinder. Ich wäre sehr glücklich gewesen, wenn ich auch ein eigenes Kind mit ihm gehabt hätte.

Eine Frischzellenkur im Jahre 1954 war wirklich noch ein Experiment. Die Spritzen taten wahnsinnig weh. Ich mußte schließlich drei Tage auf dem Bauch liegen. Ich nahm alles auf mich in der Hoffnung auf ein Kind.

In dieser Zeit spielte ich in der Kleinen Komödie in München das Stück »Staatsaffären« mit Carola Höhn und Robert Freytag. Jeden Abend trat ich auf. Es war eine wunderschöne Rolle, die ich schon vorher in Frankfurt mit Boy Gobert im »Kleinen Theater am Zoo« gespielt hatte.

Auf einmal merkte ich, daß ich dicker wurde, und ich dachte: Vielleicht kündigt sich das Baby an, aber so schnell wird man doch eigentlich nicht dick. Jedenfalls mußte man mir die Kostüme weiter machen. Jeden zweiten Tag!!

Ich ging zu einem Gynäkologen, aber der sagte: »Nein, nein, Sie sind nicht schwanger.«

Um es kurz zu machen: In sechs Wochen nahm ich vierzig Pfund zu, und das rührte von den Frischzellen her. Man konnte ja vorher nicht wissen, wie ich darauf reagierte.

Diese Pfunde bin ich nie wieder richtig losgeworden, nur mal zehn Pfund, mal fünfzehn Pfund, es ging so hin und her.

Mit der Gewichtszunahme hatte ich mich wahnsinnig verändert. Ich sah dick und unansehnlich aus. Die Leute müssen gedacht haben: »Wer ist denn das? Die Ilse Werner? Nein, das ist doch nicht möglich. Das ist die Mutter von der Werner.«

Ich war ein Zerrbild meiner selbst. In meiner Glanzzeit hatte ich bei einer Größe von 1,67 Meter nur 100 Pfund auf die Waage gebracht. Jetzt wog ich 160 Pfund. Ich sah um zwanzig Jahre älter aus und fühlte mich auch dementsprechend.

Eine weitere Reaktion meines Körpers auf die verhängnisvolle Frischzellenkur, die mich für viele Jahre völlig aus der Bahn warf, war eine Hautakne. Mein ganzes Gesicht überzog sich mit entzündeten Pusteln. Ich sah also auch noch aus wie ein Streuselkuchen.

Da bin ich dann völlig verzweifelt. Ich war 33 Jahre alt, aber wenn ich in den Spiegel blickte, dachte ich, ich sehe meine eigene Großmutter. Natürlich bin ich nicht mehr aufgetreten. Man konnte mich weder fotografieren noch ansehen.

Aber das Merkwürdige war: In dieser Zeit, als ich mich von einer schlanken Venus in eine unförmige Tonne verwandelte, verstand ich mich mit meinem Mann privat wie beruflich am besten. Wir verlebten den glücklichsten Abschnitt unserer Ehe.

Ich habe meinem Mann geholfen, Schallplattenproduktionen zu machen. Ich habe junge Künstler bei der Hand genommen und gelernt, mit jungen Menschen umzugehen, sie etwas zu lehren, ihnen etwas beizubringen und selber etwas zu lernen.

Ich machte es nicht zuletzt, um im Gespräch zu bleiben. Vor allen Dingen, weil mein Mann ja das Tanzorchester des Bayerischen Rundfunks in Nürnberg leitete, blieb ich im modernen Rhythmus. Ich hab' mich nicht aufs Altenteil gesetzt und nur »Glühwürmchen, Glühwürmchen, flimmere« gesungen, sondern ich habe die neuen Musikstile mitbekommen: den Jazz, den Boogie-Woogie, den Rock 'n' Roll. Davon habe ich profitiert.

Wann immer ich die Sprache auf meine Figur brachte, tröstete mich mein Mann: »Ach, Liebchen, das macht doch nichts. Du bist nicht schuld daran. Du kannst überhaupt nichts dafür. Und außerdem – ich habe dich geheiratet und nicht deine schlanke Linie.«

Er nannte mich »Mumu«. Ich hätte nie gedacht, daß diese Ehe ein solches Ende nehmen würde. Doch bevor ich darauf zu sprechen komme, will ich noch ein anderes Kapitel einblenden: die Geschichte meiner Abmagerungskur.

Mein Mann und ich waren nämlich mit Trudel Hardieck, der Besitzerin des Sanatoriums »Jägerwinkel«, befreundet. Dort lernte ich Dr. Pilmes, einen relativ jungen Arzt, kennen.

Er hat mich bei unserer ersten Begegnung groß angeguckt: »Gnädige Frau, ich habe als Junge alle Ihre Filme gesehen. Wieso haben Sie sich eigentlich so verändert?«

Ich antwortete: »Ach, Doktor, es hat ja alles keinen Zweck mehr. Sehen Sie mich doch an. Da ist nichts mehr zu machen.«

»Ja, was haben Sie denn bekommen?«

»Frischzellen.«·

»Aber das müßte doch eigentlich fabelhaft sein. Das verstehe ich nicht. Wollen Sie nicht mal eine Kur bei uns machen?«

»Um Gottes willen, was für 'ne Kur?«

»Ich habe da was im Sinn. Ihr Fall ist nicht hoffnungslos. Kommen Sie doch mal zu uns.«

Von Kuren hatte ich verständlicherweise die Nase gestrichen voll. Doch Dr. Pilmes war psychologisch so geschickt, daß ich plötzlich wieder Hoffnung schöpfte und spontan den Entschluß faßte, mich im Sanatorium »Jägerwinkel« einer Abmagerungskur zu unterziehen.

Vorbei waren die Zeiten, wo ich nach dem Motto »Mir ist alles egal« wie ein Scheunendrescher reinhaute. Dr. Pilmes stellte meine Kost vollkommen um. Er setzte mich auf 800 Kalorien pro Tag. Ich erhielt nur Magerquark, ohne Salz gekochtes Gemüse, Salat, ein bißchen gegrilltes Fleisch, Kaffee ohne Milch und Zucker, hin und wieder eine Scheibe Knäckebrot und manchmal ein weichgekochtes Ei.

Gleichzeitig mußte ich ein umfangreiches Trimmdich-Programm absolvieren: wandern, radfahren, turnen, Massagen, kneippen. Die Pfunde begannen zu purzeln, obwohl ich manchmal nahe dran war, aus dem Fenster zu springen.

Doch die Kur wirkte wie ein Jungbrunnen auf mich. Ich nahm 18 Pfund ab und konnte endlich wieder Größe 42 tragen. Ich war nicht dünn – das kann ich nie wieder werden –, aber ich sah fabelhaft aus und fühlte mich wie neugeboren: die Hautakne war weg, meine Depressionen hatten sich aufgelöst, ich war wieder voller Elan und Schwung.

Aber fragen Sie mich bitte nicht, was mich die vier

Wochen in dem Sanatorium gekostet haben. Ich bin beinahe verrückt geworden und war manchmal nahe dran aufzugeben.

Wirklich: Kohldampf hatte ich ja genug im Krieg geschoben. Aber das war nichts gegen diese Kur. Ich habe an den Fingern geknabbert, so einen Hunger hatte ich.

Trotzdem blieb ich konsequent und hielt bis zum letzten Tag durch. Und da ich es nicht zuletzt für meinen Mann machte, habe ich es auch gern getan.

Ich habe in meinem Leben nie Handarbeiten gemocht. Aber als Andenken an diese Abmagerungskur besitze ich noch heute eine Kreuzstichdecke. Ich nannte sie meine Fasten- oder Bußdecke. Ich habe sie in den vier Wochen fertig gestickt.

Babys habe ich trotzdem keine bekommen. Es muß an etwas anderem gelegen haben.

Ich bekam dann eines Tages – in meiner Ehe war noch immer alles bestens – ein Angebot vom ZDF, eine dreizehnteilige Fernsehserie zu machen: »Die Bräute meiner Söhne«. Darin spielte ich eine Witwe, die vier Söhne hatte.

Nun war ich also so weit und akzeptierte es: Ja, ich bin mollig. Ich bin zwar nicht mehr eine dicke Tante. Aber ich bin eine vollschlanke Enddreißigerin. Das kann ich machen.

Diese Serie wurde in Hamburg gedreht und dauerte vier Monate. Ich habe sie sehr, sehr gern gemacht, und sie hat mir letzten Endes dazu verholfen, dann nachher auf eigenen Füßen zu stehen.

In der Zeit dieser Serie, als ich abwesend war, muß mein Mann sich einer anderen Frau zugewendet haben.

Jedenfalls: Als ich aus Hamburg zurückkam, hatte er sich verändert. Er sagte: »Ich muß mal eine Weile allein sein.«

212

BAND
2

Ilse Werner's Lieblingslieder

Titelseite eines Notenalbums aus dem Jahre 1942

Da war ich ganz erstaunt: »Moment mal, du warst doch die ganze Zeit allein.«

»Ja, aber ich fühle mich nicht so gut«, sagte er darauf.

Ich wurde belogen und habe nicht gemerkt, was wirklich gespielt wurde. Erst am Tag der Scheidung hat mein Anwalt erfahren, daß eine andere Frau der Grund der Trennung war. Und später kam dann noch die für mich niederschmetternde Nachricht, daß die andere hochschwanger war; vierzehn Tage darauf bekam sie schon ihr Baby. Pünktlich zur Hochzeit.

Wenn ich heute meine Situation von damals humorvoll kommentieren soll, kann ich nur sagen: »Also, wenn ich einen ›Oscar‹ für eine große schauspielerische Leistung zu vergeben hätte, dann würde ich ihn Josef Niessen verleihen. Sein Spiel war so großartig, daß ich es von ihm lernen möchte.«

Bitte schön, das sage ich nun wirklich nicht im Groll, sondern mit einem Lächeln im Knopfloch.

Man behauptet immer, Frauen hätten ein besonders feines Gespür, wenn 's um die Liebe geht. Bei mir war das nicht der Fall. Ich war ahnungslos. Wir wollten einen gemeinsamen Urlaub machen. Der wurde dann abgeblasen.

Ein Freund von uns beiden sagte: »Na ja, Kinder, wenn ihr nicht mehr zusammen leben könnt, dann müßt ich euch eben scheiden lassen.«

Bei dem Wort »Scheidung« dachte ich, der spinnt. Ich habe ihn ungläubig angeguckt und gesagt: »Mensch, Willi, was meinst du damit?«

Da wurde er etwas verlegen. Ich ahnte noch immer nichts. Mein Mann und einige Leute, die ich bis dahin für gute Freunde hielt, haben mit mir »Blindekuh« gespielt.

Ein ganzes Jahr hing ich völlig in der Luft. Am 1. April 1966 bat mich mein Mann um die Scheidung.

»Aber Peter«, sagte ich, »ich verstehe dich gar nicht. Warum willst du dich von mir scheiden lassen?« Wir nannten ihn Peter, weil er mit zweitem Namen so hieß.

Mein Mann druckste furchtbar rum: »Vielleicht ist es besser. Wir verstehen uns doch nicht mehr.«

Ich sah in ungläubig an. Ich hatte eigentlich nicht mitgekriegt, daß wir uns nicht mehr verstanden.

Aber was für einen Sinn hat es, einen Menschen halten zu wollen, der einen nicht mehr liebt?

Nur . . . ich stand wieder einmal vor einem Scherbenhaufen.

Als ich am Tag der Trennung nach Hause kam, war mein Mann bereits ausgezogen. Ringsherum war alles verschneit. Ich hasse Schnee; er ist wie ein Leichentuch, er ist so kalt und vermittelt ein Gefühl der Einsamkeit. Und ich war nun tatsächlich einsam, mutterseelenallein. Mein Leben ist zu Ende, hab' ich gedacht; was soll ich noch? Ich hab' alle Tonbänder, alle Schallplatten noch mal abgespielt, so eine Art Rückschau und Erinnerung. Und dabei hab' ich überlegt, welche Fehler ich vielleicht gemacht habe, was falsch gewesen ist. Wie kann ich meinen Mann wieder zurückgewinnen, fragte ich mich. Wenn ich gewußt hätte, wie sinnlos das war! Er war schon längst über alle Berge mit einer anderen Frau, die von ihm ein Kind erwartete.

Ich saß in unserer großen Halle, allein. Es war sehr still, es war kalt. Ich guckte rauf in die Dachsparren – es war so eine hochgezogene Halle – und trank mir langsam einen an. Mit Himbeergeist, den ich so gern mag. Ich mußte ja nicht mehr Auto fahren, mußte nicht mehr weg, es kam keiner mehr. Ich war überzeugt, ich halte das nicht mehr aus. Und im Suff bin ich in unsere kleine Küche gegangen und hab' die Fenster abgedichtet, wie man das in Kriminalromanen liest, und hab' die Gashähne aufgedreht – wir hatten da oben noch Gas.

Ich setzte mich auf den Fußboden, weil ich von dem Himbeergeist sowieso nicht mehr stehen konnte. Es heißt immer, in solchen Momenten würde das ganze Leben noch einmal Revue passieren – alles Quatsch! Ich spürte nur Schmerz, einen schrecklichen nagenden Schmerz, so ganz tief von innen her, verbunden mit einem Gefühl absoluter Sinnlosigkeit. Ich sah keinen Ausweg. Ich fing dann an, so ein bißchen einzunicken, war schon halb weg – da klingelte irgend etwas, klingelte und klingelte. Das war nachts um eins oder halb zwei, ganz ungewöhnlich. Mit einer allerletzten Hoffnung dachte ich: Vielleicht ruft er an, vielleicht kommt er zurück . . .

Ich torkelte langsam hoch und nahm den Hörer ab. Da sagte eine urbayerische Stimme: »Hallo, wer ist denn do? Maxi, bist du es?«

Ich sagte müde: »Nein, nein, hier ist nicht Maxi.«

»Jo, wos hoben Sie denn für eine Nummer«, fragte der Anrufer.

Als ich nicht sofort antwortete, sagte die Stimme: »Jo wissen S' denn ihre eigene Nummer net?«

Also, ich mußte nachdenken, und da erst wurde mir richtig klar, was für einen Blödsinn ich machen wollte. Der Anruf brachte mich zur Vernunft. Mein Humor und mein Lebenswille siegten. Ob das mein Schutzengel war, der da direkt vom Himmel aus mit mir telefonierte?

»Nein, hier ist nicht die Maxi«, sagte ich. »Aber ich danke Ihnen schön.«

»Jo wieso denn?« fragte der Unbekannte.

»Danke schön«, wiederholte ich. »Sie wissen gar

nicht, wie Sie mir geholfen haben.« Und dann hing ich auf.

Die Situation war tragisch und komisch zugleich: Der unbekannte Anrufer hatte mir das Leben gerettet. Hätte er mich nicht in ein Gespräch verwickelt, wäre meine Uhr abgelaufen gewesen. Das war mein erster Selbstmordversuch. Und auch der letzte.

Ich bin dann aus dem Haus in Schliersee ausgezogen. Durch Freunde fand ich ein kleines Zuhäusl in Rottach am Tegernsee. Aber ich konnte mich dort nicht lange ausruhen. Ich mußte wieder hinaus in die Welt. Ich mußte arbeiten und Geld verdienen.

Es wurde ein neuer Anfang. Der dritte meines Lebens.

XXV.

Lehr- und Wanderjahre nach der Scheidung

In zwei Dingen habe ich in meinem Leben ungeheures Glück gehabt. Erstens: mit meinen Freunden, zweitens: mit meinen Wohnungen. Ohne meine Freunde wäre ich nicht immer wieder beruflich und privat auf die Füße gefallen. Ohne meine Wohnungen hätte ich nicht in Ruhe arbeiten können.

Ich übertreibe nicht, wenn ich sage: »Freundschaft ist für mich das Allerwichtigste. Wichtiger als Karriere und Geld.«

Auch in der glücklichen Zeit meiner Ehe mit dem Komponisten Josef Niessen habe ich die Kontakte zu allen meinen Freunden gepflegt. Manchmal sehr zum Leidwesen meines Mannes, dem es oft zuviel war: »Menschenskind, müssen wir denn immer ein volles Haus haben?«

Ich habe ihm darauf geantwortet: »Ich möchte meine Freunde nicht – wie viele Frauen es tun, wenn sie verheiratet sind – links liegen lassen. Manche haben dann nur noch ihren Ehemann im Kopf und vergessen alles um sich herum. Bei einer Scheidung oder einem Todesfall sind sie dann ganz erstaunt, wenn sie völlig allein dastehen. Man muß sich auch im Glück um seine Freunde kümmern, dann ist man im Unglück nicht allein.«

Ich jedenfalls war nicht allein, als dann die Geschichte mit meiner Scheidung passierte.

Zunächst mußte ich eine neue Wohnung finden, was schon damals, genauso wie heute im Zeitalter der Hausbesetzungen, eher schwierig war. Ich bin ja ein Zugvogel und mußte oft in meinem Leben mein Domizil wechseln. Mein Slogan: Andere Leute verreisen, ich ziehe um.

Seit 1960 habe ich deshalb fast immer die gleichen Möbel, dieselben Stühle, Bilder und Lampen. Wenn meine Freunde dann zu Besuch kommen, fühlen sie sich wie zu Hause. Sie kennen mein Inventar wie ihr eigenes.

Es gibt ein Bühnenstück, das heißt: »Mamis Lehr- und Wanderjahre«. Der Titel paßt hundertprozentig auf die Jahre nach meiner Scheidung.

Immerhin war ich 45 Jahre alt und kein Teenager mehr, der übermütig jubelt: »Hurra, mir gehört die Welt.«

Pustekuchen. Meine heile Welt war ja zusammengebrochen. Rien ne va plus. Nichts geht mehr. Weder privat noch beruflich.

Ich war in den letzten Jahren sehr wenig aufgetreten und in Vergessenheit geraten, oder wie man so schön sagt: »Weg vom Fenster.« Und für manche Leute war ich noch immer die dicke Frau Niessen, die ab und zu mal singt. Innerlich bin ich in dieser Zeit beinahe verrückt geworden.

Aber ich habe erlebt, daß es gerade in meiner Branche viele aufrichtige Freunde gibt. Sie ließen mich nicht verkommen und stachelten meinen Ehrgeiz an: »Mädel, laß die Flügel nicht hängen. Ran an die Buletten!«

Und so ging ich denn »ran an die Buletten!«

Mein guter Geist jener Stunde war der Komponist

Hans Carste; ein Franke, der erst mal Staatswissenschaft an der Universität Wien studiert hatte, dann aber zur Musik umgeschwenkt war. Er hat Filmmusiken geschrieben, Konzertwalzer (»Blüten über Blüten«, »Rosenwalzer«), Schlager und viele andere Sachen, auch eine Fantasie für Hammondorgel und die Operette »Lump mit Herz«, die 1952 in Nürnberg uraufgeführt wurde. Ziemlich lange ist er in sowjetischer Kriegsgefangenschaft gewesen, landete aber dann in Berlin, und der RIAS, der »Rundfunk im amerikanischen Sektor«, holte ihn 1949 als Leiter der Abteilung Unterhaltungsmusik und Dirigent des RIAS-Orchesters. Er war auch Aufsichtsratsmitglied der Urheberrechtsgesellschaft GEMA. Übrigens hatte er dann einen Riesenärger mit einer Urheberrechtssache; die »Tagesschau«-Melodie des Fernsehens stammte nämlich von ihm, und ein Kollege verklagte ihn wegen angeblichen »geistigen Diebstahls«. Es gab schließlich einen langen Prozeß, und die ganze Angelegenheit hat ihm dann noch bis zu seinem Tod sehr zugesetzt.

Er war mein guter Geist, sagte ich. Er bot mir nämlich an: Komm zum RIAS, wir machen zusammen Sendungen, alles querbeet – Teekonzert, Kaffeetafel, Ansagen und so weiter. Bringt zwar zunächst wenig ein, aber du mußt ja erst mal wieder rein.

Hans Carste hat sozusagen das Eis gebrochen; denn nun lud mich auch Hans Rosenthal zu Auftritten bei seinen öffentlichen Ratesendungen ein, und vom Südfunk Stuttgart meldeten sich Erwin Lehn und Horst Jankowski.

An meinem Scheidungstermin, dem 30. November 1966, stand ich wieder auf der Bühne. Erwin Lehn hatte mich absichtlich für ein Konzert in Grünstadt engagiert. Genau an dem Tag, als im Landgericht München meine Ehe geschieden wurde, pfiff ich das Lied: »Live a little« – Leb ein bißchen.

Nachdem ich, wie schon gesagt, vorübergehend in Rottach am Tegernsee gewohnt hatte, fuhr ich nach Berlin. Nur mit leichtem Gepäck. Meine Möbel hatte ich in einem Lager abgestellt.

Ich wurde nun eine »Hotelmaus«; denn in Berlin wohnte ich zunächst im Parkhotel Zellermayer, das dem ersten Mann von Winnie Markus gehörte. Heinz Zellermayer war furchtbar nett zu mir und bot mir an: »Ilse, du kommst erst mal zu uns.« Das war eine sehr freundschaftliche Geste.

Später bezog ich ein kleines Appartement im Hotel Seehof am Lietzensee. Bei einer öffentlichen Kaffeetafel-Veranstaltung im RIAS hatte ich eine Kollegin und Sängerin wiedergetroffen, mit der ich schon 1946 im Kabarett »Bunte Würfel« in München zusammen aufgetreten war: Ursula Köster. Sie war jetzt mit dem Besitzer des »Seehofes« verheiratet und besorgte mir auch die Wohnung, die schließlich mein neues Zuhause wurde.

Mein Start nach der Scheidung war ungeheuer schwer. Ich mußte ja praktisch wieder bei Null anfangen – wie bei meinem ersten Beginn im Jahre 1937 und beim zweiten nach meiner Rückkehr aus Amerika. Dies war mein dritter Anlauf zum Comeback.

Merkwürdig: Eigentlich begannen erst jetzt meine Lehr- und Wanderjahre. Früher sagte man zu einer Schauspielerin, sie müsse sich in der Provinz freigespielt haben, um dann in Berlin bestehen zu können. Denn früher war Berlin der Mittelpunkt, der Nabel der Welt.

Diese Lehrzeit habe ich als Anfängerin nicht erlebt. Ich war ja direkt von der Schauspielschule ans »Theater in der Josefstadt« in Wien gekommen, dort vom Film entdeckt worden und hatte Karriere gemacht. Ein Senkrechtstart ohne Umweg über die »Provinz«.

Zufällig war ich 16 Jahre, und zufällig suchte man damals ein Mädel in diesem Alter mit großen Augen. So wurde ich auch abgestempelt: als das frische, junge, unbekümmerte Ding.

Tja, die Lehrjahre mußte ich nun nachholen. So gesehen, war ich ein Spätzünder.

In Berlin habe ich angefangen mit 100 und 120, 150 Mark pro Sendung und bin gerade so über die Runden gekommen. Später waren es 250 Mark, manchmal 500. Und als es dann zu öffentlichen Konzerten kam, dank meiner Freunde in Hamburg, beim Hessischen und beim Süddeutschen Rundfunk, erhöhten sich die Gagen auf 800, 1000 und 1200 Mark. Es war ja nicht so, daß ich wahnsinnig gefragt war. Nein, das war's nicht. Ich mußte mich erst wieder richtig durchboxen. Es war schwerer als ganz am Anfang. Ich war ja nicht mehr jung, nicht mehr schlank und niedlich. Aber ich habe es geschafft, und da bin ich stolz drauf.

Sie werden es nicht glauben: Obwohl ich eine »gelernte Schauspielerin« bin, hatte ich immer entsetzliche Hemmungen und Angst vor dem Publikum. Ich war ein Studiomensch.

Das muß ich näher erklären: Früher hätte ich noch nicht einmal allein sagen können: »Guten Tag, meine Damen und Herren, es freut mich, daß Sie da sind.« Denn bei meinen Auftritten hatte ich immer einen Ansager dabei.

Inzwischen habe ich das Ansagen und Moderieren richtig erlernt und trainiert. Allerdings: Lampenfieber habe ich noch immer – wie die meisten meiner Kollegen.

Sie können sich vielleicht unter Lampenfieber oder

»Stagefever«, wie die Angelsachsen sagen, nichts vorstellen. Fieber wovor? Vor Lampen? Vor den Bühnenlampen? Ja, das stimmt schon. Man hat das Gefühl, als hätte man lauter aufgeregte flatternde Schmetterlinge im Magen. Drum kippen manche Künstler vor ihrem Auftritt einen Schnaps oder ein Glas Sekt oder gehen manche Rock- und Popsänger auf einen Haschtrip.

Lampenfieber kann die Hölle sein. Grethe Weiser hatte eine solch große Angst, daß ihre Garderobiere ihr vor jedem Auftritt einen richtigen Tritt geben mußte, damit sie auf die Bühne kam.

Als ich im Jahre 1960 im Fernsehstudio des Bayerischen Rundfunks stand, ging es mir nicht viel besser, obwohl Kurt Hinzmann, der Produktionsleiter, ein alter Freund von mir war.

Wir machten die Unterhaltungssendung »Schlagerbabys«, in der neue Platten von beliebten Sängern vorgestellt wurden. In dieser Sendung wurden den Zuschauern immer neue Aufgaben gestellt, deren Lösungen sie uns einschicken sollten. Aus den richtigen Einsendungen ermittelten wir die Gewinner durch Los.

Ich hatte die Aufgabe, die Lostrommel zu drehen und die Postkarten der Gewinner zu ziehen. Dabei passierte mir eine Panne: Die Lostrommel ging vorzeitig auf, viele Postkarten fielen heraus. Ich war so erschrocken, daß mir das Wort »Scheiße« herausrutschte.

Ich bückte mich, um die Karten einzusammeln, warf sie in die Trommel zurück und begann die Prozedur noch einmal.

Erst nach der Sendung wurde mir bewußt, was für einen Ausrutscher ich mir geleistet hatte. Es war eine Direktübertragung gewesen, eine Live-Sendung! Wie würden der Produzent und die Zuschauer reagieren?

Ich rechnete mit einem fürchterlichen Donnerwetter.

Bei der Manöverkritik im Studio sagte Kurt Hinzmann: »Na ja, ist ja alles ganz gut gelaufen. Schade, daß das mit der Trommel passierte, aber das war weiter nicht schlimm.«

Mehr sagte er nicht, drehte sich um und wollte aus dem Studio gehen. Ich lief ihm nach: »Herr Hinzmann, haben Sie nicht gehört . . .«

Gelassen drehte er sich um und meinte trocken: »Ach, dir soll ein Wort entfahren sein, das eine Dame angeblich nicht in den Mund nimmt. Das halte ich aber für ein Gerücht.«

Ich atmete auf. Einen solchen Chef kann man nur jedem Menschen wünschen.

In Freiburg im Breisgau, als der Südwestfunk die Sendung »Sie können sich sehen lassen« produzierte, lernte ich eine Kollegin kennen, die ich auch heute noch besonders schätze. Eine junge Sängerin mit einer ungewöhnlich guten Stimme und von auffallender Musikalität.

In der Pause kam sie auf mich zu und sagte: »Ich bin Caterina Valente und freue mich, Sie kennenzulernen.«

Damit begann meine Freundschaft mit einer der musikalischsten Frauen, die ich kenne. Caterina war damals noch mager. Ein Strich in der Landschaft, wie ich zu sagen pflegte. Bei dem vielen Tanzen kein Wunder. Doch sie aß mittags auch meistens nur Kaviar mit Zwiebeln und trank Weißwein dazu.

Als ich sie erstaunt ansah, sagte sie: »Es sieht vielleicht so aus, als wollte ich mit dem Kaviar angeben, nicht wahr? Aber ich esse das bloß, weil ich schlank bleiben will. Kaviar nährt sehr, hat alle Aufbaustoffe und macht nicht dick.«

Bei der Verleihung eines Preises von Radio Luxemburg im Wiesbadener Kurhaus sahen wir uns wieder.

Anlaß war mein zwanzigjähriges Schallplattenjubiläum. Ich erhielt einen weißfarbenen Käfig mit einem Kanarienvogel, den ich »Pinky« nannte. Ich sang, von Werner Müller und seinem Orchester begleitet, meine erste Schallplattennummer von damals: »Die kleine Stadt will schlafen geh'n«.

Während der Proben sah ich plötzlich Caterina. Sie war inzwischen zum internationalen Star avanciert. Sie kam mit ihrem Gefolge den Mittelgang herunter, blieb stehen und hörte zu.

Als ich das Lied beendet hatte, applaudierte sie spontan und kam zur Bühne: »Ich habe den Titel selbst auf einer Langspielplatte gesungen. Aber es ist halt was anderes, wenn man das Original hört.«

Über dieses Kompliment habe ich mich besonders gefreut. Später bin ich mit Caterina in vielen Programmen zusammen aufgetreten. Trotzdem haben wir uns sehr lange gesiezt. Per du sind wir erst seit ein paar Jahren.

Wie ungeheuer kollegial Caterina ist, bewies sie mir, als ich 1979 für den Berliner Theaterclub meine ersten Talkshows startete. Sie stellte sich sofort als Stargast zur Verfügung. Ohne Gage. Für Caterina eine Selbstverständlichkeit.

Immer aufmerksam und hilfsbereit wie Caterina ist auch Bibi Johns. Einmal trafen wir drei Frauen in Stuttgart in einem Lokal zusammen. Auch Erwin Lehn kam dazu. Wir waren an diesem Abend alle so übermütig und haben einen solchen Quatsch getrieben, daß wir fast Lokalverbot bekommen hätten.

Bibis Lebensgefährte Rob Pronck stammt übrigens genauso wie ich aus Indonesien. Er redete sofort malaiisch mit mir und fragte: »Essen Sie gern indonesisch?«

»Wahnsinnig gern!« rief ich.

»Okay. Wenn Sie nächstes Mal in München sind, dann kommen Sie zu uns, ich koche für Sie.«

Das ließ ich mir nicht zweimal sagen. Bei meinem nächsten München-Besuch meldete ich mich sofort bei Bibi Johns: »Gilt die Einladung noch?«

»Na klar«, lachte Bibi. »Der Rob kommt morgen aus Holland. Ich sage ihm, daß du kommst.«

Als ich hinkam, fielen mir fast die Augen aus dem Kopf. Rob Pronck hatte eine phantastische indonesische Reistafel zubereitet und als besonderen Gaumenkitzel einen Ingwerkuchen aus Holland mitgebracht.

Schade, daß ich keine Michelin-Sterne zu vergeben habe. Sonst hätte ich Rob Pronck für diesen kulinarischen Festschmaus drei Sterne an die imaginäre Kochmütze geheftet.

Wenn ich an Bibi Johns denke, fällt mir auch eine andere amüsante Anekdote ein, die allerdings länger zurückliegt. Damals war sie noch mit dem Regisseur Michael Pfleghar verheiratet.

Bibi machte eine Kur im »Jägerwinkel« in Bad Wiessee. Als ich sie besuchte, zeigte sie mir ein kleines silbergraues Wollknäuel: einen Pudel, den ihr Mann ihr geschenkt hatte.

»Wie heißt denn der?« fragte ich.

»Mister.«

Der »Mister Mini« war wirklich sehr süß, obwohl er die Angewohnheit hatte, einfach an allem herumzuknabbern.

»Bleibt der so mini?« wollte ich wissen.

Bibi Johns lachte: »Na hör mal. Garantiert bleibt der so klein.«

Ein Jahr später. Königinstraße in München. Wen sehe ich auf der anderen Straßenseite? Bibi Johns, sehr elegant, und neben ihr trottet – ich übertreibe nicht – ein Königspudel.

Ich begrüße sie: »Sag mal, Bibi, hast du einen neuen Hund?«

Sie zwinkerte mit den Augen: »Nein, das ist Mister.«

XXVI.

Mit Blaulicht und Feuerwehr zum Auftritt

»Den Täter zieht es immer wieder an den Tatort zurück«, lautet ein alter kriminalistischer Erfahrungsgrundsatz. Mit humorigen Augen gesehen, trifft diese Erkenntnis auch auf uns Schauspieler zu. Bühnenstädte, in denen man die ersten Erfolge feierte, lassen einen nicht mehr los. Auch ich kehrte im Jahre 1968 an den »Tatort« zurück. Genauer gesagt nach Berlin, wo ich vor dem Krieg meine Karriere bei der UFA begann.

Ich war glücklich, als ich wieder Berliner Luft schnupperte. Günstig wirkte sich für mich aus, daß ich aus den alten Zeiten fast die ganze Musikbranche kannte: Komponisten, Textdichter, Arrangeure, Schallplatten- und GEMA-Leute. Aber ich konnte auch viele Verbindungen zu neuen Leuten knüpfen, die für meinen dritten Anfang sehr wichtig waren.

Aha, Berliner Cliquenwirtschaft, werden mir jetzt einige Leute entgegenhalten. Ich möchte darauf nur mit einer Frage antworten: Was ist daran so schlimm, wenn Menschen, die schon viel zusammen gearbeitet und erlebt haben, in guten wie auch in schlechten Tagen zusammenhalten und sich gegenseitig helfen?

Zwei Männer, die mir unter die Arme griffen, waren Wolfgang Rademann und Fred Weyrich.

Rademann, ein junger, aber gefürchteter Journalist,

ging der Ruf voraus, eiskalt wie eine Hundeschnauze zu sein, was natürlich nicht stimmte. Eine große Zukunft lag vor ihm. Er hatte viele Ideen und eine flotte Schreibe. Heute ist er einer unserer bekanntesten Fernsehproduzenten und machte unter anderem die Peter-Alexander- und die Anneliese-Rothenberger-Show.

Fred Weyrich, der einmal Schlagersänger war, hatte umgesattelt, arbeitete als Werbemann bei einer großen Schallplattenfirma und wollte selbst Schallplatten produzieren. Er tat es dann mit Erfolg und war der Entdekker von Alexandra, einer Halbrussin, mit wunderschöner dunkler Stimme, die später tödlich verunglückte und trotzdem heute immer noch eine große Anhängerschaft hat. Weyrich schrieb viele Lieder für Alexandra.

Er führte mich in die Berliner Szene der 60er Jahre ein. Eines Tages sagte er: »Du, heute abend hat der Vico Torriani Premiere im Theater des Westens, und zwar im ›Weißen Röss'l‹. Ich habe zwei Plätze. Willst du nicht mitkommen?«

Ich machte mich schick und ging mit. Wir saßen in der ersten Reihe und erlebten eine sehr schöne Inszenierung. Vico war Klasse. Und da war auch noch ein kleiner Junge in kurzen Hosen, der den Pikkolo spielte und bald als neuer Stern am Show-Himmel aufging; er hat heute seine eigene Fernsehshow: Ilja Richter.

Vico Torriani lud nach der Aufführung zu einem Essen ins Parkhotel Zellermayer ein. Als passionierter Hobbykoch ließ er es sich natürlich nicht nehmen, die Saucen für das Essen höchstpersönlich anzurühren. Auch als Küchenchef war Vico Klasse.

Dieser Abend war es, an dem ich Wolfgang Rademann kennenlernte, der, wie gesagt, damals noch Journalist gewesen ist. Er lächelte mich freundlich an: »Ich möchte Sie herzlich in Berlin begrüßen.«

Ich traute dem Braten zunächst nicht und dachte: »Aufgepaßt, vor dem mußt du dich in acht nehmen. Der kann schlecht über dich schreiben.«

Er bat mich an seinen Tisch: »Ich find det so schön, daß Sie da sind. Sie gefallen mir, wissen Se.«

Meine Vorsicht löste sich schnell in Wohlgefallen auf, nachdem wir uns etwas beschnuppert hatten. Wolfgang Rademann war ungeheuer nett und komisch, 'ne richtige Berliner Schnauze, und wir haben an diesem Abend viel Spaß gehabt und miteinander gelacht.

Zum Abschied versprach er mir: »Hör'n Se mal. Sie müssen wieder ins Geschäft kommen. Da werden wir ein bißchen 'für sorgen.«

Er hielt sein Wort und machte überall publik, daß ich aus der Versenkung aufgetaucht war: »Seht her, die Werner ist wieder da.«

Auch Chefredakteur Ernstl Breil, den ich bei der Fernsehserie in Hamburg kennengelernt und in Berlin wiedergetroffen hatte, brachte mich wieder in die Presse!

Wer die Showbranche nicht kennt, mag das alles für Angabe halten. Irrtum. Für mich waren solche Kontakte sehr wichtig. Ich hatte ja keinen Manager, und ich habe bis heute keinen. Wer etwas von mir will, soll mit mir selber reden und nicht mit einem Manager, der dann ein Buch aufschlägt und sagt: »Wollen Sie die Werner? Ich habe außerdem noch die und die und die?« Das ist mir zu unpersönlich.

Jedenfalls: Ich war plötzlich wieder im Gespräch und bekam Engagements. Ich hielt mich an den Rat von Grethe Weiser: »Püppelchen, nun bleib erst mal hier. Berlin ist ein gutes Pflaster für dich.«

Inzwischen hatte meine Wohnungssuche Erfolg gehabt. In Berlin-Dahlem, Im Schwarzen Grund, mietete ich mir ein kleines Gartenhaus mit einer Mauer drumherum und einem L-förmigen Swimmingpool.

Dieses Haus hatte einen langgestreckten großen Wohnraum, ein kleines Schlafzimmer, eine winzige Küche, ein Bad und einen kleinen Vorraum – und viel Charme. Es wurde ein richtiges Partyhaus.

Nach dem Motto »Man soll die Feste feiern wie sie fallen« war in meinen vier Wänden immer was los. Bei Bier, Würstchen, Kartoffelsalat, Stullen und Buletten kamen regelmäßig viele Leute zusammen.

Zum festen Stamm gehörten Hans Rosenthal, der Zeichner Oskar mit seiner Frau, Erika Köth, Carli Raddatz, Wolfgang Gruner und Fritz Schulz-Reichel, um nur einige zu nennen. Es war eine richtige kleine Familie, und ich stand plötzlich wieder im Mittelpunkt, was meinem etwas angeschlagenen Ego guttat!

An dieses Haus habe ich nur schöne Erinnerungen. Ich habe mir immer gewünscht, noch mal so viel Geld zu verdienen, daß ich mir diese vier Wände woanders nachbauen kann. Leider hat es nie gereicht. Aber ich will mich nicht beklagen, denn im Rechnen hatte ich schon immer eine Fünf. Ich gab das Geld aus, wie es reinkam und habe eigentlich immer von der Hand in den Mund gelebt.

In jenen Jahren war ich viel beschäftigt. Ich trat im »Blauen Bock« auf und in der »Fernsehlotterie«. Beim Norddeutschen Rundfunk machte ich bei »17 und 4« und beim »Hafenkonzert« mit.

Immer hilfsbereit war Heinz Schenk, der Wirt vom »Blauen Bock«. Wir hatten uns in den fünfziger Jahren kennengelernt. Ich erinnere mich noch genau daran. Es war ein heißer Sommertag. Eine Schallplattenfirma hatte die grandiose Idee gehabt, ihre Künstler auf einer Veranstaltung in Frankfurt vorzustellen. Und ich war dazu ausersehen, mit einem Conférencier des Hessischen Rundfunks namens Heinz Schenk die Doppelansage zu machen. Da ich meine Angst vor Ansagen kannte, wollte ich nicht so recht ran.

Doch Heinz Schenk kam auf mich zu, begrüßte mich im reinsten Hessisch und möbelte mich auf: »Aach, mache Se sich kaa Sorche. Sie sin hübsch, und ich babbel. Da redd ich halt e bissl mehr und dann geht's, gelle.«

Es klappte prima.

Einige Zeit darauf hatte Heinz Schenk seinen ersten Fernsehauftritt. Er machte eine sehr launige Ansage, in der er unter anderem sagte: »Also, da hab' ich doch neulich einen Geicher geheert, der hat so wunnerbar ›Spatz und Spätzche‹ uff seiner Geich gegeicht, daß das Publikum ihm zum Schluß Vogelfutter uff die Bühn' gestreut hat.«

Ich rief ihn nach dieser Sendung zu Hause an, wie gut mir sein Auftritt und besonders die Geschichte mit dem Geiger gefallen habe. Als ich dann später im »Blauen Bock« singend und pfeifend auftrat, überreichte er mir vor der Kamera statt des üblichen Bembels einen Sack mit . . . Vogelfutter.

Jahre später plante Heinz Schenk eine besonders originelle Karnevalssendung. Er bat mich dringend, diesmal wieder dabei zu sein. Liesel Christ, die Mama Hesselbach, und ich sollten uns verkleiden als Frau Babbich und Frau Struwelich, das beliebte Mainzer Karnevalsgespann.

Der »Blaue Bock« fand diesmal im Odenwald statt; ich mußte jedoch abends um 9 Uhr noch in Reutlingen bei Stuttgart auf der Bühne stehen. Schluß der Sendung war damals aber erst um Viertel vor sechs.

Ich sagte zu unserem Produktionsleiter Harry Köhler: »Mensch, Harry, das schaff' ich nie. Es ist Samstag, und ich muß noch ein ganzes Stück zur Autobahn fahren. Bis ich durch die kleinen Orte gekommen bin, vergehen doch Stunden.«

Harry beruhigte mich: »Überlaß das mal getrost mir.«

Als dann das Schlußlied »Im Blauen Bock beim Äppelwoi« verklungen war, stand mein Wagen mit sämtlichem Gepäck und laufendem Motor vor der Halle. Vor meinem Wagen ein Feuerwehrauto mit Blaulicht. Und ab ging die Post. Mit Eskorte und Tatü-tata.

In ganz kurzer Zeit war ich auf der Autobahn. Noch in voller Kriegsbemalung und im Kostüm. Und immer noch die Uhr im Nacken.

Aber dank Harry Köhler und der Feuerwehr traf ich rechtzeitig in Reutlingen ein. Pünktlich wie die Maurer stand ich auf der Bühne.

Heinz Schenk entwirft und schreibt die Texte für seine Sendungen selber. Als sich 1971 mein fünfzigster Geburtstag näherte und ich wieder einmal für den »Blauen Bock« engagiert wurde, da schrieb Heinz Schenk für mich ein Lied: »Was sind schon 50 Jahre.«

>»Die Zeit, die eilt im Sauseschritt,
das weiß ein jeder Mann,
und wir, ja wir, wir alle mit,
da ändert man nichts dran,
die Jahre gehen rasch ins Land,
schnell sind die Fünfzig voll,
doch mir haben sie Spaß gemacht,
drum sing ich ohne Groll:
Was sind schon fünfzig Jahre
auf dieser schönen Welt,
wenn man im Herzen jung bleibt
und den Humor behält!«

Dieses Lied, das später auf einer Schallplatte erschien, war für mich wie gepfiffen und entsprach so ganz meiner Grundeinstellung zum Leben.

Nun, ab 11. Juli 1981 kann ich sagen: »Was sind schon 60 Jahre auf dieser schönen Welt, wenn man im Herzen jung bleibt und den Humor behält.«

XXVII.

Im Rollstuhl Theater spielen

Auch wenn Talkshows heute mein Bier sind, hat das
Theater für mich nichts von seiner Faszination verloren.
Nach wie vor steht in meinem Paß an erster Stelle:
Schauspielerin. Denn mit kurzen Unterbrechungen bin
ich dem Theater treu geblieben. Obwohl es auch Ter-
rain mit Fußangeln sein kann. Einmal mußte ich sogar
im Rollstuhl spielen.

1967 bekam ich aus heiterem Himmel ein Angebot
aus Hamburg. In dem Stück »Die liebe Familie« sollte
ich am Künstlertheater die Hauptrolle übernehmen. Ich
griff mit beiden Händen zu.

Heute existiert das Theater leider nicht mehr. Da ist
jetzt ein Supermarkt drin. Das Los vieler Theater.

Jedenfalls war Peter Frank, der Schauspieler und Regisseur, der entscheidende Mann für mein damaliges
Bühnenengagement. Er brachte mich zum Boulevard-
theater zurück, und ich habe in »Die liebe Familie«
450-mal mit ihm als Partner gespielt. Eine wundervolle
Rolle. Das Stück erzählt die Geschichte einer vielbe-
schäftigten Mutter und Hausfrau, die eine schriftstelle-
rische Ader in sich hat. Sie schreibt ein Stück über ihre
»liebe Familie«, schickt es heimlich zu einem Wettbe-
werb ein, gewinnt den ersten Preis und geht nach Amerika. Als sie zurückkommt, ist sie eine ganz andere

Frau. Ihr Mann erkennt sie kaum wieder. Nach allerlei Verwicklungen kommt aber wieder alles ins Lot. Es gibt ein Happy-End.

Ich habe die »liebe Familie« sehr gerne gespielt und daraus ergaben sich weitere Engagements. Aber einen besonderen Wunsch hatte ich noch.

Seit ich in Amerika gewesen war, träumte ich von einer Musicalrolle. Ich hatte drüben »The King and I« (Der König und ich) mit Yul Brynner und Deborah Kerr gesehen.

Mein Gott, diese Rolle wollte ich unbedingt einmal spielen.

Daß dieser Wunschtraum tatsächlich in Erfüllung ging, verdanke ich Dr. Köhler, dem Leiter eines großen Theaterverlages. Eines Tages klingelte das Telefon. Er war am Apparat.

»Sie haben doch davon gesprochen, daß Sie gern einmal Musicals spielen würden.«

»Ja, dafür würde ich jedes Opfer bringen. Das ist eine große Sehnsucht von mir.«

»Haben Sie ein bestimmtes Stück im Auge?«

»Schon! Aber das wird es wohl in Deutschland für mich kaum geben.«

»Welches meinen Sie?«

»The King and I.«

Kurze Pause.

»Das spielt das Stadttheater in Bremerhaven«, sagte Dr. Köhler. »Wollen Sie die Rolle haben?«

Ich dachte, ich höre nicht recht: »Wie bitte?«

»Ob Sie das spielen wollen?«

»Aber Herr Dr. Köhler, ich gäbe meinen rechten Arm dafür!«

»Einen Moment«, sagte er. »Ich rufe Sie zurück.«

Eine halbe Stunde später meldete er sich wieder: »Ich

habe mit dem Intendanten, Herrn Dr. Weidelich, gesprochen. Er ist ganz begeistert von der Idee und wird sich mit Ihnen in Verbindung setzen.«

Tatsächlich kam Dr. Weidelich zu mir nach Berlin, und wir machten einen Vertrag.

Was für ein Stück! Ich durfte singen, ich durfte pfeifen, ich durfte tanzen, ich durfte lachen, ich durfte weinen.

Der berühmte Hollywood-Autor Oskar Hammerstein hat das Musical geschrieben, der Broadway-Komponist Richard Rodgers hat es vertont. Die deutsche Fassung stammt von Janne Furch.

Noch heute kommt es mir vor, als sei die Rolle der Anna Leonowens speziell für mich verfaßt worden. Das ist natürlich Unsinn. Aber ich hab' original gepfiffen, während in Amerika die Orchesterflöten eingesetzt wurden.

Vor den Erfolg hat der liebe Gott bekanntlich den Schweiß gesetzt. Bei den Proben kam ich ganz schön ins Schwitzen. Ich habe vier bis sechs Wochen gebraucht, bis ich die Rolle drauf hatte.

Schon oft bin ich gefragt worden, wie ich Rollen einstudiere. Ich muß bekennen, daß ich keine angenehme Kollegin bin, weil ich erst auf den Proben den Text lerne. Ich lerne eigentlich phonetisch. Ich lese nicht gern, ich muß hören, ich muß alles hören, ich muß auch mich hören. Zu Hause repetiere ich den Text natürlich immer wieder und lasse mich abhören: entweder von einer Freundin, am liebsten aber von einem Kollegen, der mit mir in dem Stück auftritt.

Die Premiere von »The King and I« war am 16. November 1968. Um 20 Uhr hob sich der Vorhang, und ich sang das Lied, das mir auf den Leib geschrieben scheint:

>*Ich steh' wie ein Zinnsoldat,*
ganz stolz und kerzengrad,
und ich pfeif' mein Lieblingslied
so laut, daß keiner ahnt:
Ich hab' Angst. Und es ist fast nicht
zu glauben, der Trick wirkt phänomenal.
Ich täusche nicht nur die Leute um mich,
auch mir wird's dann egal.
Ich pfeif' mein Lieblingslied,
was immer auch geschieht.
Und plötzlich wird alles gut,
auf einmal fühlt mein Herz keine Angst.
Sorg nur, daß die Welt von dir
glaubt, du bist ein Held.
Dann geht's von allein.
Du wirst immer tapfer sein.«

Dieses Lied könnte auch als Motto über meinem ganzen Leben stehen. Und deshalb ist mir die Rolle der englischen Gouvernante Anna Leonowens, die die sechzehn Kinder des Königs von Siam erzieht, so sehr ans Herz gewachsen.

Schlaflose Nächte bereitete mir dagegen die Rolle der Frau Stockmann in dem Stück »Volksfeind«, das ich im Thalia-Theater in Hamburg bei Boy Gobert spielte.

Die Vorgeschichte ist kurz erzählt: Auf der Geburtstagsparty von Hans Wolff, dem Stiefbruder von Otto Wolff von Amerungen, Präsident des Industrie- und Handelstages, traf ich mit Boy Gobert zusammen.

Plötzlich sah er mich mit großen Augen an: »Das ist sie, jetzt habe ich meine Frau Stockmann gefunden!«

Ich machte ein ziemlich dämliches Gesicht: »Wen haben Sie gefunden?«

238

»Die Frau Stockmann im ›Volksfeind‹.«

Da fiel bei mir der Groschen. Aber ich winkte ab: »Ich bin keine Frau Stockmann.«

Boy Gobert ließ nicht locker: »Wollen Sie denn immer nur pfeifen und nicht mal etwas anderes ausprobieren?«

Er hat so auf mich eingeredet mit seiner ungeheueren Überzeugungskraft, daß ich schließlich wie auf einer Wolke schwebte und zunächst alle Bedenken über Bord warf. Euphorisch dachte ich: Jetzt wirst du eine große Schauspielerin und gehst ans Thalia-Theater.

Denn für viele Leute aus der Branche war das Hamburger Thalia-Theater unter Boy Gobert das, was einmal Theaterspiel bei Gustaf Gründgens gewesen ist: die Erfüllung.

Bei den Verhandlungen im Intendantenbüro bekam ich noch einmal Manschetten: »Boy, ich glaube, ich tue es lieber nicht.«

Ich habe mich unbewußt gegen die Rolle gesträubt. Sie war nichts für mich.

Bis zum heutigen Tag verstehe ich nicht, warum Boy Gobert in mir die Frau Stockmann gesehen hat. Denn ich bin ein ganz anderer Frauentyp als der, den ich im »Volksfeind« darzustellen hatte. Keine bürgerliche und beschönigende Hausfrau und Mutter; keine, die ihr Schicksal einfach hinnimmt.

Aber Boy wollte von einem Rückzieher nichts wissen: »Das kommt gar nicht in Frage, Ilse. Glauben Sie mir, Sie werden groß herauskommen.«

Na ja, ich übernahm die Rolle. Zur gleichen Zeit trat Johanna von Koczian in einer anderen Inszenierung im Thalia-Theater auf. Sie erwartete gerade ein Baby und konnte deshalb nicht immer spielen. Dann mußten wir mit dem »Volksfeind« die Lücke im Programm ausfüllen. So wurde das Stück über Gebühr strapaziert. Ich mußte ständig in Alarmbereitschaft stehen, weil ich nie genau wußte, wann meine nächste Aufführung war.

Später, als Johanna von Koczian längst ihr Baby hatte, war sie bei mir in einer Talkshow zu Gast. Bei dieser Gelegenheit wurde sie von mir angeflachst: »Schlaflose Nächte haben Sie mir bereitet, meine Liebe. Ihretwegen mußte ich dauernd die Frau Stockmann mimen.«

Johanna von Koczian hat sich halbtot gelacht.

Schon einmal, 1972, war mir eine Charakterrolle angeboten worden. Von Maria Becker, meiner Mitschülerin aus dem Reinhardt-Seminar, die inzwischen ins Regiefach übergewechselt war. Sie hatte eine eigene Theatergruppe gegründet.

Meine Verhandlungen mit ihr verliefen ähnlich wie die mit Boy Gobert. Ich sträubte mich zunächst mit Händen und Füßen, aber Maria Becker klopfte mich weich – schließlich war ich überzeugt, die ideale Miß Antrobus für das Stück »Wir sind noch einmal davongekommen« von Thornton Wilder zu sein.

»Okay, ich werde es versuchen.«

»Was heißt hier versuchen«, sagte Maria Becker. »Ich führe Regie, und ich kenne dich.«

»Aber du hast mich Jahre nicht mehr gesehen.«

»Die Rolle ist ideal für dich.«

»Ich hab' so eine Rolle noch nie gespielt. Laß mich acht Tage probieren und dann entscheiden.«

Bei der Prominentenwirtin Ria Maternus in Bad Godesberg trafen wir uns zur Abschlußbesprechung. Bei dieser Gelegenheit lernte ich die Präsidentin der Deutschen Krebshilfe, Mildred Scheel, kennen und Susanne von Wechmar, die Frau Rüdiger von Wechmars, des Vertreters der Bundesrepublik Deutschland bei den Vereinten Nationen.

Wir kamen ins Gespräch, und ich schilderte ihnen mein Problem: »Also, ich weiß nicht, was ich machen soll.«

Mildred Scheel und Susanne von Wechmar sagten wie aus einem Mund: »Das glauben wir nicht, daß eine Schauspielerin wie Sie Angst vor einer Rolle hat.«

»Haben Sie eine Ahnung«, sagte ich.

Die Politikerfrauen lachten mich aus: »Sie machen das mit der linken Hand.«

Eben nicht!

Die Proben zu »Wir sind noch einmal davongekommen« begannen in Zürich. Die Atmosphäre war von Anfang an nicht gut. Wir probierten und probierten, und ich fühlte mich immer mieser.

»Maria, laß mich raus«, bat ich. »Jetzt ist noch Zeit.«

Aber Maria Becker ließ sich nicht von ihrer Meinung abbringen. Und da habe ich mir gesagt: Gut, Ilse, jetzt schmeißt du dich ins Zeug, koste es, was es wolle. Du darfst deine Kollegen und die Zuschauer nicht enttäuschen.

Die Premiere fand in Schweinfurt statt. Es war ein Erfolg für Maria Becker. Dann gingen wir auf Tournee.

Ich kann nur das eine sagen: Tourneen sind für mich die schlimmste Erfindung der Erde. Den ganzen Tag fährst du, abends steigst du todmüde aus, aber du kannst nicht verschnaufen, du mußt auf die Bühne, spielen, bis der Vorhang fällt, anschließend fällst du in irgendeinem Hotel ins Bett. Am nächsten Tag nach dem Frühstück bist du wieder unterwegs.

Ich bin richtig krank geworden, und dann ist etwas Schreckliches passiert. Wir gaben am 5. Oktober in Aschaffenburg zwei Vorstellungen. Für ein solches Stück zwei Auftritte am Tag – das ist sowieso schon sehr hart. Na gut.

Im letzten Akt der ersten Vorstellung wurden mir die schwarzen hochhackigen Stiefel zum Verhängnis. Ich stolperte über meine eigenen Füße, fiel hin und verspürte einen irrsinnigen Schmerz. Ein Feuerwehrmann verarztete mich. Er mußte den Stiefel aufschneiden, denn mein Fuß schwoll wie ein Ballon an. Man brachte mich in ein Krankenhaus zum Röntgen.

»Kapselriß«, lautete die Diagnose des Arztes. »Sie können unmöglich weiterspielen.«

Meine Kollegen taten mir leid: »Kinder, was sollen wir machen? Ich will nicht, daß meinetwegen die zweite Vorstellung ausfällt.«

Aber guter Rat war teuer. Schließlich organisierte jemand einen Rollstuhl. In diesem Rollstuhl habe ich noch drei Tage weitergespielt und die Zähne zusammengebissen.

Erst in Erbach im Odenwald bin ich echt zusammengeklappt und mußte ins Krankenhaus transportiert werden. Die Behandlung dauerte Wochen, denn diese drei Tage, die ich noch gespielt habe, hatten die Verletzung nur noch verschlimmert. Die Spätfolgen meines Sturzes spüre ich noch heute. Ich kann keine hohen Absätze mehr tragen, weil mein Fuß sonst sofort anschwillt und mir große Schmerzen bereitet.

Was mich aber damals am meisten schmerzte, war, daß man von mir glaubte, ich hätte diesen Unfall absichtlich herbeigeführt, um nicht weiterspielen zu müssen.

Nun frage ich Sie: Wer legt sich schon freiwillig einen Kapselriß zu? Das tut nämlich sehr weh und macht einen bewegungsunfähig.

Aber Schwamm drüber. Ich war ja noch einmal davongekommen.

XXVIII.

Als »Vorzimmerdame« beim NDR

Als ich 1970 von Berlin nach Hamburg zog, traf ich hier manche alte Bekannten wieder. Es war ja nicht mein erster Besuch an der Waterkant. Ich hatte Hamburg 1943 bei den Dreharbeiten zu »Große Freiheit Nr. 7« und kurz nach dem Krieg kennengelernt.

Trotz der Erinnerungen an die Bombenangriffe und trotz der schweren Jahre nach dem Zweiten Weltkrieg muß ich der Hansestadt eine Liebeserklärung machen: Hier hätte ich mein ganzes Leben verbringen können. Hamburg erinnert mich in gewisser Weise an Berlin. Ein nordisches Berlin.

Und die Norddeutschen liegen mir sehr. Sie sind zwar schwer zugänglich, doch wenn das Eis einmal aufgetaut ist und sie jemanden in ihr Herz geschlossen haben, dann – so glaube ich – für immer. Hinzu kommt, daß auch die Hamburger ein ganz tolles Publikum sind – das Salz für jeden Künstler.

Im Knokenholt 28 in Wellingsbüttel mietete ich ein Häuschen mit einem hübschen Garten. Zu meinen neuen, alten Hamburger Bekannten zählte auch ein Mann, der ein ganz besonderes Verhältnis zu einer Dame namens Mabel hatte.

Sie erinnern sich: »Kennen Sie denn schon das Fräulein Mabel?«

Na, jetzt haben Sie sicher schon erraten, wen ich meine: den unvergeßlichen Heinz Erhardt. Denn so begann eines seiner drolligen Lieder, die er am Klavier vortrug.

1945 waren wir uns im »Palladium« zum erstenmal begegnet. 25 Jahre später wurden wir Nachbarn, denn Heinz wohnte ganz in der Nähe von Knockenholt 28. Bei ihm und seiner Frau Gilda war ich oft zu Gast.

Besonders gern denke ich noch an den Tag zurück, an dem Heinz und ich anläßlich der Jubiläumsfeier einer Zeitung in der Wiesbadener Rhein-Main-Halle engagiert waren.

»Weißt du noch, was du 1945 im ›Palladium‹ gesungen hast?« fragte ich ihn. »Bring mir zuliebe heute abend etwas aus deinem damaligen Repertoire. Das wäre eine schöne Erinnerung für mich.«

»Ach was, ist doch ein alter Hut«, winkte er ab. »Und das kann ich auch nicht mehr.« Sprach's, drehte sich auf dem Absatz um und ging in seine Garderobe.

Ich hatte ihn noch nie so brummig gesehen.

Dann, bei seinem Auftritt am Abend, setzte er sich ans »Geflügel«, wie er immer so schön sagte, und kündigte an: »Meine Damen und Herren, auf Wunsch einer einzelnen Dame singe ich heute etwas aus meiner Mottenkiste.« Und dann spielte er sein ganzes Programm von damals.

Das war eine ganz besonders herzliche Geste. Ehrensache für Heinz. So ist er gewesen.

Schon immer war ich eine verhinderte Krankenschwester. Dieses »Talent« habe ich offenbar von meinem Vater geerbt, auch er hatte stets für jedes Wehwehchen ein Mittelchen parat.

Wenn ein Kollege über Lampenfieber oder Bauchweh klagte, war ich sofort mit einem Pulver zur Stelle.

Und so gaben mir Freunde den Spitznamen »Oberschwester Ilse«.

Als Heinz Erhardt seinen Schlaganfall erlitt, der ihn für viele Jahre ans Krankenbett fesselte, schickte ich ihm ein Foto von mir in Schwesterntracht, aufgenommen bei einer Produktion für die »Fernsehlotterie«, wo ich eine kleine Szene mit Christian Wolff gespielt hatte.

Und ich schrieb auf das Foto: »Stehe jederzeit zur Verfügung, wenn Du eine Schwester brauchst.«

Gilda Erhardt ließ das Bild einrahmen und im Krankenzimmer aufhängen, damit ihr Mann es vom Bett aus sehen konnte.

Ich besuchte Heinz Erhardt oft, um ihm die neuesten Witze oder den letzten Klatsch zu erzählen. Zuletzt konnte er ja nicht mehr sprechen. Aber an seinen Augen konnte ich sehen, daß er mich verstand.

Leider gab es für ihn keine Rettung mehr. Als er starb, verloren wir nicht nur einen großen Künstler, sondern auch einen großen Menschen.

Seit meiner Scheidung wußte ich, was es heißt, als Frau allein zu sein, und hatte deshalb ein tiefes Mitgefühl für andere Frauen, die ihren Mann verloren.

In Hamburg besuchte ich regelmäßig die Premieren im »Ohnsorg-Theater«. Dabei lernte ich die Ohnsorg-Hauptdarsteller Henry Vahl und Heidi Kabel kennen. Heidis Mann Hans Mahler war gerade gestorben, und ich sprach oft mir ihr, weil es viele gemeinsame Probleme gab. Irgendwann rutschte mir der Satz raus: »Du hör mal, wir sind wie Intimschwestern.«

Heidi hat furchtbar gelacht. Und seitdem nennen wir uns »Timi I und Timi II« – von intim.

Da wir oft Gäste hatten und es manchmal hinterher wüst in unseren Küchen aussah, legten wir uns beide eine »wilde Emma«, eine Geschirrspülmaschine, zu.

Denn auch darin waren wir uns vollkommen einig: Lieber auf einen Pelz verzichten, als auf unsere »wilden Emmas«. Sie sind ein wahres Geschenk des Himmels.

Einmal waren Heidi und ich zu einer Autogrammstunde in einer Hamburger Bank eingeladen. Während wir schrieben, unterhielten wir uns angeregt weiter. Plötzlich stutzte Heidi und begann zu lachen: Geistesabwesend hatte sie statt ihres eigenen Namens ›Ilse Werner‹ auf die Autogrammkarte geschrieben und damit sozusagen Urkundenfälschung begangen. Ausgerechnet in einer ganz seriösen Bank.

In dieser Zeit war ich mit einem Diplomaten befreundet, einem Botschafter, der unbedingt einmal die Reeperbahn kennenlernen wollte – inkognito, versteht sich. Ohne Leibwächter.

»Kannst du den Fremdenführer spielen?« fragte er mich.

»Gern, aber wie willst du deine ›Gorillas‹ überlisten?«

»Warte mit dem Auto vor dem Hinterausgang des Hotels.«

Tatsächlich kam der Botschafter ohne seine »Gorillas«.

Er fand's herrlich auf der Reeperbahn nachts um halb eins. Selbstverständlich machten wir auch einen Abstecher in das berühmte Café Keese, wo üblicherweise die Herren der Schöpfung von den Damen aufgefordert werden.

Damenwahl. Das war einmal eine ganz neue Rolle für mich. Natürlich habe ich aus Jux mitgemacht.

»Gestatten Sie, Herr Botschafter.« Und dann haben wir das Tanzbein geschwungen.

Zum Glück hat uns niemand erkannt. Das wäre sonst ein gefundenes Fressen für die Klatschspalten gewesen.

Ich sehe die Schlagzeilen im Geist bereits vor mir: »Ilse Werner auf Männerfang im Café Keese. Liebesromanze mit Botschafter?«

Heute kann ich verraten, es war nichts dabei. Eine Freundschaft, mehr nicht. Es war auch das erste und einzige Mal, daß ich als Fremdenführerin auf der Reeperbahn gewirkt habe. Aber Spaß hat's schon gemacht.

Und Spaß hat's auch gemacht, als ich eines Tages Sekretärin in einer Anstalt des öffentlichen Rechts wurde. Horst Trinkwald vom Besetzungsbüro des Norddeutschen Rundfunks klagte mir nämlich mal sein Leid: »Ich bin ganz verzweifelt. Meine Sekretärin geht auf Urlaub. Ich weiß nicht, was ich machen soll. Ich krieg' keine Urlaubsvertretung.«

»Warum nimmst du nicht mich?« sagte ich spontan. »Laß mich die Urlaubsvertretung machen.«

Horst sah mich mit großen Augen an. Er schien an meinem Verstand zu zweifeln.

»Wie bitte?« fragte er, als ob er falsch gehört habe.

»Ja, ich möchte das lernen. Das würde mich sehr interessieren, mal im Vorzimmer zu sitzen und dir dabei zu helfen, öffentliche Aufführungen vorzubereiten und zu besetzen. Du weißt, ich habe immer gern dazugelernt.«

Er lachte mich aus. »Das willst du echt tun?«

»Da ist doch nichts dabei. Außerdem habe ich im Augenblick Zeit.«

Ich übernahm dann wirklich vier Wochen die Urlaubsvertretung, und das war irrsinnig komisch. Ich saß vorn im Büro hinter dem Schreibtisch, und die meisten Leute haben mich nicht erkannt.

Zum Beispiel kam die Gitte wie ein Wirbelwind angerauscht. Wir kannten uns von verschiedenen Veranstaltungen her, aber bei ihr funkte es in diesem Augenblick nicht – wie sollte es auch! Sie sagte: »Guten Tag. Ich möchte zu Herrn Trinkwald.«

Ich, ganz Vorzimmerdame: »Sind Sie angemeldet?«

»Natürlich«, nickte Gitte.

»Dann gehen Sie bitte rein.«

Sie verschwand in Trinkwalds Zimmer. Nach einer Weile kam sie mit hochrotem Kopf rausgestürmt: »O Gott, entschuldigen Sie bitte. Ich Trottel hab' Sie nicht erkannt.«

Doch dann wurde ich von einem Reporter »entlarvt«.

»Sind Sie nicht Ilse Werner?« fragte er.

Ich gab es widerstrebend zu.

»Und was machen Sie hier?«

»Urlaubsvertretung für die Sekretärin von Herrn Trinkwald.«

Am nächsten Tag stand der »Knüller« in der Presse: Ilse Werner sei jetzt beim NDR, als prominente Vorzimmerdame des Besetzungsbüros. Und, so hieß es, ich sei nun völlig am Ende, hätte überhaupt kein Engagement mehr; deshalb müsse ich als Sekretärin meine Brötchen verdienen... Eine richtig rührselige Geschichte, die auf die Tränendrüsen drückte. Mir kamen fast auch die Tränen – aber vor Lachen.

Aber Spaß beiseite: Als Vorzimmerdame beim NDR habe ich eine Menge gelernt. Wann hat man schon mal wirklich Gelegenheit, hinter die Kulissen eines Rundfunksenders zu schauen?

Im großen und ganzen konnte ich mich über mangelnde Arbeit und Engagements während meiner Hamburger Zeit nicht beklagen. Ich war dauernd auf Achse. In »Spielen ist unsere Welt« trat ich zum erstenmal als Fernsehmoderatorin auf. Hans Söhnker und ich führten durch das Programm. Jochen Brauer und sein Sextett machten die Musik. Die Sendung wurde von Wolfgang Schleif inszeniert. Wir kannten uns sehr gut. Mit ihm hatte ich auch »Ännchen von Tharau«, einen meiner letzten Kinofilme, gedreht.

Obwohl »Spielen ist unsere Welt« eine besonders hübsche Sendung war, hatten wir nur eine ganz geringe Sehbeteiligung. Unser Pech: Ausgerechnet an dem Abend, an dem die Produktion schließlich ausgestrahlt wurde, lief im anderen Kanal ein Fußballänderspiel. Schade, aber wer kann schon mit dem runden Leder konkurrieren?

Nach diesem »Eigentor« verlegte ich meine Aktivitäten zur Abwechslung mal auf schwankende Schiffsplanken. Um langjährige, verdiente Mitarbeiter zu ehren, hatte sich ein millionenschwerer Hamburger Fabrikant einen besonderen Gag ausgedacht. Er charterte das Fährschiff »Wappen von Hamburg« und engagierte verschiedene Künstler für einen bunten Abend – mich Landratte ausgerechnet auch.

Horst »Holly« Braun, Conférencier und Regisseur der »Stachelschweine«, ein alter Kollege und Freund von mir, hatte das Angebot an mich herangetragen: »Ilsemaus, du mußt unbedingt mitmachen.«

»Holly« hatte schon eine Reihe von Schiffsreisen hinter sich gebracht und bereits mehrfach den Versuch gemacht, mich als Sängerin oder Entertainerin anzuheuern. So verlockend die Luxusreisen auf die Bahamas oder nach Spitzbergen auch waren, ich hatte immer abgelehnt, weil ich so leicht seekrank werde.

Aber diesmal konnte Horst Braun meine Bedenken zerstreuen: »Du brauchst keine Angst zu haben. Das ist ja keine Reise über den Atlantik bei Windstärke zehn. Wir fahren nur bis Helgoland. Da gibt's keinen starken Seegang. Also kein Problem für dich. Du brauchst nur zu singen, und Rolf Rosemeier begleitet dich am Klavier.«

Ich willigte ein und erzählte freudestrahlend meinen Hamburger Freunden von der geplanten Seereise nach Helgoland.

»So, nach Helgoland.«

»Ja.«

Meine Freunde machten ziemlich komische Gesichter.

»Was ist los mit euch?«

»Weißt du nicht, daß die Nordsee ein recht rauhes Gewässer ist?«

Mir rutschte das Herz in die Hose, und ich telefonierte sofort mit Horst Braun in Berlin: »Du, Holly, ich kann leider an dem Abend nicht.«

»Aber du darfst jetzt unmöglich kneifen.«

Das sah ich ein. Also bin ich mit weichen Knien an Bord der »Wappen von Hamburg« gegangen. Als der Steward in meine Kabine kam, muß er mir sofort an der Nasenspitze angesehen haben, wie mulmig mir zumute war. Denn kurz darauf kam der Doktor in meine Kabine. Er beruhigte mich: »Sie brauchen sich wirklich keine Sorgen zu machen.«

Ganz klar, daß sich mein Problem schnell an Bord herumsprach. Die »Wappen von Hamburg« hatte inzwischen die Leinen losgemacht, wir dampften mit voller Kraft Kurs Helgoland. Es war November, das Wetter verschlechterte sich zusehends.

Beim Abendessen saß ich neben dem Kapitän.

»Ich war bei der Kriegsmarine und habe alle Ihre Filme gesehen«, erzählte er.

Da ich keine Antwort gab, sah er mich sorgenvoll an: »Fühlen Sie sich nicht wohl?«

»Lieber Kapitän, ich hab' solche Angst, daß mir

schlecht wird. Was mach ich bloß, wenn das Schiff zu schaukeln anfängt? Ich kann mich doch nicht am Mikrofon festhalten!«

»Das regeln wir schon«, lächelte der Kapitän und erkundigte sich so nebenbei bei Horst Braun: »Wann hat denn Frau Werner ihren Auftritt?«

»Gegen zwanzig Uhr.«

Als es soweit war, verstummte plötzlich das Dröhnen der Schiffsmotoren. Die »Wappen von Hamburg« hörte auf zu schwanken. Im gleichen Augenblick gab mir Rolf Rosemeier das Zeichen für meinen Auftritt.

20 Minuten stand ich vor dem Mikrofon, und während dieser Zeit hatte der Kapitän wirklich die Motoren stoppen lassen. Erst als ich mein letztes Lied gesungen hatte, ließ er sie wieder anwerfen.

Natürlich hätte er das nicht machen können, wenn es eine fahrplanmäßige Reise gewesen wäre. Es war eine Vergnügungsfahrt, die uns in dieser Nacht um die berühmte Insel herumführte. Am nächsten Tag gegen Mittag legten wir wieder in Hamburg an.

So kam es, daß ich die Insel Helgoland nie betreten habe.

XXIX.

Talkmaster – was ist das schon?

Eine Quizfrage: Wer ist das? Er setzt sich einfach hin, quasselt munter drauflos und läßt seine Gesprächspartner nie zu Wort kommen.

Een Quatschkopp, würden die Rheinländer sagen. Falsch!

Ein Politiker? Auch falsch!

Ein Talkmaster? Richtig!

Jedenfalls scheint diese Ansicht heute weit verbreitet zu sein. Talkmaster haben beim Publikum einen recht zweifelhaften Ruf. Was machen die denn schon? denkt man; reden dumm daher und bilden sich auch noch wer weiß was ein.

Horst Braun, bei dem ich mir die ersten Sporen als »Entertainerin« und Talkmasterin verdient habe, sagte einmal: »Das Wichtigste ist der Gesprächspartner. Man muß ihn reden lassen. Als Interviewer muß man im Hintergrund bleiben. Man darf sich nicht selbst produzieren, auch wenn man selbst prominent ist.«

Das klingt so leicht und ist so schwer. Talkmaster ist für mich einer der schwierigsten Berufe, aber auch einer der schönsten. Bis zu meinen Senioren-Shows, die ich in den letzten Jahren im Auftrag des Ministeriums für Wirtschaft, Mittelstand und Verkehr in Nordrhein-Westfalen machte, war es ein langer dorniger Weg, der durch viele Säle, Theater, Funkhäuser und Fernsehstudios führte.

Mein Vorteil: Ich durfte in die Trickkiste vieler Show-Profis schauen, ob sie nun Peter Frankenfeld, Hans-Joachim Kulenkampff, Lou van Burg, Dr. Alfred Biolek, Joachim Fuchsberger oder Horst Braun heißen. Von ihnen allen konnte und habe ich etwas für meinen fünften Beruf als Talkmasterin abgeguckt.

Einer der intelligentesten, humorigsten und fairsten Kollegen dieser Branche ist für mich Lou van Burg, dem man so übel mitgespielt hatte – in einer Sache, über die man sich heute nicht mehr aufregen, sondern über die man nur noch lachen würde. Manche Dinge kommen wirklich zu früh im Leben, kann ich nur sagen. Oder zu spät. Für Lou leider zu früh.

Ich habe in zwei seiner Evergreen-Sendungen mitgewirkt und später mit ihm zusammen Kaffeefahrten gemacht. Die Tingelei war zum Teil sehr anstrengend, aber sie hat auch viel Freude gemacht. Man kann Lou van Burg hinstellen, wo man will; auf den Fischmarkt oder in die Philharmonie – Lou kann alles. Und ich habe viel von ihm gelernt. Sehr viel.

Dr. Alfred Biolek, kurz »Bio« genannt, hatte ich bereits im Jahre 1968 bei der »Drehscheibe« in Berlin kennengelernt. Wir waren uns sofort sympathisch. Kein Wunder, denn wir sind beide im Sternzeichen des Krebses geboren. Er am 10. Juli und ich am 11. Juli.

Ein paar Jährchen später liefen wir uns wieder über den Weg. »Bio« hatte noch nicht seinen »Bahnhof«, sondern trat bei Alexandra Kassen, einer sehr mutigen Frau, im Kölner »Senftöpfchen«, einem kleinen Kabarett, auf. Eines Abends durfte ich auf seinem Sofa Platz nehmen. Na, na, wer bekommt denn da Hintergedanken. Ganz brav als Talkgast, versteht sich.

Ich hatte einen Erfolg. Es war richtig schön. Aber was viel wichtiger war: Diese Talkshow mit Bio war der Funke, der erst recht den Wunsch in mir entzündete, in diesen schönen Beruf umzusatteln.

Bio hielt mir die Steigbügel: »Du, das ist keine schlechte Idee.« Zugleich dämpfte er aber auch meine Erwartungen. Als er im »Senftöpfchen« aufhörte und im Fernsehen seine eigene Show bekam, und Alexandra Kassen mir anbot, in seine Fußstapfen zu treten, schrieb er mir einen sehr lieben Brief: »Ilse, ich würde es an Deiner Stelle nicht machen. Ich habe ein anderes Publikum als Du, und ich finde, Du solltest noch Erfahrungen sammeln und es dann im großen Rahmen machen.«

Bio hatte recht und verhinderte Gott sei Dank, daß ich zu früh als Talkmaster auf die Menschheit losgelassen wurde. Damals war die Zeit noch nicht reif dafür. Ich sah ein, daß mir noch manches fehlte.

Inzwischen hatte ich die Chance bekommen, im WDR die Sendereihe »Aus Kintopp und Caféhaus« zu moderieren, in der ich Künstler von Anno Tobak bis 1955 präsentierte. Dirk Schortemeier, Redakteur des WDR, hatte mich zuvor interviewt, und seine letzte Frage war gewesen: »Haben Sie nicht Lust, mal selber zu moderieren?«

Und ob! Ich packte die Gelegenheit beim Schopfe. »Aus Kintopp und Caféhaus« wurde ein Dauerbrenner; eine Serie, die ich übrigens jetzt, 1981, im fünften Jahr mache.

Schrittchenweise kam ich weiter auf dem Weg zu meiner ersten Talkshow. Es war wie bei einem Marathonlauf. Zweimal wäre mir bei großen Publikumsveranstaltungen beinahe buchstäblich die Luft ausgegangen, und ich hätte um ein Haar schlappgemacht.

Beim ersten Mal sollte ich zusammen mit Maria Hellweg bei der »Heimatmelodie«, der Veranstaltung einer großen Zeitung in der Dortmunder Westfalenhalle, durchs Programm führen.

Die Westfalenhalle ist bekanntlich kein Mini-Schuppen und von der Bühne bis zur Garderobe ist es kein Katzensprung. Nach jeder Ansage mußte ich runter in die Garderobe, wo ich auf meinen nächsten Auftritt wartete. Ich glaube, an diesem Tag habe ich 25 Kilometer zurückgelegt.

Es war das Jahr, in dem ich mir die ersten Lorbeeren mit öffentlichen Ansagen und Moderationen verdiente. In Berlin machte ich die Sendung »Mit RIAS in die Ferien«, von den Berlinern humorvoll in »Mit RIAS in den Regen« umgetauft, weil die Show vor dem Reichstag schon des öfteren ins »Wasser gefallen« war. Da durfte ich zum ersten Mal vom Leder ziehen und die Leute animieren. Das hat mir ungeheuer gefallen.

Kurioserweise war es ausgerechnet bei meinem ersten Auftritt irrsinnig heiß. Für ein Glas Wasser mußte man fast zwei Kilometer laufen. Das war das zweite Mal, wo ich fast umgefallen wäre.

Aber bleiben wir beim Thema Talkshow: Hätte mir nicht Horst Braun, der Regisseur der Berliner Stachelschweine, ein paar »Siebenmeilenstiefel« verpaßt, vielleicht wäre ich heute noch nicht am Ziel.

»Holly« jedenfalls war es, der mich als Partnerin für seine Talkshow im Berliner Theater-Club engagierte.

Ich war zunächst platt: »Du machst das doch wundervoll ganz allein. Warum willst du, daß ich mitmache?«

»Es ist mir zuviel«, sagte »Holly«.

»Ach Quatsch, dir ist doch nie etwas zuviel. So kenne ich dich ja gar nicht.«

Und dann kam heraus, daß »Holly« sehr krank war und aus diesem Grund eine Nachfolgerin suchte. Ich bin ihm heute ungeheuer dankbar dafür, daß er mich in seine Talkshow nahm und ich dieses Metier von der Pike auf lernen konnte. Ein ganzes Jahr lang. Alle meine Kollegen und auch die Prominenz sind gern gekommen. Angefangen von Caterina Valente bis hin zu Polizeipräsident Klaus Hübner aus Berlin. Zum Dank bekamen sie einen silbernen Theater-Taler verliehen. Für die Damen gab's immer eine rote Rose.

Kurz vor Weihnachten rief mich Horst Braun an: »Ilse, ich möchte gern einmal mit dir über die Talkshow sprechen.«

Es ging ihm schlecht. Er hatte Leukämie und mußte regelmäßig in die Klinik, wo er Blutübertragungen bekam.

»Ich weiß nicht, wie lange ich noch auftreten kann«, sagte »Holly« zu mir. »Aber über meine Krankheit wollte ich nicht mit dir sprechen. Ich möchte, daß du diese Talkshow weiterführst. Du machst das sehr gut. Du kannst natürlich noch eine ganze Menge lernen – und das wirst du auch, wenn du erst mal auf eigenen Füßen stehst und nicht immer danach schielst, was der Holly macht.«

Er drückte meine Hand: »Ich bitte dich sehr darum.«

Es war das letzte Gespräch, das wir führten. Horst Braun starb kurz darauf, und dann übernahm ich allein seine Talkshow und lernte mit den Menschen umzugehen.

Sein Motto hat noch heute Gültigkeit für mich: »Du mußt einen Menschen präsentieren. Humorvoll, mit Witz und diplomatischem Geschick. Auch wenn er dir unter Umständen die Schau stiehlt.«

XXX.

Erst vergiftet,
dann die Stimme verloren

Von einem Künstler wird immer Perfektion verlangt.
Dabei vergessen die Produzenten und das Publikum
oft, daß wir auch nur Menschen sind, denen Pannen
unterlaufen – unangenehme und lustige.

Unter die Rubrik »unangenehm« fällt eine »Mucke«,
die ich mit dem Conférencier Rolf Stiefel hatte.

Mucke? Ja. Sie haben richtig gelesen. Zu deutsch
heißt »Mucke« soviel wie Auftritt und hat sich schließlich als fester Sprachbegriff unter Orchestermitgliedern
eingebürgert.

Mit Rolf Stiefel bin ich seit 1952 befreundet. Wir
haben oft zusammen eine »Mucke« gehabt. Das erste
Mal in Essen bei einer Modenschau im Jahre 1953.

Ich konnte damals nicht wissen, daß Essen einmal
eine große Rolle in meinem Leben spielen sollte. Im
Gruga-Park bin ich später noch oft aufgetreten. Und
wo feierte man meinen 60. Geburtstag? In der »Gruga«
in Essen!

Bei der Modenschau, von der hier die Rede ist, war
auch die Schönheitskönigin Margit Nünke mit von der
Partie. Ich war damals mit dem Komponisten Josef
Niessen verheiratet, der mich am Klavier begleitete.

Rolf moderierte und parodierte. Das konnte kein anderer so wie er. Wenn er Adenauer, Lübke, Erhard oder

Hans Moser und Theo Lingen kopierte, dann glaubte man, die Herren stehen vor einem.

Ich sollte nachmittags und abends zwischen zwei Modenschauen singen und pfeifen. Es war ziemlich warm. Es gab etwas, was ich sehr gern esse: Waldorfsalat, eine Delikatesse aus geschnitzelten Äpfeln, Sellerie, Mandarinen, Orangen, Mandelsplittern und Mayonnaise.

Zwischen zwei Vorstellungen habe ich eine Portion Salat verdrückt und nicht gemerkt, daß er schlecht war. Kurz vor meinem nächsten Auftritt wurde mir speiübel. Ich dachte, in meinem Magen findet eine Revolution statt.

Wie sollte ich jetzt noch singen und pfeifen?

Mit grünem Gesicht ging ich auf die Bühne raus. Rolf Stiefel postierte sich als »Notarzt« mit mehreren Tüten hinter den Kulissen, um mir jederzeit helfen zu können.

In der kurzen Pause raste ich aufs Töpfchen. Rolf unterhielt in der Zwischenzeit das Publikum mit seinen Witzen. Zack war ich wieder da. Keiner hatte offenbar etwas gemerkt, wie hundeelend mir war.

Wenn Rolf und ich uns heute treffen, begrüßt er mich immer mit der Frage: »Möchtest du nicht einen Waldorfsalat?«

Wie könnte ich das je vergessen. Ich muß im Gesicht grün wie ein Salatblatt gewesen sein.

Anfang 1979 erhielt ich von Frank Elstner das Angebot, bei der Sendung »Die Montagsmaler« im Südwestfunk mitzumachen. Auch dieser Auftritt stand unter keinem günstigen Stern, und ich hatte so lange auf eine Mitwirkung in dieser Sendung gewartet. Aber ich hatte mir kurz vorher eine starke Erkältung zugezogen und mußte ständig husten, so daß ich teilweise die Stimme verloren hatte.

Im gleichen Team wie ich saß die Frau von ZDF-Moderator Gerhard Löwenthal, eine Ärztin. Sie hat mich so weit hingekriegt, daß ich die Live-Sendung mitmachen konnte. Aber jedesmal, wenn ich einen Hustenanfall bekam, mußte ich nach draußen flüchten. Zum Schluß konnte ich nicht mehr sprechen. Nach der Sendung hat man mich ins Sanatorium Bühler Höhe gebracht.

Ein Trost: Ich gehörte zur sogenannten Siegermannschaft der Sonntagsmaler und gewann ein naives Bild von einem kleinen weißen Haus, meinem Traumhaus. Ich habe immer gesagt: »In so einem Haus möchte ich einmal meinen Lebensabend verbringen. Ob ich das noch schaffe?«

Zwei Wochen lang lag ich auf der Bühler Höhe und wurde gehegt und gepflegt, bis ich meine Stimme wieder hatte.

Frank Elstner, der Unterhaltungschef bei Radio Luxemburg war, meldete sich eines Tages wieder bei mir: »Du, paß mal auf, Ilse. Hast du nicht Lust, bei uns zu moderieren?«

»Wahnsinnig gern«, sagte ich, »aber Radio Luxemburg ist doch ein Sender für ganz junge Leute.«

»Nee, da liegst du falsch«, erklärte Frank. »Wir wollen auch ältere Leute als Zuhörer. Jetzt brauchen wir eine Urlaubsvertretung. Bei uns machen einige Leute Ferien. Vielleicht könntest du in diese Sendungen reinspringen.«

Ich ließ mich nicht länger bitten und machte 14 Tage lang bei Radio Luxemburg mit. Es hat mir viel Vergnügen bereitet, aber ich muß auch sagen: Das ist eine Knochenarbeit. Immer live. Gar nicht leicht. Aber Jochen, Helga, Rainer und alle anderen waren sehr kameradschaftlich und haben mir toll geholfen.

Denn die Technik hatte ihre Tücken.

Vor lauter Schaltern und Knöpfen wußte ich manchmal nicht, wo mir der Kopf steht. »Du mußt auf den roten Knopf drücken«, hieß es dann.

»Auf welchen roten Knopf? Hier sind fünfzig rote Knöpfe.«

Und dann war vom »Jingle« die Rede.

»Was ist das?«

»Die Ankündigung für die Werbung.«

»Aha.«

Natürlich drückte ich auf den verkehrten Knopf.

»Guten Tag,« sagte plötzlich eine Stimme im Lautsprecher. »Wie geht es Ihnen?«

»Gut«, sagte ich. »Wer sind Sie denn?«

»Ich bin der Verkehrsfunk. Ich sitze hier oben in einem Helikopter.«

Ich dachte, mich laust der goldene Löwe von Radio Luxemburg.

»Und wer sind Sie?« fragte die Stimme aus dem Hubschrauber.

»Ja, ich bin die Ilse Werner.«

»Wie kommen Sie denn auf den Sender?«

»Ich hab' den falschen Knopf erwischt.«

Das Gespräch ging live über den Sender. Mal eine Panne nach dem Motto: Es darf gelacht werden.

XXXI.

Bei den pfeifenden Hirten in den Pyrenäen

Haben Sie schon einmal von einem Hirtenvolk in den Pyrenäen gehört, das sich pfeifend verständigt? Nein? Ich bis Anno 1971 auch nicht. Als ich zum erstenmal diese Geschichte erfuhr, dachte ich zunächst das gleiche, was Sie jetzt wahrscheinlich auch vermuten: »Da will mir einer einen Bären aufbinden.«

Einer – das war die Frau eines Musikers, der in der Gruppe des französischen Jazz-Pianisten Jacques Loussier, auch »Monsieur Playbach« genannt, Schlagzeug spielte.

Mit meinem Freund Ernst H. Breil, damals Chefredakteur von »TV Hören und Sehen«, hatte ich in Hamburg ein Konzert von Jacques Loussier besucht. Hinterher waren wir noch auf einem Empfang eingeladen, den die Schallplattenfirma für die Musiker gab.

Plötzlich kam die Frau des Schlagzeugers auf mich zu: »Ich kenne Sie! Sie sind doch Ilse Werner.«

Ich nickte.

»Sie pfeifen so Liedchen, nicht?«

»Ja.«

»Machen Sie das noch immer?«

»Klar, solange ich nicht aus dem letzten Loch pfeife und der Arzt es mir verbietet.«

Die junge Frau lachte mich an: »Da muß ich Ihnen

eine tolle Geschichte erzählen. In den Pyrenäen gibt es Hirten, die sich von Berg zu Berg pfeifend unterhalten. Es ist eine regelrechte Pfeifsprache.«

Ernst Breil guckte mich an, und wir dachten in diesem Augenblick beide das gleiche: Wenn das stimmt, ist es wirklich eine interessante Story, die dürfen wir uns nicht durch die Lappen gehen lassen.

Bevor unser Team – ein Redakteur, ein Fotograf und ich – zur Reportage-Safari in die Pyrenäen aufbrach, um nach dem pfeifenden Hirtenvolk zu fahnden, schlossen wir uns mit Margret Dünser kurz, die damals noch die »V.I.P.-Schaukel« machte. Auch sie witterte sofort einen »Knüller«: »Ich komme nach.«

Wir fuhren also voraus. 24 Stunden mit dem Zug bis Pau. Von dort ging es mit dem Auto weiter in die Pyrenäen.

Das Hirtendorf lag irgendwo in den Bergen versteckt. Ein kleines Nest. Häuser aus großen, groben Steinen. Kleine, schmale Gassen. Keine Autos. Eine Atmosphäre wie im Mittelalter.

Vom Bürgermeister wurden wir mit »großem Bahnhof« empfangen. Ich bekam erst mal von ihm einen Heiratsantrag, was ich zwar wundervoll fand, in Anbetracht unserer kurzen Bekanntschaft jedoch freundlich ablehnen mußte.

Was war nun an der Story vom pfeifenden Hirtenvolk dran?

Tatsache ist: So wie es in den Alpen passionierte Jodler gibt, ist das Pfeifen ein altes Brauchtum der Dörfler dort in den Pyrenäen. Mehr noch: Ganz bestimmte Pfiffe haben eine festgelegte Bedeutung. Pfeifend können die Hirten richtige Sätze »sprechen«.

»Unsere Vorfahren haben diese Pfeifsprache erfunden«, erklärte man mir. »Mit Pfiffen haben sie sich untereinander verständigt und sich gegenseitig vor Kontrolleuren gewarnt, die Jagd auf Schmuggler machten und auf die Schafhirten, die manchmal ihren Käse und ihre Milch panschten.«

Für die geplante große Farbreportage verpaßte man mir ein Originalkostüm aus der Gegend. Aber Wettergott Petrus machte uns allen einen Strich durch die Rechnung. Eine Woche saßen wir im Regen und im Nebel und froren wie die Schneider.

Dementsprechend mager fiel die Fotobeute aus. Die Qualität der Aufnahmen war so schlecht, daß sie nicht veröffentlicht werden konnten.

Da Fotos jedoch – wie man im Journalistenjargon zu sagen pflegt – »für eine Story die halbe Miete sind«, ließ sich unser »Knüller« nicht mehr als Aufmacher verkaufen und rangierte unter »Ferner liefen«.

Auch Margret Dünser kam nicht auf ihre Kosten. Für diesen Bericht erhielt sie nur knapp zwei Minuten Sendezeit.

Humorige Zeitgenossen mögen unser Pech mit dem Zitat umschreiben: »Außer Spesen nichts gewesen.«

Eine ähnliche Geschichte erlebte ich, als ich am 11. März 1978 mein vierzigjähriges »Bühnenjubiläum« feierte. Ernst Breil, inzwischen Chefredakteur beim »Goldenen Blatt«, hatte in einem bekannten Kölner Hotel eine wunderschöne Feier für mich vorbereitet und sich eine besondere Überraschung ausgedacht: Vor vielen geladenen Gästen wurde mein erster Film »Die unruhigen Mädchen« – die Uraufführung war am 11. März 1938 in Berlin – gezeigt. Mit großen Mühen hatte Breil eine Kopie dieses Films aufgetrieben.

Anschließend überreichte mir Verleger Gustav Lübbe das »Goldene Mikrofon«. Viele Presseleute waren gekommen, um darüber zu berichten.

Aber aus den Berichten wurde nichts. Am nächsten Tag wurde nämlich in den Pressehäusern gestreikt. Die Rotationsmaschinen standen still. Es erschien keine Zeile.

Freunde in Hamburg, die von meinem Pech gehört hatten, arrangierten als Entschädigung eine kleine Extrafeier und luden dazu prominente Kollegen aus der Hansestadt ein, wie Friedrich Schütter vom Ernst-Deutsch-Theater und den Schallplatten-Producer und Komponisten vieler Wencke-Myhre-Schlager, Gerhard (Bobby) Schmidt. Heidi Kabel überreichte mir ein kleines goldenes Telefon als Anspielung auf die »Telefonitis«, die mich sehr oft befällt. Mein Freund Klaus Gerresheim hatte eine kleine goldene Trillerpfeife, wie sie von englischen Matrosen benutzt wird, aufgetrieben und sie mir, der »Bundesflöte vom Dienst«, um den Hals gehängt.

Schauspieler wie ich sind viel unterwegs. Ich bin eine vom »fahrenden Volk«. Ich kenne fast alle Autobahnen, die meisten Rastplätze, denn ich habe mir vorgenommen, jede Stunde eine Minipause zu machen, in der ich eine mitgebrachte Stulle aus der Hand esse und dann einmal um den Wagen herumlaufe, um mir etwas Bewegung zu machen. Sehen Sie, das ist meine Art von Jogging.

1978 begann ein neuer, ein fröhlicher, ein erfolgreicher, aber auch ein turbulenter Abschnitt meines Lebens. Beruflich mußte ich dauernd zwischen Berlin, Hamburg und Köln hin und her pendeln.

In Berlin traf ich einen alten Bekannten wieder: Rudolf (Rudi) Schröder, Hansdampf in allen Gassen und ein Musikverleger, der seine Melodien liebt, speziell die Evergreens, und sich dafür in Stücke schlagen läßt.

Obwohl man mit mir lange Zeit keine Schallplatte

gemacht hatte, schlug Rudi eines Tages vor: »Laß uns eine Langspielplatte produzieren.«

»Junge, mach keinen Quatsch.«

Aber für Rudi Schröder war die Sache geritzt. Die Platte wurde im Hansa-Studio an der Berliner Mauer gemacht, wo vor dem Krieg das Haus »Vaterland« stand. Eine Dampframme war dabei, das Gebäude zu zertrümmern.

Ich wurde richtig deprimiert: »Rudi, ich darf da nicht rausgucken.«

Er tröstete mich: »Laß dir mal eins sagen, det wird nun kaputt gemacht – aber du bist immer noch da.«

Das war als Kompliment gedacht und wirkte Wunder: Die Langspielplatte, die wir zusammen aufnahmen, wurde eine meiner schönsten Produktionen.

Als ich später in einem Anfall von Unternehmungslust Schröder noch mal ansprach:

»Rudi, ich muß mal wieder eine Platte machen, was Neues, weißt du! Hast du irgendeine Firma an der Hand, die dafür in Frage käme?«, da hatte er Bedenken: »Das wird schwierig. Die wollen von dir nur Evergreens und keine neuen Lieder.«

Aber mich ritt der Teufel: »Dann mache ich die Platte auf eigene Kosten.«

»Du spinnst«, feixte Rudi.

»Was kostet eine Single-Platte?«

»Wen willst du dafür nehmen?«

Ich dachte an Heinrich Riethmüller, den Mann, der »Dalli-Dalli« begleitet und auch mich viele Jahre musikalisch betreut hat. Ich kannte von ihm ein hübsches Lied: »Kinderkarussell«. Ein Walzer war es. Ich wollte ihn schon immer singen, allerdings mit anderem Text.

Aus dem »Kinderkarussell« wurde das Lied »Ruf doch einmal an«.

Als die Tonbänder fertig waren, habe ich sie mir unter den Arm geklemmt.

»Wo willst du damit hin?« fragte Rudolf Schröder.

»Ich will versuchen, ob ich sie irgendwo loswerde. Und wenn nicht, dann habe ich halt eben ein paar tausend Mark verloren.«

Ich hatte Glück, oder war es meine Hartnäckigkeit: Frank Elstner von Radio Luxemburg hörte sich meinen Gesang an und sagte: »Also gut, das nehmen wir in unser Programm.«

Damit hatte ich die erste Hürde genommen, und kurz darauf meldete sich tatsächlich eine Schallplattenfirma, kaufte mir die Produktion ab, die Single wurde gemacht. Am 15. Oktober 1979 habe ich Bundespostminister Gscheidle ein Exemplar von »Ruf doch einmal an« überreicht.

Aber da war das Telefonieren noch billiger als heute.

Sind Sie schon mal der Liebe wegen in eine andere Stadt gezogen? Ich war so verrückt. 1977 packte ich meine Siebensachen und zog nach Köln am Rhein.

Ich hatte mich mal wieder – natürlich aussichtslos – wie immer – in einen Herrn verliebt, der in der Nähe des Doms lebte.

Um mir Mut zu machen, redete ich mir noch einen weiteren Grund ein: Ich arbeitete schon seit Jahren mit Sendern in Köln zusammen und hatte hier beruflich viel Glück. Also lag's doch auf der Hand, dort eine Wohnung zu suchen – oder?

Bedenken Sie: Im Theater am Dom hatte ich in dem Stück »So ist meine Frau« gespielt. Für die Deutsche Welle interviewte ich prominente Kollegen aus der Showbranche. Im WDR moderiere ich seit 1976 die Sendung »Aus Kintopp und Caféhaus«.

Einmal erhielt ich sogar ein Angebot, bei der Proklamation des Faschingsprinzen im Gürzenich aufzutreten. Bützje, Kamelle, Alaaf, vom jecken Treiben hatte ich bisher herzlich wenig mitbekommen. Ich war weder Funkemariechen, noch hatte ich gelernt, »Stippeföttche« zu tanzen.

Aber ich ließ mich überreden. Wer kann schon dem »Drink doch eene mit« und »Stell dich net so ann« und den »Bläckfoos« widerstehen. Das närrische Publikum war eine Wucht.

Dreimal Kölle Alaaf, kann ich da nur sagen.

Jedenfalls: Köln wurde nach Berlin und Hamburg meine dritte Wahlheimat. Im Stadtteil Braunsfeld mietete ich mir ein entzückendes kleines Gartenhaus: zwei Zimmer, ein kleiner Turm, ein Bad und eine Küche.

Als in der Silvesternacht 1980 die Raketen in den Himmel zischten, waren sie für mich der Startschuß für das wohl arbeitsreichste Jahr, das ich nach dem Krieg gehabt habe.

Der erste Höhepunkt: Die große Wohltätigkeitsgala des ZDF für die Krebshilfe. Alle kamen, als »Mr. Wunnebar« Lou van Burg, der Exmeister vom »Goldenen Schuß«, 35 Stars aus den goldenen 50er Jahren zur Sendung »So wird's nie wieder sein« einlud. So viele unter einen Hut zu kriegen, war gewiß nicht leicht.

Mildred Scheel, die Begründerin der Krebshilfe, konnte zufrieden sein. Alle Gagen wurden gestiftet, und auch die Zuschauer hatten ihre Spendierhosen an.

Besonders gefreut haben meine Kollegen und ich uns über die hohe Sehbeteiligung. Ein Beweis dafür, daß trotz Rock, Pop und Disco auch Evergreens beim Publikum immer noch ankommen. Sogar beim jungen Publikum.

Der zweite Höhepunkt: Endlich war es in diesem Jahr, 1980, soweit. Ich bekam meine eigene Talkshow.

Die Agentur »Markt und Meinung« hatte im Auftrag des Verkehrsministeriums große Senioren-Talkshows eingeführt, in denen Elmar Gunsch die Zeit zurückdrehte und »jung gebliebene Altstars« wie Kristina Söderbaum, Hans Söhnker, Johannes Heesters – und auch mich – präsentierte.

Als Elmar Gunsch ausschied, fragte mich Klaus Golombek, der Chef von »Markt und Meinung«: »Wollen Sie die Talkshow nicht weiterführen?«

Damit ging ein Wunsch in Erfüllung, der mir sehr am Herzen lag. Und ich habe mir vorgenommen, trotz aller meiner beruflichen Theater- und Fernsehpläne meine Senioren-Talkshows nicht aufzugeben. Denn aus vielen Zuschriften erfahren wir, daß ich einfach gebraucht werde.

Und das ist ein beglückendes Gefühl.

XXXII.

... und immer wieder ein Glückskind

Vor einigen Jahren schon hat mich mal jemand aufgefordert, meine Lebensgeschichte zu schreiben. Da meinte ich, es sei noch zu früh. Vielleicht wird der eine oder andere jetzt sagen, es ist immer noch zu früh. Doch wer will wissen, wann der richtige Zeitpunkt gekommen ist? Wenn man, wie ich, das 60. Jahr vollendet hat, taucht unweigerlich die Frage auf: Wieviel Zeit bleibt noch?

Inzwischen habe ich ja von manchem Kollegen aus früheren Tagen Abschied nehmen müssen. Besonders nah ist mir der Tod von Hans Söhnker gegangen, der ja noch bis in die letzten Jahre im Fernsehen Erfolg hatte, in »Forellenhof«, »Salto mortale« oder »Meine Schwiegersöhne«. Wir lernten uns bei den Dreharbeiten zu dem Film »Große Freiheit Nr. 7« kennen, und er wurde so etwas wie mein Beichtvater. Ich war damals noch sehr jung, und wenn ich irgendeinen Herzenskummer hatte – das kam bei mir oft vor –, dann ging ich zu Hans. »Na, Deern, ist es mal wieder soweit?« fragte er dann verständnisvoll und hörte sich geduldig meine Probleme an.

Es war eine tiefe Seelenfreundschaft, die durch nichts erschüttert werden konnte. Für mich war Söhnker ein Fels in der Brandung des Lebens. Er war durch und durch integer, redlich, anständig – kurz: im umfassendsten Sinne moralisch. Zu wem soll ich jetzt gehen, nachdem auch Grethe Weiser nicht mehr da ist? Für Menschen wie Hans und Grethe gibt es keinen Ersatz.

Zu Söhnkers Frau Inge, mit der er 22 Jahre verheiratet war, habe ich ebenfalls immer eine besondere Antenne gehabt. Wir verstanden und verstehen uns fantastisch.

Als ich Söhnker nach dem Krieg in Berlin wiedertraf, war er der erste, der uns neuen Mut gab. »Wenn die Theater noch nicht spielen«, sagte er unternehmungslustig, »und wenn es noch niemanden gibt, der neue Filme dreht, dann tingeln wir eben in den Kinos und zeigen allen, daß wir noch da sind.«

Gesagt, getan. Zu viert, zusammen mit O. E. Hasse und Joana Maria Gorvin, zogen wir los. Es waren Matineen am Samstagvormittag. Hasse und die Gorvin trugen ernste, tiefsinnige Texte vor, während Hans Söhnker und ich mehr für das Humorvolle zuständig waren. Für mich sind solche Bühnenauftritte nach den vielen Filmjahren etwas Ungewohntes gewesen; ich hatte unheimliche Hemmungen, richtige Minderwertigkeitskomplexe. Da hat mich Hans Söhnker immer wieder aufgerichtet: »Du bist nicht nur ein Filmtyp«, meinte er, »du bist eine richtige Schauspielerin und kannst noch viel mehr aus dir herausholen. Du mußt nur deinen inneren Schweinehund überwinden; deinen blöden Komplex.«

Wer weiß, was aus mir geworden wäre nach dem Krieg – ohne Hans Söhnker. Ich wünsche allen Menschen, daß sie einen so guten Freund haben mögen, wie ich ihn in Hans hatte.

Um auf das Projekt meiner Lebensgeschichte zurückzukommen: Es waren die Schriftstellerin Alexandra

Cordes und ihr Mann Michael Horbach – wer kennt nicht ihre vielen Romanbestseller –, die mich dazu überredet haben, der Sache endlich näherzutreten. Sie brachten mich auch mit den Verlegern zusammen, und ich gab meinen anfänglichen Widerstand auf.

Und dann bekam ich einen jungen Autor an die Seite, wir kauften Unmassen von Papier, und es ging los: Schreiben! Schreiben! Schreiben!

Ich kam mir vor wie die Laura in dem Stück »Die liebe Familie«, das ich viele hundert Mal gespielt hatte – eine Frau, die plötzlich über ihre Familie schreibt. Nun wurde aus dem Spiel Wirklichkeit.

Wenn ich so über alles nachdenke, muß ich trotz mancher Enttäuschungen und Rückschläge sagen: Ich war immer wieder ein Glückskind!

Zweimal im Leben bin ich sogar als »offizielle« Glücksfee aufgetreten. Das erste Mal in den fünfziger Jahren in einer Hörfunksendung beim Westdeutschen Rundfunk. Ich war gebeten worden, Tips fürs Fußballtoto zu geben.

Was für eine Schnapsidee!

Denn ich kann auch heute noch nicht eine Ecke von einem Elfmeter unterscheiden. Von Toren und Tabellen habe ich soviel Ahnung wie von der Relativitätstheorie Albert Einsteins.

Trotzdem habe ich den Spaß damals mitgemacht und meine Kreuzchen auf den Tippzettel gemalt. Um so größer war die Überraschung, als ich viele Dankesbriefe erhielt: mein Tip hatte 19 600 DM gebracht.

Im Siegesrausch – denn der Clou war ja, daß der von mir ausgefüllte Totoschein tatsächlich mitspielen sollte – konnte ich auch endlich meinem damaligen Mann, dem Komponisten Josef Niessen, der sich über meine Fußballunwissenheit stets amüsierte, ein »Ding in den

Kasten knallen«: »Jetzt kannst du nicht länger behaupten, daß ich nichts vom Fußball verstehe.«

»1:0 für dich«, rief er lachend.

Merkwürdig war nur, daß wir keine Gewinnmeldung vom WDR bekamen.

Auf Anfrage erfuhr ich von der zuständigen Stelle: »Leider haben wir vergessen, Ihren Tippschein abzugeben.«

Eine glücklichere Hand hatte ich fast 30 Jahre später, als ich 1980 in Wim Thoelkes Fernsehshow »Der große Preis« mit verbundenen Augen einen der Hauptgewinne aus der Lostrommel zog. Als Absender trug das 100 000-Mark-Los den Namen Heinz Geier-Busch, Direktor des Zirkus Busch-Roland.

In diesem Augenblick konnte ich nicht ahnen, daß zwölf Kinder von internationalen Artisten in einem Zirkuswagen über Stühle und Tische hüpften und lauthals jubelten: »Hurra – unser Lehrer darf bleiben.« Denn das Glückslos verhinderte in allerletzter Minute die drohende Schließung ihrer Zirkusschule.

Heinz Geier-Busch hatte eine eigene Zirkusschule gegründet. »Aus Not«, wie er mir später berichtete. »Denn wenn es nach den Behörden ginge, müßten wir unsere Kinder immer dort zur Schule hetzen, wo wir gerade gastieren. 50 verschiedene Orte in einer Saison.«

Das wollte er »seinen« Kindern nicht länger zumuten. Seitdem besuchen sie ihre eigene Schule in einem drei mal sechs Meter großen Zirkuswagen. Sie war zwar als private Ersatzschule vom Bundesland Hessen anerkannt, bekam aber keinen Pfennig staatliche Zuschüsse.

So mußte der Direktor tief in die Zirkus-Haushaltskasse greifen: 45 000 DM kostet die Schule samt Lehrer pro Jahr. Für ein Unternehmen, das an allen Ecken und Enden sparen muß, ein ganz schöner Batzen. Das

100 000-DM-Glückslos war die Rettung. Der Vertrag mit Lehrer Reiner Nolte konnte verlängert werden.

Ein paar Tage danach bekam ich einen Dankesbrief der 12 Zirkuskinder. Und als der Zirkus wenig später in Münster gastierte, besuchte ich das rollende Klassenzimmer. Ich platzte mitten in den Unterricht hinein. Die kleine Yvonne faßte mich zaghaft an der Hand: »Pfeifst du uns was vor?«

»Ist doch Ehrensache.«

Zum Abschluß pfiffen wir dann alle gemeinsam den River-Kwai-Marsch.

Dem ZDF-Regisseur und Oberspielleiter der städtischen Bühnen in Münster, Ferry Olsen, erzählte ich diese hübsche Geschichte. Da schlug er spontan vor: »Du, Ilse, daraus machen wir ein wunderbares Stück für dich!«

Ja, so etwas wünsche ich mir: ein Stück, das zu meinem Alter paßt, in dem ich aber auch singen und pfeifen kann. Ja, liebe Freunde, trotz meiner 60 Lenze denke ich nämlich gar nicht daran, in »Pension« zu gehen. Erstens bekäme ich gar keine und zweitens habe ich noch so viel vor, daß meinen Freunden manchmal schwindlig wird. Ich muß nur eins bleiben: gesund!

Bitt' schön, meckern Sie deshalb nicht dauernd an meinen Pfunden herum. Wenn ich aussehen würde wie eine abgemagerte Ziege, müßten Sie sich Sorgen machen, denn dann bin ich krank.

Dann könnte ich ja nicht mehr meine Sendungen machen, meine Stücke spielen, meine Senioren-Talkshows moderieren, nicht mehr singen und pfeifen.

Na, das wollen wir doch noch ein bißchen mitmachen, oder? Nach dem Motto: »Solang man mich läßt.«

Vielleicht lande ich eines Tages hinter der Kamera. Das heißt: als Produzentin von Fernsehfilmen oder von

Schallplatten; oder als Besetzungschefin eines Senders und helfe von dort aus mit Rat und Tat. Wer weiß?

Auf den Mond fliegen möchte ich nicht mehr, denn Fliegen ist nicht meine Lieblingsbeschäftigung. Aber die ersten, die das tun, ich meine natürlich jetzt in einer »Mond-Verkehrsmaschine«, die würde ich gern interviewen.

Ich möchte noch manche rauschende Premiere erleben, sei's auf der Bühne, im Studio oder vor meinem Publikum!

Und dann hat mir meine Handleserin Hilde W. schon vor einigen Jahren prophezeit: »Sie heiraten noch ein drittes Mal, und das wird die beste Ehe sein.«

Da kann ich nur sagen: »Je oller, je doller.«

Jedenfalls muß man sich immer vor Augen führen: Jeder einzelne Tag eines Menschenlebens ist einmalig und unwiederholbar. Und wenn man auch vieles falsch gemacht und manche Enttäuschung erlitten hat – das Erdendasein bleibt ein wundervolles Geschenk; man sollte es ganz bewußt »erleben«.

Denn: Auch Sie werden morgen von heute sagen: So wird's nie wieder sein!

So wird's nie wieder sein

So wird's nie wieder sein,
bei Kerzenlicht und Wein,
bei süßen Träumerein,
beim Wandern durch die Felder irgendwo im
    Sonnenschein,
wie herrlich das war!

So wird's nie wieder sein,
bei zarten Melodien,
beim Feuer am Kamin,
wir fühlten unsere Herzen wie im heißen Fieber glühn,
wie herrlich das war!
Nur keine tragischen Szenen
und nur keine Klagen und Tränen,
wenn wir uns auch quälen und sehnen,
denn so ein Glück kommt nie zurück.

So wird's nie wieder sein,
wie einst beim ersten Du,
beim ersten Rendezvous,
dem Buch der großen Liebe schlug der Wind
    die Seiten zu.
Siehst du, wie ich lache?
Nimm auch du es nicht so schwer.
Ich dank' dir so sehr!

Musik: Gerhard Winkler/Text: Bruno Balz

So wird's nie wieder sein...

Lied und langsamer Foxtrot

Text: Bruno Balz

Musik: Gerhard Winkler

Langsames Foxtrot-Tempo

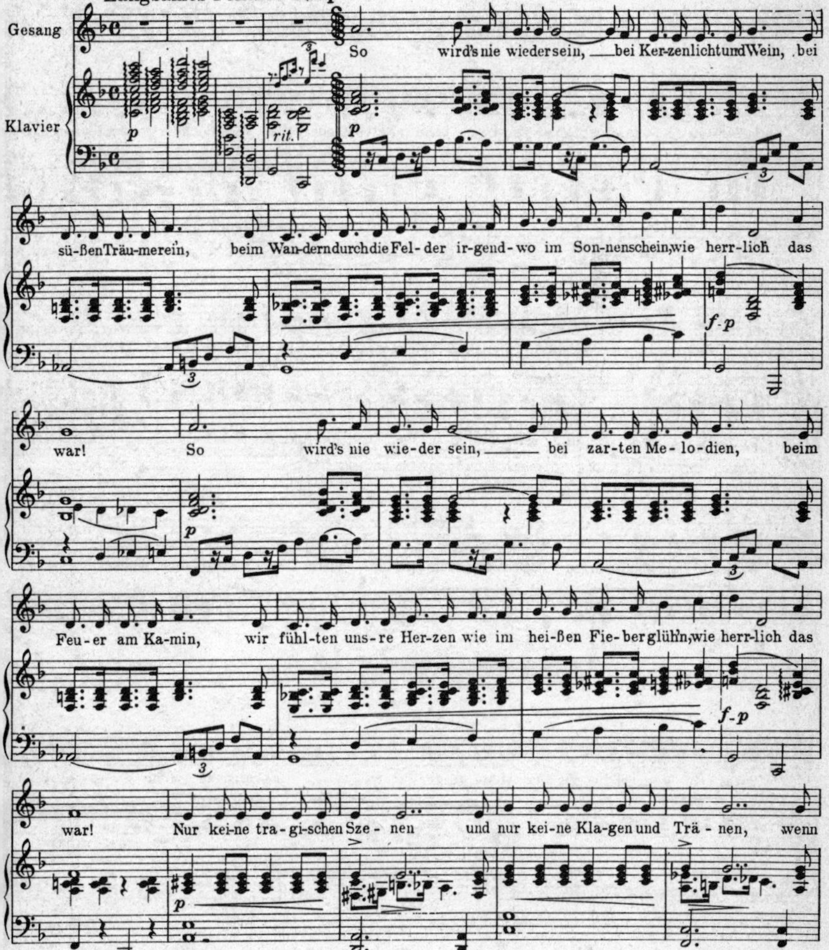

Gesang

Klavier

So wird's nie wieder sein, bei Ker-zenlicht und Wein, bei

sü-ßen Träu-me-rein, beim Wan-dern durch die Fel-der ir-gend-wo im Son-nen-schein, wie herr-lich das

war! So wird's nie wie-der sein, bei zar-ten Me-lo-dien, beim

Feu-er am Ka-min, wir fühl-ten uns-re Her-zen wie im hei-ßen Fie-ber-glüh'n, wie herr-lich das

war! Nur kei-ne tra-gi-schen Sze- nen und nur kei-ne Kla-gen und Trä- nen, wenn

3

wir uns auch quä-len und seh-nen, denn so ein Glück kommt nie zu-rück... Ach! So wird's nie

wie-der sein, — wie einst beim er-sten Du, beim er-sten Rendezvous, dem Buch der gro-ßen Lie-be schlug der

Wind die Sei-ten zu. Siehst Du, wie ich la-che, nimm auch Du es nicht so schwer, ich dank' Dir so sehr!

Wenn mir Dein Mund nun tau-send Schwü-re auch schwört, wenn Du auch klagst und weinst,

was heut ge-schah, hat uns-re Lie-be zer-stört, nie wird es mehr wie einst.

D. S. al Fine

Abdruck mit freundlicher Genehmigung des Tauentzien Musikverlag Rolf Budde, Berlin,
und von Frau Traudl Winkler, Zollikon.

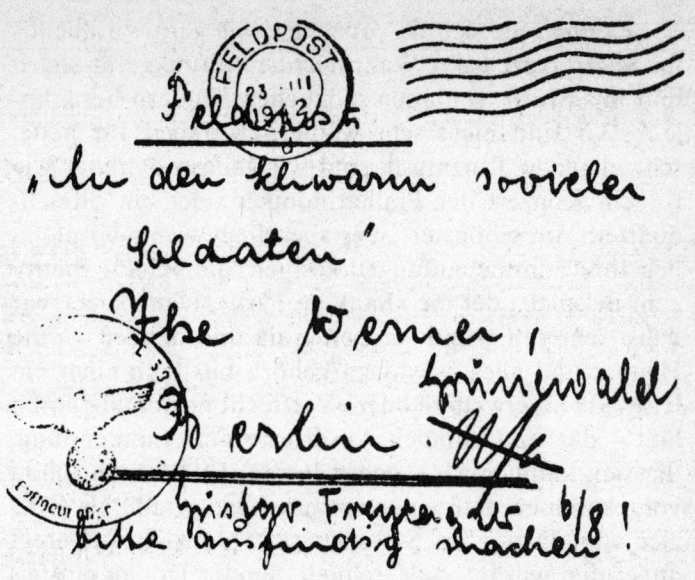

Aus der Autogrammpost

Im Jahre 1943 erschien in Berlin ein kleines Buch über mich. Darin waren u. a. abgedruckt Auszüge aus meiner Autogrammpost und ein Beitrag von Grethe Weiser.

Vielleicht sind diese Zeugnisse gerade aus heutiger Sicht besonders interessant. Die Briefe an mich vermitteln etwas von der Atmosphäre der damaligen Zeit, und die so unmittelbar wirkenden Worte von Grethe dokumentieren wohl mehr als andere Beweise unsere Freundschaft.

... Können Sie sich da vorstellen, wie gern wir abends im Sperrholzzelt am Wehrmachtsrundfunkgerät sitzen und uns Musik von allen möglichen Sendern heranholen? Wir sind nicht sehr wählerisch dabei; für nette, schwungvolle Tanzmusik sind wir ebenso dankbar wie für ein Konzert der Philharmoniker oder ein Streichquartett. Am schönsten ist es aber doch, wenn wir plötzlich Ihre Stimme einfangen können, die »kleine Stadt« zum Beispiel, oder die »Bank im Park«. Dann sitzen wir meist sehr ruhig und versonnen da und denken an die Heimat und alles, was dazu gehört, bis dann einer ein leises »Donnerwetter« oder »Verflucht noch mal« hören läßt – das sind nämlich Ausdrücke der Anerkennung, die sich kaum noch steigern lassen. Es ist auch schon vorgekommen, daß einer von uns, der gerade als Offizier vom Dienst im Stabszelt saß, plötzlich aufgeregt angerufen wurde: »Los, schnell, Sender Donau einstellen, die Ilse Werner singt!«

Ja, und nun haben wir beschlossen, Ihnen doch einmal zu erzählen, wieviel Freude Sie uns und mit uns noch Tausenden von Soldaten mit Ihren Liedern immer wieder machen. Natürlich haben wir Ihre Anschrift nicht, aber die Ufa wird ja hoffentlich Bescheid wissen und den Brief schnell weiterleiten. Wir denken, es freut vielleicht auch Sie ein wenig, einmal zu lesen, wieviel Sie mit Ihren Liedern zu uns bringen an Schönheit und freundlichen Erinnerungen ...

Meine liebste Ilse!
    Die besten Grüße mit der neuen Feldpostnummer sendet Dir Dein alter Seemann Martin!
    Meiner Gesundheit geht es danke, sehr gut, was ich auch von Dir noch hoffen will!

Liebste Ilse, wie ist es denn mit unserer Verlobung? Auf Deinen Brief warten meine Kameraden und ich schon mit Sehnsucht. Bitte sofort Antwort, ich will mir kommende Woche Sonntagsurlaub geben lassen, von Freitag bis Montag. Da können wir wundervoll Verlobung feiern, ich habe schon sieben meiner Kameraden zu dem großen Fest eingeladen. Lasse einstweilen Torten, Punsch und Wein usw. besorgen, damit wir alle kornblumenblau werden, bestelle auch die Musikkapelle und das Varieté, damit alles vergnügt ist, bestelle auch noch ungefähr zehn Filmschauspielerinnen zum Tanz. Ich erwarte sofortige Antwort.

Es grüßt und küßt Dich für heute recht herzlich
Dein zukünftiger Seemann Martin!

Unterschriften von Kameraden, die ich eingeladen habe:

Blau ist keine Farbe, blau ist ein Zustand!
Hau rein, kann Dein Glück sein!

... Und dann wurde es bannig kalt, wir sind in die Miefbuden gezogen, und wenn wir oft die Nase hochzogen, dann hat nur eine gelächelt, der wir einen Ehrenplatz gegeben haben: »Unsere Ilse«. So hat Dein heiteres Wesen, das Du im »Wunschkonzert« Millionen gegeben hast, auch uns im Ostwinter viel Freude gegeben. So bist Du als deutsches Mädel eine der Unseren geworden. Denn manchmal hast Du auch leise gezittert, wenn draußen sich eine Granate in den Schnee bohrte oder eine Bombe Wasserlöcher grub, aber immer hast Du Dein heiteres, sonniges Wesen behalten ...

Sehr geehrtes Fräulein Werner!

Hoffentlich sind Sie mir nicht böse, wenn ich Ihnen einige Zeilen schreibe. Ich habe Sie schon lange im Film und im Rundfunk bewundert. Hätte ich Ihre Adresse eher erfahren, so hätte ich Ihnen schon längst geschrieben. Ich muß jetzt einmal Ihnen gegenüber ehrlich sein und will hoffen, daß Sie mir nicht böse sind. Ich bin in Sie verliebt! Einmal möchte ich mit Ihnen das erleben, was man leider nur immer im Film sieht. Können Sie mich nicht einen netten Abend erleben lassen, daß in mir mal alles so ist, als wenn man im Kino ist? Bitte, haben Sie doch Erbarmen und schreiben Sie mir, wann wir uns einmal treffen können.

Ich bin hier in L. ganz einsam und kenne hier nichts als arbeiten. Aber einmal möchte ich mit Ihnen allein glücklich sein und die ganze Welt vergessen.

Ich bin 25 Jahre alt, 1,72 m groß, blaue Augen, blond, schlank. Ich lege Ihnen ein Bild bei und sehe Ihrer geschätzten Antwort entgegen.

Herzliche Grüße und ein baldiges Wiedersehen sendet Ihnen und erhofft sich

... Etwas Trauriges muß ich Ihnen mitteilen. Doch zuerst bitte ich um Entschuldigung, daß ich Ihre wenige Freizeit noch in Anspruch nehme, aber bitte, schenken Sie mir und meinen Kameraden nur ein paar Minuten Gehör. Wir Soldaten machen es immer möglichst kurz, und ich will mich auch heute sehr bemühen.

Also stellen Sie sich unser Pech vor: In dem kleinen Bunker »Ilse« hing schon lange, lange Zeit ein schönes Bild. Es war ein schönes und bekanntes Mädchen, wir alle liebten es, es gehörte zu uns wie unser Gewehr, unsere Munition. Stets bekam es den Ehrenplatz in unserem kleinen Tempel. War es einem Kameraden kalt und das kam im vergangenen Winter nicht selten vor, so meinte dieser oder jener mit einem Blick auf unser Bild: »Heiz mal tüchtig, ihr ist's kalt.« Wir wußten ja die Bedeutung seiner Rede. »Sie« wurde behandelt, als ob »sie« selber mitten unter uns gewesen wäre, und dann begannen wieder die Kämpfe. Wie es kam, ich kann es gar nicht begreifen, auf jeden Fall mußten wir den Bunker räumen, und jeder wollte »sie« mitnehmen und dann – nahm »sie« keiner mit. Jetzt ist »sie«, unsere Ilse Werner, nicht mehr bei uns, wir fanden »sie« nicht mehr wieder.

Gewiß, Sie können jetzt lächeln über das, was ich Ihnen schreibe, aber wir haben nicht gelacht. Hat nicht jeder Soldat ein Mädel in der Heimat, dem alle Liebe gehört? Trägt nicht fast jeder ein liebes Bild in der Brusttasche, welches ihm manchmal Kraft gab, den befohlenen Auftrag auszuführen? »Unsere Ilse darf nicht in die Hände der Roten fallen.« Damit meinten wir unseren Bunker, aber auch das Bild und mit dem Bild Sie. Nun ist es doch geschehen! Zwar haben wir unseren Bunker wieder, aber unsere Ilse fehlt. Wissen Sie, um was ich Sie jetzt bitten möchte? Daß »unsere Ilse« einen kleinen Gruß in den hohen Norden sendet, ein Bildchen dazu legt, auf dem sogar vorn der Name, der richtige Name von ihr persönlich daraufsteht . . .

Liebes Fräulein Ilse!

Sie werden erstaunt sein, von mir Unbekanntem Post zu erhalten. Sie sind meine Lieblingsschauspielerin, darum schreibe ich Ihnen. Ich will Sie fragen, ob Sie mit einem kleinen Seemann Briefverkehr haben wollen? Ich wäre froh, wenn Sie es wollten. Sehen Sie, als

Seemann hat man jetzt fast nichts von Deutschland, immer sind wir weg von der Heimat. Da ist man froh, wenn man jemandem schreiben kann. Ich sehe Sie am liebsten im Film und bin auch ein bißchen verliebt in Sie. Verzeihen Sie diese Worte, aber es ist so. Wenn ich in Ihre schönen Augen sehe, meine ich, Sie wären meine Freundin. Ich wollte, es wäre wirklich so. Als ich in Berlin auf einer Sportschule war, habe ich Sie öfter gesehen, da bin ich Ihnen immer nachgelaufen. Ich kam aber weg von Berlin und wurde Seemann.

So, nun will ich mich einmal vorstellen: habe nußbraune Augen und lockiges Haar, 19 Jahre alt. So, das wäre alles . . .

Sehr geehrtes, liebes Fräulein Werner!

. . . Eine nicht zu unterschätzende Frage bei einem Bunkerbau ist die Frage der Innenausgestaltung. Sie machte uns manch Kopfzerbrechen.

Man kann uns Landser ja nicht zu anspruchsvoll nennen, aber trotzdem tun wir unser Möglichstes, um durch kleine Verschönerungen des Innenraumes etwas Sonne hineinzubringen in das manchmal so trübe Dasein. Oft genügt schon z. B. das Anbringen von Bildern oder ein schlichter Blumenstrauß, und schon ist der gewünschte Erfolg erzielt.

So war es auch diesmal. Der Bunker war fertig gebaut, und wir waren gerade dabei, das Innere des Raumes etwas freundlicher zu gestalten. Einige illustrierte Zeitungen standen uns dafür zur Verfügung, darunter auch eine Filmzeitung mit vielen bekannten Gesichtern der weiblichen Filmwelt.

Die Bunkerbesatzung, meine beiden Kameraden und ich, war eifrig damit beschäftigt, die Wahl der »Schönsten« unter ihnen zu treffen. Schon nach kurzer Zeit wurden die einzelnen Ergebnisse verglichen, und siehe da: als ob vorher eine Abmachung getroffen worden wäre, die Wahl der »Schönsten« fiel bei uns dreien auf dasselbe Bild. Zwei Worte am Rande des Bildes verraten mir den Namen unserer »Auserwählten«, er heißt: »Ilse Werner«.

Von dieser Stunde an hing das Bild, Ihr Bild, liebes Fräulein Werner, bei uns im Raum. Es brachte uns dreien das, was wir suchten und auch fanden: ein bißchen Sonnenschein für trübe Stunden.

So manche neue Stellung haben wir seit damals bezogen. Viele neue Bunker wurden gebaut, vieles mußten wir zurücklassen, weil keine Möglichkeit bestand, es mitzunehmen. Etwas aber hat bisher uns immer begleitet und soll und wird uns auch weiterhin ein lieber Begleiter sein: »Ilse Werner«!

Leider sind die vielen Strapazen auch an dem Bild nicht spurlos vorübergegangen, und es hat leider nicht mehr seinen ursprünglichen Glanz ...

Ich über dich!

Liebe Ilse!

Eigentlich soll ja eine Freundin niemals die andere fragen, was sie über sie denkt, oder diese über jene, oder vielmehr jene über diese, nein, diese über – also, du weißt schon. Denn wenn sie wirklich Freundinnen sind, wissen sie voneinander, was sie zu denken haben. Und wenn sie's nicht genau wissen, sind sie eben keine Freundinnen. – Nun sind wir aber richtige Freundinnen – also, eigentlich –, aber ich weiß schon: die Leute, die es lesen, die wollen es eben immer ganz genau wissen, und meist noch genauer, als man es selber eigentlich weiß.

Also, das ist so: du bist bekanntlich der Traum aller ehrgeizigen, aller schüchternen, aller lebenslustigen und aller liebreizenden Mädchen. – Ruhe, kein Wort, jetzt rede ich! Das ist so und das bleibt so. Und da ich nun mal ehrgeizig, schüchtern, lebenslustig und gelegentlich, wenn's durchaus sein muß, auch liebreizend bin, so konnte ich mir keine bessere Freundin wünschen als dich. Und da manchmal – allerdings sehr, sehr manchmal nur – unsere Wünsche erfüllt werden, so klappte es. Das heißt, wir lernten uns wirklich kennen und verstehen und lieben. (Was ich über irgendeinen Mann niemals schriftlich von mir behaupten würde, aber dir

kann ich's ja gestehen, daß ich dich nun mal schauderhaft gern habe.) Dies in Klammern, aber doch wahr-
haft.

Was hätte nun unsere tollen Wunschträume noch
übertreffen können? Je nun, nur dies: daß wir endlich
auch mal gemeinsam künstlerisch wirken könnten. Zum
Beispiel in ein und demselben Film. Aber wie's nun mal
so ist im Leben und auch anderswo – immer liefen wir
uns einander an der Nase vorbei. Wie es sonst nur den
verheirateten Künstlern geht: wenn sie filmt, hockt er
zu Hause – und ist sie endlich mal daheim, dann saust
er durch die Ateliers und kehret nimmer und nimmer
heim. So ging es uns auch.

Es war beinahe, als ob wir Wippe spielten. Kennst du
das noch? Wippe? Als Kinder im Wald oder auf irgendeinem streng verbotenen, aber wunderbar verführerischen Bauplatz? Wenn ein Baumstamm über einem
Stein oder einem Erdhaufen liegt, dann hocken sich
zweie hüben und drüben drauf und dann geht es auf
und ab, ab und auf. Natürlich kennst du das! Und wie
ich dich kenne – und ich kenne dich doch! – kneifst du
auch jetzt noch manchmal aus, wenn du heimlich irgendwo so einen schaukelnden Baumstamm entdeckt
hast. Und den nächsten harmlos fürbaß wandelnden
Mitmenschen schleifst du herbei, knallst ihn auf das
eine Ende vom Baum, damit er mitwippt, denn alleine
geht's ja nicht.

Ja, und so war das mit uns auch. Ich meine nicht das
Schicksal, dreimal von unten an Holz! Nein, das hat
uns ja einigermaßen glimpflich davonkommen lassen.
Aber immer, wenn du oben auf der Bühne standest
oder auf der Leinwand dahinflossest, saß ich unten und
sah vom Parkett aus zu. Und wenn ich oben stand oder
floß, dann saßest du unten. Wir haben uns immer nur

gegenseitig zugesehen. Und das mußte endlich einmal aufhören! Schließlich besteht ja Freundschaft nicht darin, daß man sich immer nur von weitem ansieht.

Und nun hat's endlich mal geklappt. In Helmut Käutners flottem Film »Wir machen Musik« haben wir uns endlich künstlerisch getroffen. Hätten wir uns treffen sollen, mögen, können, wenn – ja, mit des Drehbuchs Mächten ist kein ew'ger Bund oder dergleichen zu flechten oder sonstwie irgend etwas.

Da sitze ich in der einen Szene – weißt du? –, wo ich da in dem Zimmer sitze? Sitze und sitze, stundenlang. Und dann kommst du rein. Und da könnte ich doch nun die paar Minuten auch noch sitzen bleiben, wenn du kommst. Ja, könnte! Typischer Fall von »denkste«! Stundenlang sitze ich, so was von Sitzen war überhaupt noch nicht da – ich werde direkt zu einer Eingesessenen, einer Alteingesessenen –, und bums, muß ich aufstehen und entrauschen, wenn du kommst.

Und dann bist du da irgendwo jahrelang in einer Szene, und dann komme ich, aber nicht rein, i wo denn auch wohl! Vorbei gehe ich, draußen, einen halben Meter draußen entlang vorbei, so was von Vorbeigehen kann nur noch der Geldbriefträger! Denn so steht es im Drehbuch.

Garderobe an Garderobe sitzen wir vor unserer Gesichtsanrichte und modellieren an unseren Charakterköpfen herum. Aber niemals zugleich. Modelliere ich, dann bist du drüben im Atelier und hast Aufnahme. Und kommst du in die Garderobe, dann hat man mich gerade zur Aufnahme gerufen. Dann sause ich an dir vorbei, winke, gluckse was zwischen den Zähnen, und weg bin ich, vom Winde verweht zu anderen Ufern. Das ist unsere gemeinsame Filmarbeit. Es kichert uns, wenn wir daran denken, wie schön wir's uns ausdachten, endlich mal mit- und nebeneinander zu filmen. Ja, Kuchenkrümel auf Kuchenkarte!

Aber das kann uns nun auch nicht in der Seele mulmig machen. Du bist eine ausgeglichene Seele – Ruhe, wenn ich endlich auch mal ein Wort sagen will! –, und ich bin eine der geduldigsten Zeiterscheinungen. Du läßt dir die Laune nicht nehmen. Menschen, die dich kennen und ebenso bewundern wie ich, behaupten sogar, du hättest überhaupt keine Launen. Mag stimmen, ich jedenfalls habe an dir immer nur eine einzige Laune kennengelernt: gute. Und die läßt sich jeder gern gefallen. Und ich schon ganz bestimmt. Und weil du stets die gute Laune wahrst und ich geduldig warte und weiß, daß es ja doch noch mal klappt, darum, Ilseken, wollen wir den Strumpf noch nicht mit dem Loch weglegen, sondern weiter Maschen aufnehmen.

Einmal passiert's ja doch, daß wir beide Arm in Arm daherwandeln; nicht gerade das Jahrhundert in die Schranken fordern, das ist mir zu klassisch und zu aufreibend. Aber wir werden als echte und wahrhafte Freundinnen uns dem Publikum vorführen, in Lebensgröße und Eintracht – du in dem aus Silberlamé und ich in dem Grünseidenen, weißt du? –, damit die Leute endlich mal merken, daß es zwischen Filmmädchen auch so etwas wie aufrechte Freundschaft gibt. Das dürfen sie ruhig wissen. Und wenn sie ein Musterpaar sehen wollen, dann bitte uns beide! Denn ich hab' dich nun mal schauderhaft gerne – na bitte, tu was dagegen! – Und wenn du jemals eine beste Freundin gehabt hast, dann ist das deine

Grethe Weiser

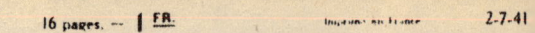

20ᵉ Année. Nᵒ 2503.   16 pages. — **1** <u>FR.</u>   Imprimé en France   2-7-41

le film complet
DU MERCREDI

Ilse Werner – Hannes Stelzer
et Paul Hartmann
dans

BAL MASQUÉ

film
A.C.E.
raconté par R. LEYRAL

Das französische Filmprogramm aus dem Jahre 1941
zum Ilse-Werner-Film »Bal paré«

Filmographie

1938

»Das Leben kann so schön sein« (»Ultimo«)

Ehegeschichte, Mietshaus- und Alltagsmilieu

Produktionsfirma: Tonfilm-Studio Carl Froelich & Co.
Verleih: UFA

Autor: Jochen Huth nach seinem Theaterstück »Ultimo« – Regisseur: Rolf Hansen – Darsteller: *Ilse Werner,* Rudi Godden, Hedwig Bleibtreu, Gustav Waldau, Will Dohm, Kurt Seifert, Gerhard Bienert, Leonie Duval, Eric Ode, Erika Helmke, Josefine Dora, Paul Westermeier, Eva Tinschmann, Ernst Legal, W. Paul Kröger, Erich Dunskus, Marga Eckart, Bruno Decarli – Kameramann: Reimar Kuntze – Musik: Hansom Milde Meißner.

Der Film wurde von der Filmprüfstelle alsbald nach seiner Zulassung wieder verboten. Eine öffentliche Vorführung des Films fand nicht statt.

»Die unruhigen Mädchen«

Jungmädchengeschichte, Alltags-, Nachtlokal- und Gerichtsmileu

Produktionsfirma: Intergloria-Film GmbH, Wien
Verleih: Siegel Monopolfilm

Autor: Ernst Marischka – Regisseur: Geza v. Bolvary – Darsteller: Käthe von Nagy, *Ilse Werner*, Elfriede Datzig, Lucie Englisch, Hans Holt, Theo Lingen, Hans Moser, Elfie Gerhart, Hans Olden, Karl Skraup, Richard Eybner, Johanna Terwin, Louise Kartousch, Ferdinand Maierhofer, Victor van Buren – Kameramann: Werner Brandes – Musik: Franz Doelle.

»Frau Sixta«

Frauen- und Liebesroman, Bauernhof- und Posthaltermilieu, Hochgebirge

Produktionsfirma: Tonlicht Film GmbH, Peter-Ostermayr-Verleih: UFA

Autor: Anton Kutter, Max Mell nach d. gleichnamigen Roman von Ernst Zahn – Regisseur: Gustav Ucicky – Darsteller: Franziska Kinz, *Ilse Werner,* Gustav Fröhlich, Eduard Köck, Heidemarie Hatheyer, Josefine Dora, Josef Eichheim, Beppo Brem, Gustav Waldau, Willy Rösner, Rolf Pinegger, Ernst Pröckl, Hertha v. Hagen, Walter Holten, Karl Th. Langen, Thea Aichbichler, Martin Schmidthofer, Hans Hanauer, Theodolinde Müller, Marta Salm, Willy Schultes, Gustl Stark-Gstettenbaur, Ingeborg Wittmann – Kameramann: Hans Schneeberger – Musik: Herbert Windt.
Prädikat: Künstlerisch wertvoll.

1939

»Bel Ami«
(»Der Liebling schöner Frauen«)

Satirische Komödie, Gesellschafts-, Journalisten- und Politikermilieu, Vorkriegs-Paris

Produktionsfirma: Deutsche Forst-Filmprod. GmbH
Verleih: Tobis-Filmverleih GmbH

Autor: Willi Forst, Axel Eggebrecht nach d. gleichnamigen Roman von Guy de Maupassant – Regisseur: Willi Forst – Darsteller: Willi Forst, Olga Tschechowa, *Ilse Werner,* Hilde Hildebrand, Lizzi Waldmüller, Marianne Stanior, Johannes Riemann, Aribert Wäscher, Will Dohm, Hubert v. Meyerinck, Hans Stiebner, Hadrian M. Netto, Werner Scharf, Egon Brosig, Tatjana Sais, Ilse Petri, Erich Dunskus, Walter Groß, Kalout Ben Gassem, Eleonore Tappert, Paul Samson-Körner, Richard Ludwig, Hildegard Busse, Hans Waschatko, Bruno Ziener, Ewald Wenck, Joe Furtner, Joachim Below, Walter Lieck – Kameramann: Ted Pahle – Musik: Theo Mackeben.

»Drei Väter um Anna«

Bayerisches Lustspiel, Dorfmilieu Bayerischer Wald

Produktionsfirma: UFA
Verleih: UFA

Autor: Werner Eplinius, Gustav Kampendonk nach d. Roman »Fogg bringt ein Mädchen mit« von Walther Koepffer – Regissuer: Carl Boese – Darsteller: *Ilse Werner,* Hans Stüwe, Theodor Danegger, Beppo Brem, Georg Vogelsang, Josefine Dora, Karl Stepanek, Irmgard Hoffmann, Anneliese v. Eschstruth, Roma Bahn, Tonio Riedl, Josefine Berger, Walter Lieck, Franz Lichtenauer, Paul Luka, Otz Tollen, Willi Witte, Carla Aarnegg, Gerti Kammerzell, Lothar Glathe, Franz Schöber – Kameramann: Werner Bohne – Musik: Hans Ebert.

»Fräulein«

Jungmädchenroman, Familien- und Gesellschaftsmilieu

Produktionsfirma: UFA
Verleih: UFA

Autor: Walther v. Hollander, Christian Hallig nach Motiven d. Romans von Paul Enderling – Regisseur: Erich Waschneck – Darsteller: *Ilse Werner,* Erik Frey, Mady Rahl, Roma Bahn, Hans Leibelt, Annemarie Holtz, Karl Schönböck, Vera Complojer, Doris Krüger, Ursula Herking, Willi Schur, Alice Treff, Helmut Weiß, Egon Müller-Franken, Gisela Scholtz, Vilma Bekendorf, Eduard Bornträger, Erika Streithorst – Kameramann: Robert Baberske – Musik: Werner Eisbrenner. Prädikat: Künstlerisch wertvoll.

296

»Ihr erstes Erlebnis«

Jungmädchen- und Ehegeschichte, Künstlermilieu
Berlin – Ferienmilieu Nordseeinsel

Produktionsfirma: UFA
Verleih: UFA

Autor: Juliane Kay nach dem Roman »Tochter aus gutem Hause« von Susanne Kerckhoff – Regisseur: Josef v. Baky – Darsteller: *Ilse Werner,* Johannes Riemann, Volker v. Collande, Charlott Daudert, Elisabeth Lennartz, Margarete Schön, Franz Weber, Els Wagner, Walter Ladengast, Georg Thomalla, Tonio Riedl, Marjan Lex, Käthe Pontow, Maria Loja, Karl Harbacher – Kameramann: Robert Baberske, Werner Bohne – Musik: Georg Haentzschel.
Prädikat: Künstlerisch wertvoll.

1940

»Bal paré« (»Münchner G'schichten«)

Jungmädchengeschichte, Gesellschafts- und Künstlermilieu, München der Jahrhundertwende

Produktionsfirma: UFA
Verleih: UFA

Autor: Felix Lützkendorf, Karl Ritter – Regisseur: Karl
Ritter – Darsteller: *Ilse Werner,* Paul Hartmann, Han-
nes Stelzer, Käthe Haack, Fritz Kampers, Erika v.
Thellmann, Walter Janssen, Theodor Danegger, Lina
Carstens, Melanie Horeschowsky, Ursula Deinert, Karl
John, Marianne Schulze, Pamela Wedekind, Ernst Satt-
ler, Vera Comploier, Grete Ruß, Kurt Lenz, Wolfgang
v. Schwind, Viktor Gehring, Josef Peterhans, Wilhelm
Mewes, Amanda Lindner, Liesl Eckardt, Kläre Bäuerle,
Irene Fischer, Irene Hübner, Kurt Felden, Lutz Götz,
Friedrich Honna, Walter Lieck, Herbert Weißbach,
Hugo Welle, Gerti Kammerzell, Maria Michael, Lisl
Riemer, Olga Schaub, Irmgard Tapper, Louis Ralph,
Otto Sauter-Sarto, Armin Schweizer, Hans Wallner,
Helmut Weiß – Kameramann: Günther Anders – Mu-
sik: Theo Mackeben.

»Wunschkonzert«

Liebesroman, Berliner Rundfunk-, Soldaten- und Alltagsmilieu, Olympiade 1936 – 2. Weltkrieg 1940

Produktionsfirma: Cine-Allianz-Tonfilmprod. GmbH
Verleih: UFA

Autor: Felix Lützkendorf, Eduard von Borsody – Regisseur: Eduard v. Borsody – Darsteller: *Ilse Werner,* Carl Raddatz, Joachim Brennecke, Ida Wüst, Hedwig Bleibtreu, Heinz Goedecke, Malte Jäger, Hans H. Schaufuß, Hans Adalbert Schlettow, Walter Ladengast, Albert Florath, Elise Aulinger, Günther Lüders, Wilhelm Althaus, Erwin Biegel, Ellen Hille, Aribert Mog, Walter Bechmann, Vera Hartegg, Vera Complojer, Rolf Heydel, Wilhelm König, Erich Stelmecke, Ewald Wenck, Wolf Dietrich, Werner Schott, Fritz Angermann, Max Wilmsen, Hans Sternberg, Franz List, Reinhold Bernt, Erik Radolf, Rudolf Vones, Fred Goebel, *im Wunschkonzert:* Marika Rökk, Heinz Rühmann, Paul Hörbiger, Hans Brausewetter, Josef Sieber, Weiß-Ferdl, Wilhelm Strienz, Albert Bräu – Kameramann: Franz Weihmayr, Günther Anders, Carl Drews – Musik: Werner Bochmann.
Prädikat: Staatspolitisch wertvoll, künstlerisch wertvoll, volkstümlich wertvoll, jugendwert.

Gemäß Entscheidung der Alliierten Militärregierungen ist die Vorführung des Films in Deutschland verboten!

1941

»Die schwedische Nachtigall«

Historischer Liebesroman um die schwedische Sängerin Jenny Lind und den dänischen Märchendichter Hans Christian Andersen, Theater-, Gesellschafts- und Reisemilieu Stockholm – Kopenhagen – Rom

Produktionsfirma: Terra
Verleih: Terra

Autor: Gert v. Klaß, Per Schwenzen nach d. Schauspiel »Gastspiel in Kopenhagen« von Friedrich Forster-Burggraf – Regisseur: Peter Paul Brauer – Darsteller: *Ilse Werner,* Karl Ludwig Diehl, Joachim Gottschalk, Aribert Wäscher, Marianne Simson, Hans Leibelt, Emil Heß, Hans H. Schaufuß, Volker v. Collande, Käte Kühl, Ruth Lommel, Elga Brink, Erich Dunskus, Angelo Ferrari, Werner Stock, Jakob Tiedtke, Wilfried Seyferth, Alwin Lippisch, Charlotte Schellhorn, Ernst Sattler, Jeanette Bethge, Siegfried v. Geldern, Erwin Hoffmann, Walter Bechmann, Franz Stein, Bernhard Goetzke, Ingeborg Albert, Konrad Cappi, Elsa Andrée-Beyer, Franz Arzdorf, Max Dietze, Irene Fischer, Gustl Rotmund, Otto Sauter-Sarto, Karl Wagner, Hans Waschatko, Bruno Ziener – Kameramann: Ewald Daub – Musik: Franz Grothe.
Prädikat: Künstlerisch wertvoll.

»U-Boote westwärts«

Kriegs- und Abenteuerfilm, Einsatz deutscher Unterseeboote im Kampf gegen die englische Kriegsflotte –
2. Weltkrieg 1940

Produktionsfirma: UFA mit Unterstützung des
Oberkommandos der Kriegsmarine
Verleih: UFA

Autor: Georg Zoch – Regisseur: Günther Rittau – Darsteller: *Ilse Werner*, Herbert Wilk, Heinz Engelmann, Joachim Brennecke, Josef Sieber, Carsta Löck, Ernst W. Borchert, Karl John, Clemens Hasse, Herbert Klatt, Clementina Egies, Willi Rose, Jens v. Hagen, Agnes Windeck, Theo Shall, Claire Reigbert, Hans Mierendorff, Erwin Biegel, Ingeborg Senkpiel, Erich Stelmekke, Heinz Goedecke, Margarete Sachse, Elsbeth Siegurth, Ruth Tuxedo, Hans Bergmann, Eduard Bornträger, K. F. Burkhardt, Karl Harbacher, Hans Heßling. Albert Karchow, Franz List, Günther Markert, Gustav Püttjer, Wolfgang v. Schwind, Hans z. Sande, Hans v. Uritz, Herbert Weißbach, Ewald Wenck – Kameramann: Igor Oberberg – Musik: Harald Böhmelt.
Prädikat: Staatspolitisch wertvoll, künstlerisch wertvoll, volksbildend.

Gemäß Entscheidung der Alliierten Militärregierungen ist die Vorführung des Films in Deutschland verboten!

1942

»Hochzeit auf Bärenhof«

Liebesroman, preußisches Offiziers- und Gutshofmilieu
um 1895

Produktionsfirma: UFA
Verleih: UFA

Autor: Jochen Kuhlmey, Gustav Lohse nach der No-
velle »Jolanthes Hochzeit« von Hermann Sudermann –
Regisseur: Carl Froelich – Darsteller: Heinrich George,
Paul Wegener, *Ilse Werner,* Ernst v. Klipstein, Carola
Toelle, Alice Treff, Charlotte Schultz, Ernst Dernburg,
Eduard Wesener, Walter Steinbeck, Hildegard Grethe,
Rudolf Klein-Rogge, Ernst Waldow, Emil Heß, Sigrid
Becker, Antonie Jaeckel, Karl Dannemann, Else Reval,
Gerhard Dammann, Ernst Rotmund, Lina Carstens,
Erik Radolf, Hanne Fey, Arthur Kühn, Hugo Froelich,
Paul Mederow – Kameramann: Günther Anders – Mu-
sik: Theo Mackeben.
Prädikat: Künstlerisch wertvoll.

Gemäß Entscheidung der Alliierten Militärregierungen
ist die Vorführung des Films in Deutschland verboten!

»Wir machen Musik«

Musikalische Liebes- und Ehekomödie, Künstler- und Alltagsmilieu Berlin

Produktionsfirma: Terra
Verleih: DFV.

Autor: Helmut Käutner nach einem Lustspiel von Manfred Rößner und Motiven von Erich Ebermayer – Regisseur: Helmut Käutner – Darsteller: *Ilse Werner,* Viktor de Kowa, Edith Oß, Georg Thomalla, Grethe Weiser, Rolf Weih, Kurt Seifert, Viktor Janson, Lotte Werkmeister, Ewald Wenck, Sonja Kuska, Konrad Cappi, Maria v. Höslin, Hellmuth Helsig, Otto Braml, Karl Hannemann. E. G. Schiffner, Robert Forsch, Artur Malkowsky, Hanne Fey, Walter Bechmann, F. W. Dann – Kameramann: Jan Roth – Musik: Peter Igelhoff, Adolf Steimel.
Prädikat: Künstlerisch wertvoll, volkstümlich wertvoll, anerkennenswert.

1943

»Münchhausen« – 4. Farbfilm

Abenteuer- und Ausstattungsfilm um die Gestalt des Lügenbarons, Gesellschafts-, Fürstenhof- und Reisemilieu, Braunschweig – Petersburg – Konstantinopel – Venedig – Ballonfahrt zum Mond

Produktionsfirma: UFA – Verleih: DFV.

Autor: Berthold Bürger (d. i. Erich Kästner) – Regisseur: Josef v. Baky – Darsteller: Hans Albers, Brigitte Horney, *Ilse Werner*, Käthe Haack, Marianne Simson, Leo Slezak, Hermann Speelmans, Wilhelm Bendow, Walter Lieck, Ferdinand Marian, Gustav Waldau, Eduard v. Winterstein, Michael Bohnen, Marina v. Ditmar, Andrews Engelman, Waldemar Leitgeb, Hubert v. Meyerinck, Jaspar v. Oertzen, Werner Scharf, Armin Schweizer, Hilde v. Stolz, Valy Arnheim, Erwin Biegel, Ilse Fürstenberg, Bernhard Goetzke, Karl Harbacher, Harry Hardt, Viktor Janson, Hans Junkermann, Nikolai Kolin, Leopold von Ledebur, Carl Heinz Peters, Franz Schafheitlin, Anton Pointner, Paul Rehkopf, Franz Stein, Henry Stuart, Hans Brausewetter, Fritz Busch, Fanny Cotta, Erich Dunskus, Irene Fischer, Trude Hees, Maria Hofen, Hermann Pfeiffer, Elena Polewitzkaja, Erik Radolf, Ernst A. Schaah, Aruth Wartan, Ewald Wenck, Trude Haefelin, Luise Morland – Kameramann: Werner Krien, Konstantin Irmen-Tschet – Musik: Georg Haentzschel – Farbverfahren: Agfacolor. Prädikat: Künstlerisch besonders wertvoll, volkstümlich wertvoll.

Der Film wurde als *Jubiläums-Film der UFA* anläßlich ihres 25jährigen Bestehens hergestellt.

1944

»Große Freiheit Nr. 7« – 8. Farbfilm

Seemannsroman, Hamburger Hafen- und Alltagsmilieu
– Nachtlokalmilieu St. Pauli

Produktionsfirma: Terra
Verleih: *Ab 1945:* Britischer Filmverleih (Berlin, Brit.
Sektor/Brit. Zone), *ab 1946:* Sovexport-Film GmbH
(Berlin, Russ. Sektor/Russ. Zone), *ab 1949:* Lloyd-
Filmverleih, Johann Eberhardt (West-Berlin/Ham-
burg/Düsseldorf/Frankfurt/München).

Regisseur: Helmut Käutner – Darsteller: Hans Albers,
Ilse Werner, Hans Söhnker, Gustav Knuth, Günther
Lüders, Hilde Hildebrand, Ethel Reschke, Kurt Wie-
schala, Helmut Käutner, Richard Nicolas, Anna Maria
Besendahl, Justus Ott, Alfred Maack, Ilse Fürstenberg,
Erna Sellmer, Thea Thiele, Carl Heinz Peters, Kurt Fel-
den, Aruth Wartan, Gottlieb Reeck, Alfred Braun, Evi
Gotthardt, Hans Kornowicz, Rudolf Koch-Riehl,
Friedrich Petermann – Kameramann: Werner Krien –
Musik: Werner Eisbrenner.

1945

»Das seltsame Fräulein Sylvia«
(unvollendet!)

Musikalische Liebes- und Verwechslungskomödie,
Musikstudenten- und Tanzorchestermilieu

Produktionsfirma: Terra
Bei Kriegsende war der Film im Schnitt

Autor: Curt J. Braun, Just Scheu – Regisseur: Paul
Martin – Darsteller: *Ilse Werner*, Paul Hubschmid,
Gerti Soltau, Willi Rose, Eva Maria Meineke, Paul
Westermeier, Paul Henckels, Fritz Odemar, Rolf Weih,
Ursula Herking, Kurt Gerhard Hoffmann, Kurt Seifert,
Just Scheu, Henry Lorenzen – Kameramann: Albert
Benitz – Musik: Theo Mackeben.

Der Film wurde 1944/45 zum Teil in den Barrandow-
Ateliers in *Prag,* zum Teil in *Bad Ischl* hergestellt.

»Ein toller Tag«
11. Farbfilm (unvollendet!)

Ehe- und Liebeskomödie, Fürstenhofmilieu Rokokozeit

Produktionsfirma: UFA
Bei Kriegsende war der Film in der Musiksynchronisation

Autor: Walter Lieck nach d. Lustspiel »Ein toller Tag«
von Beaumarchais – Regisseur: Oscar Fritz Schuh –
Darsteller: Paul Hartmann, Lola Müthel, Kurt Meisel,
Ilse Werner, Elisabeth Flickenschildt, Franz Weber,
Joachim Brennecke, Doris Holve, Wilfried Seyferth,
Aribert Wäscher, Clemens Hasse, Ernst Waldow –
Kameramann: Carl Hoffmann – Musik: Wolfgang Zeller unter Verwendung altspanischer Motive.

1948

»Leckerbissen«

Querschnittfilm, Szenen aus 18 erfolgreichen deutschen Filmen der früheren Jahre

Produktionsfirma: Rex-Film GmbH, Remagen
Verleih: *Ab 1948:* Ifa, Internationale Filmallianz GmbH (West-Berlin, Franz. Sektor/Franz. Zone); *ab 1949:* Prisma Filmverleih GmbH, (West-Berlin/Neustadt a. d. Haardt/Frankfurt/München/Düsseldorf/Hamburg).

Autor: Werner Malbran – Regisseur: Werner Malbran – Darsteller: *In der Rahmenhandlung:* Bruni Löbel, Adi Appelt. *In den Filmszenen:* Georg Alexander, Fritz Böttger, Siegfried Breuer, Maria Cebotari, Theodor Danegger, René Deltgen, Anja Elkoff, Gina Falckenberg, Willi Forst, Willy Fritsch, Benjamino Gigli, Joachim Gottschalk, Johannes Heesters, Eric Helgar, Paul Hörbiger, Paul Hoffmann, Maria Holst, La Jana, Curd Jürgens, Fritz Kampers, Geráldine Katt, Paul Kemp, Ernst von Klipstein, Hansi Knoteck, Dorit Kreysler, Zarah Leander, Fred Liewehr, Trude Marlen, Isa Miranda, Lena Normann, Edith Oß, Rudolf Prack, Hans Quest, Annelies Reinhold, Edmund Schellhammer, Hans Schott-Schöbinger, Adelheid Seeck, Leo Slezak, Clara Tabody, Robert Tessen, Georg Thomalla, Lizzi Waldmüller, *Ilse Werner,* Paula Wessely, Adolf Wohlbrück.
Produktionsleiter: Werner Malbran.

Der Film wurde aus Szenen folgender 18 Filme zusammengestellt: Zigeunerbaron, Operette, Die drei Codonas, Die große Nummer, La Habanera, Es lebe die Liebe, Du bist mein Glück, Leichte Muse, ... und die Musik spielt dazu, Wiener Blut, Hohe Schule, Menschen vom Varieté, Ein Leben lang, Der Sänger Ihrer Hoheit, Mädchen in Weiß, Sophienlund, *Wir machen Musik,* Maske in Blau.

1949

»Geheimnisvolle Tiefe«

Höhlenforscher-Schicksal (Österreich)

Produktionsfirma: Pabst-Kiba
Verleih: Ringfilm

Autor: Trude Pabst, Walter v. Hollander – Regisseur:
G. W. Pabst – Darsteller: *Ilse Werner,* Paul Hubschmid,
Stefan Skodler, Elfe Gerhart, Hermann Thimig, Maria
Eis, Harry Leyn, Ullrich Bettas, Otto Schmöle, Robert
Tessen, Helli Servi, Ernst Waldbrunn, Ida Russka, Josef
Fischer, Josefine Berghofer, Gaby Philipp, Josef Eich-
berger – Kameramann: Helmuth Fischer-Ashley –
Musik: Roland Kova/Prof. Alois Melichar.

Herstellungsgruppe: J. A. Hübler-Kahla
Bauten: Werner Schlichting und Isi Ploberger
Fotografische Leitung: Hans Schneeberger

1950

»Gute Nacht, Mary«

Ehe-Komödie, »Die gestörte Hochzeitsnacht«

Produktionsfirma: Dornas/H. Tost
Verleih: Bejöhr

Autor: Maria v. Osten-Sacken und Peter Francke nach
einem Bühnenstück von E. V. Tidmarsch – Regisseur:
Helmut Weiss – Darsteller: *Ilse Werner,* Curd Jürgens,
Paul Dahlke, Susanne v. Almassy, Hubert v. Meye-
rinck, Eva Immermann, Eva Schorling, Rolf Pinegger,
Rudolf Vogel – Kameramann: Erich Claunigk – Musik:
Adolf Steimel, Hans Fritz Beckmann.

Tonmeister: Heinz Terwoth
Regie-Assistenz: Ilona Juranyi
Architekt: Hans Sohnle und Fritz Lück
Kostümberatung: Charlotte Flemming
Standfotos: Tibor von Mindszenty
Schnitt: Anneliese Schönnenbeck

1951

» . . . Mutter sein dagegen sehr!«

Familien-Lustspiel

Produktionsfirma: Allegro
Verleih: Siegel-Monopolfilm

Autor: Karl Georg Kurb nach einer Idee von Walter Forster – Regisseur: Victor Tourjansky – Darsteller: *Ilse Werner,* Paul Klinger, Paul Kemp, Erika v. Thellmann, Marina v. Ditmar, Gertrud Kückelmann, Traudl Schenk, Rudolf Heymann und die Kinder: Alex Firsow, Saskia Daniel, Dagmar Jansen, Heiko Kaiser – Kameramann: Franz Koch – Musik: Peter Igelhoff.

Bauten: E. H. Albrecht
Ton: Walter Rühland
Kostümberatung: Ursula Maes
Produktionsleitung: Jochen Gensow
Schnitt: Gertrud Hinz-Nischwitz

»Königin einer Nacht«

Operetten-Revue

Produktionsfirma: Will Meisel
Verleih: Allianz

Autor: Just Scheu und Ernst Nebhut nach Hans H. Fischer – Regisseur: Kurt Hoffmann – Darsteller: *Ilse Werner,* Hans Holt, Jeanette Schultze, Georg Thomalla, Ethel Reschke, Paul Westermeier, Käthe Haack, Paul Heidemann, Kurt Pratsch-Kaufmann, Jakob Tiedtke, Erich Fiedler, Willi Rose, Walter Gross, Franz Otto Krüger, Michael Symo, Vera de Luca, Bärbel Spanuth – Kameramann: Bruno Stephan – Musik: Will Meisel (Bearbeitung: Franz Fox), Orchester William Greihs und Horst-Thal-Trio.

Choreograph: Hans Gérard
Ton: Werner Mass
Bauten: Hans Luigi
Regie-Assistent: Alfons von Plessen
Produktionsleiter: Dr. Reinhold Walch
Produktions-Assistent: Bruno Voges
Schnitt: Johanna Meisel

1952

»Der Vogelhändler«

Ausstattungs-Operette

Produktionsfirma: Berolina
Verleih: Allianz

Autor: Curd Johannes Braun nach der Operette von Carl Zeller und in Anlehnung an das Operettenlibretto von M. West und L. Held – Regisseur: Arthur Maria Rabenalt – Darsteller: *Ilse Werner,* Wolf Albach-Retty, Eva Probst, Gerhard Riedmann, Erni Mangold, Günther Lüders, Siegfried Breuer, Hans Hermann Schaufuss, Rudolf Reif, Sybil Werden – Kameramann: Willy Winterstein – Musik: Carl Zeller/Bert Grund.

Choreograph: Herbert Freund
Ton: Heinz Terworth
Bauten: Felix Smetana
Schnitt: Friedl Schier-Buckow
Produktionsleitung: Heinz Willeg
Gesamtleitung: Kurt Ulrich

1954

»Ännchen von Tharau«

Ost-Vertriebenen-Schicksal

Produktionsfirma: Apollo
Verleih: Deutsche London-Film

Autor: Otto Heinz Jahn; Drehbuchbearbeitung: W.
Schleif, Dr. Hermann Wenninger, nach dem Revue-Bericht »Auch lügen darf ein Mutterherz« (Schicksal der
Anna Damerau). Regisseur: Wolfgang Schleif – Darsteller: *Ilse Werner,* Heinz Engelmann, Helmuth
Schneider, Klaus-Ulrich Krause, Albert Florath, Elsa
Wagner, Bruno Hübner, Stanislav Ledinek, Karl Hellmer, Margarete Haagen, Paul Heidemann, Blandine
Ebinger, Loni Heuser, Brigitte Rau, Ludwig Schmitz,
Hans Hermann Schaufuss, Rolf Weih, Victor Janson –
Kameramann: Igor Oberberg – Kameraführung: Hugo
Schott – Kamera-Assistent: Günther Knuth – Musik:
Wolfgang Zeller.

Herstellungsleitung: Willie Hoffmann-Andersen
Produktionsleitung: Fritz Hoppe
Regie-Assistent: Carl von Barany
Bauten: Willi und Max Vorwerg
Schnitt: Hermann Ludwig
Kostüme: Ursula Stutz

1955

»Griff nach den Sternen«

Geschichte eines Jongleurs

Produktionsfirma: Neue Deutsche Filmgesellschaft mbH (NDF)
Verleih: Allianz

Autor: Maria von Osten-Sacken/H. Käutner – Regis-
seur: Karl Heinz Schroth – Darsteller: Erik Schumann,
Liselotte Pulver, Oliver Grimm, Gustav Knuth, Anna-
Maria Sandri, Michael Ande, Margarete Haagen, Paul
Henckels, *Ilse Werner,* Nadja Tiller, Sybil Werden,
Carsta Löck – Kameramann: Friedl Behn-Grund und
Dietrich Wedekind – Musik: Werner Eisbrenner.

Herstellungsleitung: Georg Richter
Außenaufnahmen: Venedig
Atelieraufnahmen: München-Geiselgasteig
Bauten: Hans Sohnle und Gottfried Will
Ton: Hans Wunschel
Schnitt: Hilwa von Boro
Kostüme: Charlotte Flemming
Regie-Assistent: Claus v. Boro
Produktionsleitung: Hermann Höhn
Standfotos: Wolfgang Brünjes

316

»Die Herrin vom Sölderhof«

Heimkehrer-Schicksal

Produktionsfirma: Alba
Verleih: Adler-Film Anna Althoff
(Weltvertrieb: Transocean-Film)

Autor: J. von Alten/Franz Grohmann nach dem Heim-
kehrerdrama »Verlorene Jahre« – Regisseur: Jürgen v.
Alten – Darsteller: *Ilse Werner,* Viktor Staal, Harald
Maresch, Albert Florath, Ida Wüst, Christoph Schnei-
der, Bum Krüger, Annie Rosar, Herta Worell, Wastl
Witt, Ado Riegler, Angéle Durand, Hans Leibelt, Karl-
Heinz Peters – Kameramann: Ernst W. Kalinke –
Musik: Prof. Bert Rudolf

Kamera-Assistenz: Sbretter v. Kreudenstein und Dieter
Liphardt
Regie-Assistenz und Schnitt: Walter Fredersdorf
Architekt: Willi Schatz

STICHWORTVERZEICHNIS

319

Bildquellennachweis

Terra: Seite 5

Deutsche Kinemathek: Bild 9, 18, 28, 29, 30, 33, 36, 38, 39, 41, 46, 48, 49, 50, 51, 54

Eigentum Ilse Werner: Bild 1, 2, 3, 4, 5, 6, 7, 8, 10, 12, 13, 14, 15, 16, 17, 19, 20,
21, 22, 23, 24, 25, 26, 27, 32, 34, 37, 40, 42, 43, 44, 45, 47, 53, 55, 56, 57, 58, 59,
60, 61, 62

Bildarchiv Peter W. Engelmeier: Bild 35, 52

Abbildungen: Seite 137, 213, 290 wurden von Herrn Schaack, München, zur Verfügung gestellt.